我国突发环境事件中的
公民权利保障机制研究

向佐群 ◎ 著

知识产权出版社

全国百佳图书出版单位

图书在版编目（CIP）数据

我国突发环境事件中的公民权利保障机制研究／向佐群著 . —北京：
知识产权出版社，2019. 9
　ISBN 978－7－5130－6390－6

　Ⅰ.①我⋯　Ⅱ.①向⋯　Ⅲ.①公民权—权益保护—研究—中国　Ⅳ.①D921.04

中国版本图书馆 CIP 数据核字（2019）第 169106 号

责任编辑：彭小华　　　　　　　　　　责任校对：王　岩

封面设计：韩建文　　　　　　　　　　责任印制：孙婷婷

我国突发环境事件中的公民权利保障机制研究

向佐群　著

出版发行	知识产权出版社 有限责任公司	网　　址	http：//www. ipph. cn
社　　址	北京市海淀区气象路 50 号院	邮　　编	100081
责编电话	010－82000860 转 8115	责编邮箱	huapxh@ sina. com
发行电话	010－82000860 转 8101/8102	发行传真	010－82000893/82005070/82000270
印　　刷	北京九州迅驰传媒文化有限公司	经　　销	各大网上书店、新华书店及相关专业书店
开　　本	720mm×1000mm　1/16	印　　张	19. 25
版　　次	2019 年 9 月第 1 版	印　　次	2019 年 9 月第 1 次印刷
字　　数	310 千字	定　　价	88. 00 元
ISBN 978－7－5130－6390－6			

目 录 contents

第一章 我国突发环境事件及公民权利保障机制概述

第一节 突发环境事件基本内涵

一、突发环境事件的界定

（一）突发事件的界定

根据汉语的字面意义解释，突发即突如其来的，没有预料的，事件根据《汉语大辞典》的解释，是历史上或者社会上已经发生的大事情。突发事件即是突如其来的，没有预料的，历史上或社会上已经发生的大事情。由于在不同语境以及不同学科中，同样的语词有不同的语义，我们主要从法学领域探讨其内涵。

突发事件在学术研究和实践中有不同的称谓，有的称为突发公共事件，但笔者认为我们所研究的突发事件在学界已经形成共识，即突发事件应该是涉及多方利益以及公共安全的事件，因此在本书中统一表述为"突发事件"。如南京大学社会学教授认为突发事件即突发公共事件。我国于2005年制定《国家突发公共事件总体应急预案》，于2007年颁布《突发事件应对法》，于2013年颁布《突发事件应急管理办法》，可见突发公共事件与突发事件的概念慢慢统一。

最早在学术上对于"突发事件"进行研究的是赵举海，他认为突发事件是超越常态、脱离常轨的事件。一般可分为自然性质和社会性质两大类。他概括了突发事件的五个特征：时间上的突发性、主体上的聚众性、色彩上的情绪性、质量上的层级性、后果上的破坏性。① 这一界定简单易懂，为后来的学者奠定了学术研究基础，但概念范围太广，且分类与特征不符，突发事件包括社会性事件和自然性事件，而自然性事件不具有主体上的聚众性和色彩上的情绪性这两个特征，因此这一概念的内涵和外延不是很明确。

朱力教授将突发事件定义为人们尚未认识到的在某种必然因素支配下瞬间产生的、给人们和社会造成严重危害、重大损失且需要立即处理的破坏性事件。他认为突发事件有四个特征：一是产生的瞬间性，二是爆发点的偶然性，三是发展趋势的危机性，四是后果对主体与社会具有危害性。② 这一定义包括了突发事件的几大要素，学者们基本形成共识，只是语言文字表述方面存在差异。

2003 年"非典"的发生，加快了我国对于突发事件的立法规范。2007年出台了《突发事件应对法》，这部法律吸收学者们的建议，在第 3 条对突发事件进行了界定，指突然发生，造成或者可能造成严重社会危害，需要采取应急处置措施予以应对的自然灾害、事故灾难、公共卫生事件和社会安全事件。从这一定义可以得出突发事件既包括因自然因素造成的，也包括因人为因素造成的两类，包括突发性、危害性以及应急处理性几个要件。

（二）环境事件的界定

环境事件根据字面意义的理解是因环境引发的大事件。从法律上讲，事件是能引起法律关系变化的法律事实之一，法律事件是指法律规范规定的不依当事人意志为转移的能够引起法律关系产生、变更与消灭的客观事实，包括自然事件和社会事件。环境事件从法律角度如何界定呢？环境如何成为事件呢？在 20 世纪初人们可能是无法想象的，但随着现代化国家工业文明的快速发展，环境也就慢慢成了事件。最早世界上不是称为环境事件，而是称为公害事件，如 20 世纪发生的八大公害事件，具体指因环境污染造成的在短期内人群大量发病和死亡的事件。英美法中称为"Public nuisance"，在日本，公害概念最早出现在明治十年的大阪府议会中，与公益概念相对，意味着现代生产对人体造成的损害。③ 由于工业快速发展，对人体损害事件增多，公

---

① 赵举海："突发事件及其对策"，载《河北法学》1990 年第 5 期，第 1 页。
② 朱力："突发事件的概念、要素与类型"，载《南京社会科学》2007 年第 11 期，第 81~84 页。
③ 包茂红："日本环境史研究"，载《全球史评论》2011 年第 1 期，第 54 页。

害的范围不断发生变化,首先是在全国的府县出现这个词,主要指大气污染、水污染、噪声、强震动、恶臭等公共卫生问题。① 其后,公害的范围不断拓宽,并且制定了《公害对策基本法》对公害进行界定:以由于日常人为活动带来的环境污染以致破坏为媒介而发生的人和物的损害。② 这一定义包括四个方面的意思:(1)公害是人类反复进行的日常正常活动所产生的损害,区别于灾害;(2)公害必须是以地域性的环境污染以致破坏为媒介而产生的损害;(3)起因于环境污染乃至破坏,在人的健康或财产上发生的具体的损害,区别于环境污染,需要引起对人或财产的直接影响;(4)大体上包括大气污染、水污染、土壤污染、噪声污染、振动、地面沉降、恶臭七种。

我国台湾地区起初也称为"公害",又称"环境损害事件"。③ 我国台湾地区将公害定义为"因人为因素,致破坏生存环境,损害人民健康或有危害之可能"。公害的范围包括空气污染、水污染、噪音污染、土壤污染、固体污染、振动、恶臭、地盘下陷等传统公害,新科技发展引发的辐射污染及其他给生活带来的主管机关指定的污染。④ 公害是一种人为活动所造成以及产生环境破坏,并使人身、财产及人所存在之环境遭受损害的法律事实。

从日本和我国台湾地区的公害事件定义来看,其共同点很明显,一是事件是人为因素导致的,自然因素不是公害产生的原因;二是事件导致环境污染或者环境破坏的结果且损害人之健康、安全、自由与财产。

我国大陆不称为公害,而称为环境事件,但无论是学术界还是实务界都没有对"环境事件"进行专门研究和立法,而只对突发环境事件研究和立法,根据日本的界定以及我国国情与立法状况,本书将环境事件界定为:因人为因素或者自然因素带来的环境污染或者环境破坏为媒介而导致人的健康、安全、自由以及财产受到损害的事实。环境事件根据不同标准可以有不同的分类,按事件的发生是否紧急分为突发环境事件和普通环境事件,因引起的原因的不同分为人为环境事件和自然环境事件。

---

① [日]宫本宪一:《"公害"的同时代史》,平凡社 1981 年版,第 2 页。
② [日]原田尚彦:《环境法》,于敏译,马骧聪审校,法律出版社 1999 年版,第 4 页。
③ 陈慈阳:《环境法总论》,中国政法大学出版社 2003 年版,第 330 页。
④ 我国台湾地区所谓"公害纠纷处理法"第 2 条。

（三）突发环境事件的界定

学界认为，突发环境事件有广义狭义之说，我国学者李艳岩最早研究突发环境事件，认为突发环境事件也可称为环境紧急事件，是指突然发生，造成或者可能造成威胁公众健康、安全或财产损失的环境严重污染或破坏的事件。[①] 这一概念提出了突发性、危险性，对于事件的描述，没有涉及对于这类事件应该采取的措施。学者常纪文持狭义说，他将突发环境事件称突发环境保护事件，具体是指突然发生，造成或者可能造成环境、公私财产和社会公众健康严重损害的环境污染、生态破坏、外来物种侵袭以及转基因生物危害等事件。[②] 学者张润昊持狭义说，他认为突发环境事件是指突然发生的因人为因素致使生态环境受到严重破坏，会严重危害公众人身、财产安全或有危害之虞的生态破坏、环境污染事件和环境安全事件。[③] 以上两个概念都未涉及引起环境事件的原因，但略有不同的是对于环境损害的不同列举，只是列举的环境影响之间存在差异，但他们都强调了突发环境事件的可控性。由环境保护部应急指挥领导小组办公室 2015 年编辑的《突发环境事件案例选编（第 1 辑）》和《突发环境事件案例选编（第 2 辑）》对于突发环境事件的界定是指突然发生，造成或可能造成环境污染或生态破坏，危及人民群众生命财产安全，影响社会公共秩序，需要采取紧急措施予以应对的事件，这一概念比较宽泛，包括了突发环境事件的突发性、危害性以及应急性这几个要素。[④]

学术上突发环境事件的界定为立法提供了理论上的依据。首次在立法中对其界定是环境保护行政主管部门于 2006 年的《突发环境事件信息报告办法（试行）》中规定了突发环境事件的概念，是指突然发生，造成或者可能造成重大人员伤亡、重大财产损失和对全国或者某一地区的经济社会稳定、政治安定构成重大威胁和损害，有重大社会影响的涉及公共安全的环境事件。这一概念概括性较强，但未体现环境影响，主要是财产、人身和公共安全的影

---

① 李艳岩："环境突发事件立法研究"，载《黑龙社会科学》2004 年第 4 期，第 122 页。
② 常纪文："我国突发环保事件应急立法存在的问题及其对策"，载《宁波职业技术学院学报》2004 年第 4 期，第 1 页。
③ 张润昊、毕书广："论突发环境事件的几个理论"，载《郑州航空工业管理学院学报（社会科学版）》2006 年第 1 期，第 81 页。
④ 环境保护部环境应急指挥领导小组办公室：《突发环境事件典型案例选编（第一辑）》，中国环境出版社 2011 年版。

响进行界定。其后国务院办公厅以国办函〔2014〕119 号印发了《国家突发环境事件应急预案》，该文件将突发环境事件定义为由于污染物排放或自然灾害、生产安全事故等因素，导致污染物或放射性物质等有毒有害物质进入大气、水体、土壤等环境介质，突然造成或可能造成环境质量下降，危及公众身体健康和财产安全，或造成生态环境破坏，或造成重大社会影响，需要采取紧急措施予以应对的事件，主要包括大气污染、水体污染、土壤污染等突发性环境污染事件和辐射污染事件。这一概念列举了导致事件的主要原因、事件产生的影响以及可能造成的环境危害结果，既有列举也有概括性的规定，较为全面地涉及突发环境事件的几个要素，但语义有重复，如前半部分是有毒物质进入土壤、大气、水体等环境中，导致其环境质量下降，后面又重复说土壤污染、大气污染、水体污染、辐射污染等，这一概念的缺陷在 2015 年环境保护部颁布的专门规章《突发环境事件应急管理办法》中解决了，其对突发环境事件进行的界定，消除了这种重复，具体是指由于污染物排放或者自然灾害、生产安全事故等因素，导致污染物或者放射性物质等有毒有害物质进入大气、水体、土壤等环境介质，突然造成或者可能造成环境质量下降，危及公众身体健康和财产安全，或者造成生态环境破坏，或者造成重大社会影响，需要采取紧急措施予以应对的事件。这一界定包括这几个方面的含义：其一，我国突发环境事件既包括自然灾害引起的突发环境事件，也包括因各种人为因素导致的突发环境事件，因此这一含义表明我国的突发环境事件的范围比日本的公害范围广；其二，突发环境事件的导致损害的原因是有毒有害物质介入了各种环境因子中，造成了环境风险，这有别于其他突发事件；其三，除了造成环境风险外，还会影响公民的财产、健康以及导致其他社会影响；其四，突发环境事件通过提供应急措施预防、减少各种风险与破坏。本研究以这一广义概念为基础。

（四）突发环境事件与公害的关系

18 世纪 80 年代，公害最早是指环境出现的恶臭、竞争中出现的欺诈等不良行为。20 世纪初期西方经济的快速发展，环境也日渐恶化，慢慢地就把公害范围缩小，主要是指对公共卫生的损害。[①] 1967 年日本出台《公害对策

---

① 转引滨野翔平（Hamano Shohei）：《日本政府治理公害研究——以 20 世纪 60—70 年代三重县四日市公害为例》，2016 华东师范大学硕士论文。

基本法》。日本学界，如庄司光、宫本宪一、原田尚彦等学者引进美国的妨害行为，认为公害既包括公益妨害也包括私益妨害，既包括经济性损害，也包括对公民的健康等方面的损害，还包括对环境的侵害，对后二者的侵害远远大于对前者的侵害。公害含义不断拓展，公害具体是指在经济快速发展的过程中，由于各种原因导致的对自然或生活环境的侵害，也包括对民众健康和生活产生损害的社会性灾害。

公害与突发环境事件既有共同点，也有些许区别。它们有以下共同点：都是一种社会性的灾害，都危及自然及社会环境，造成环境污染和环境破坏，还会危及公民的生命与健康以及生活状况。它们存在以下不同点：第一，公害既包括长期积累所导致的污染与环境破坏，也包括突发性的环境事件，而本书研究的是突发性环境事件；第二，本书指的突发环境事件既包括人为因素所导致的社会性灾难，也包括自然因素导致的环境事件，如因地震导致的突发环境事件，但日本所指的公害则是因人为的因素所导致的突发环境事件。

二、突发环境事件的特征

参考不同学者的观点，[①] 本书认为突发环境事件主要有以下几个特征。

（一）突发环境事件的突发性

突发环境事件的首要特征是突发性，不确定性。无论是自然灾害的发生还是人为事故的发生都是无法预料的，尤其是现代科技发展，人口流动性增加，社会的风险越来越多，因此突发环境事件的发生无论是在国内还是在国外都越来越频繁。

（二）突发环境事件的复杂性

突发环境事件的复杂性表现如下：一是突发环境事件的诱发因素非常复杂，引起突发环境事件的诱因很多，有自然灾害，有安全生产事故，还有普通的消费行为累积到一定程度，情形复杂，诱因多样；二是突发环境事件产生的危害后果比较复杂，造成或者可能造成危害公民财产和健康，危及公共

---

① 参考环境保护部环境应急指挥领导小组办公室编：《突发环境事件案例选编》，中国环境出版社 2015 年版，该书认为突发环境事件有类型成因的复杂性、发生发展的不确定性、时空分布的差异性等六个特征，参考刘效农，"引发突发环境事件的原因及防范对策"，载《污染防治技术》2009 年第 8 期，该文认为突发环境事件有处置的紧迫性、危害的严重性等 7 个特征。

安全，破坏环境与资源后果等，并且这些危害无法在短期里呈现，潜伏期较长；其三，突发环境事件影响的范围复杂，突发环境事件发生后，由于环境因子具有流动性，其影响的范围也非常复杂，如有毒物质扩散至大气、河流中，其污染的范围界限就难以确定。

（三）突发环境事件危害的严重性

突发环境事件一旦发生会对公民、社会、环境等多方面造成不同的危害，有些危害无法弥补，严重威胁人类生存。突发环境事件的发生首先造成或可能造成环境的破坏，导致环境质量下降，这是突发环境事件区别于其他突发事件的根本表现，这也是突发环境事件最严重的危害，有些危害的发生难以修复，需要花费几十年甚至上百年的时间去修复，影响当代人或者后代人的生存环境和权利；其次突发环境事件对于公民造成或可能造成的财产、健康、生命等方面的影响；最后突发环境事件对社会及其他方面的公共利益造成或可能造成影响。

（四）突发环境事件应对的艰巨性

突发环境事件的前三个特征决定了应对突发环境事件的任务非常艰巨。其应对的艰巨性主要体现如下：一是突发环境事件应对的紧急性，突发环境事件发生后如果未能及时作出反应，会导致环境风险扩大，损失成倍增长；二是突发环境事件的诱因、危害范围以及危害后果的复杂性，应对过程非常不确定，任务非常艰巨；三是突发环境事件发生的危害潜伏性和长期性决定突发环境事件应对的艰巨性，能够感知的危害能够及时消除或防范，但潜伏的危害就无法及时应对。

第二节　1989 年以来我国突发环境事件概述

一、1989 年以来《中国环境状况公报》统计的突发环境事件概况

1990 年 6 月 2 日由国家环境环保局首次公布《1989 年中国环境状况公报》，没有涉及工业污染事故，只提及污染主要集中在大城市。[①] 1989 年我国开始编写环境科学年鉴，第一年叫环境科学年鉴，从 1990 年开始称为环境年

---

① 参见王子强、杨朝飞：《1990 年中国环境年鉴》，中国环境科学出版社 1991 年版，第 426~441 页。

鉴，当年年鉴中没有涉及环境事故，1990 年的环境年鉴中设有一项"1972 ~ 1988 年环境大事记"，此记载中没有记录 1972 ~ 1988 年所发生的重大环境污染事故，其中 1995 年没有单独环境年鉴，其内容并入 1996 年的环境年鉴中。自此我国每年公布《中国环境状况公报》，编写中国环境年鉴，本节内容根据我国环境状况公报与环境年鉴的内容而撰写。[①] 因我国近三十年以来处在改革与社会转型中，经济快速发展对环境影响越来越大。我国环境状况公报与环境年鉴对于环境的记录标准不一致，尤其是对于突发环境事件的记录标准不同，我国有史以来的突发环境事件根据环境状况公报的情形分为以下几个方面。

（一）1990 年至 2006 年中国环境状况公报中述及的突发环境事件概况[②]

1990 年至 2006 年中国环境状况公报中将突发环境事件称作环境污染事故，其与突发环境事件的表述稍有不同，环境污染事故主要指由于人为的因素而突然引发的对于环境造成污染和破坏的事件，而因自然因素引起的环境事件没有纳入其范围，单独有自然灾害统计数据栏。但 1993 年的环境年鉴中专门界定了环境污染与破坏事故，具体指由于违反环境保护法规的经济、社会活动与行为，以及由于外部因素的影响或不可抗拒的自然灾害等原因，致使环境受到污染，国家重点保护的野生动植物、自然保护区受到破坏，人体健康受到危害，社会经济和人民财产受到损失，造成不良社会影响的突发性事件。[③] 这个概念比较宽泛，与我们前文讲述的概念较为一致。

1990 ~ 2006 年的环境状况公报与环境年鉴对于突发环境污染事故的记录主要有：环境污染事故的类型、环境污染事故的数量、环境污染事故的损失以及重大突发环境污染事故等内容。

环境污染事故的类型主要有废水污染事故、废气污染事故、固体废物污染事故、噪声污染事故、渔业污染事故及其他污染事故。根据统计资料显示，废水污染事故占比最高，其次是废气污染事故，再次是渔业污染事故，最后是

---

① 参见中华人民共和国环境保护部网站：http://www.mep.gov.cn/gkml/hbb/qt/201606/ t20160602_ 353138. htm。浏览日期：2016 年 12 月 14 日。

② 参见中华人民共和国环境保护部网站：http://jcs.mep.gov.cn/hjzl/zkgb/1996/200211/ t20021115_ 83143. htm，《中国环境状况公报》。浏览日期：2016 年 12 月 14 日。

③ 参见王子强、杨朝飞：《1992 年中国环境年鉴》，中国环境科学出版社 1993 年版，第 426 ~ 441 页。

固体废物污染事故与噪声污染事故，其他类型的污染事故数量极少。这种污染事故组成比例与当时的经济发展模式相一致，主要是企业没有经过处理就排放污水与废气，造成大气、水及海洋污染，酿成突发环境污染事故。由于每年统计环境污染事故的标准不同，所以从环境状况报告找不出环境污染事故发展的趋势，有的年份高，有的年份低，但总体趋势是突发污染事件数量在减少。

突发环境污染事件引发的环境损失比较严重，主要是引起公民的生命健康伤害以及经济损失，生命健康损害方面主要是记录特别重大突发污染事件引发的伤亡人数，每年因突发污染事故引起的经济损失在递增，主要是污染农田，造成农作物、鱼虾等损失。

1992 年与 2006 年的环境年鉴中的统计数据对于环境污染事件根据危害程度进行了分类，把环境污染事件分为四级：特别重大、重大、较大、一般污染事故。1992 年、1993 年、1995 年、1996 年、1998 年的环境状况公报与环境年鉴中记录了当年发生的重大突发环境污染事件，记录了基本的事件原因与造成的危害后果。

（二）2006 年以来突发环境事件发生概况

2007 年开始我国环境状况公报与环境年鉴称突发环境事件，不再称环境污染事故。有关突发环境事件的记录内容主要是突发环境事件的数量、类型、损失。突发环境事件的分类根据突发环境事件造成的危害分为特别重大事件、重大事件、较大事件与一般事件，沿袭 2006 年的分类标准，突发环境事件的数量在不断下降，尤其是特别重大突发环境事件数量在下降，重大事件的数量也在下降，一般事件的数量在 2014 年前有些反复，但是到 2015 年后数量在下降，从一年四五百起到 330 起，可见下降的幅度较大，《2016 年中国环境状况公报》没有记录突发环境事件的相关事宜，通过其他渠道也无从考证 2016 年突发环境事件的发生状况。

2010 年前的环境状况报告与环境年鉴公报了直接经济损失，但 2010 年后不再公报，直接损失总量有起伏，没有基本规律可寻，可能是 2010 年后取消直接经济损失的一个原因。直接经济损失不足以说明事件的危害程度，其实突发环境事件对于环境的损失与破坏没有纳入我国目前的损害记录范围，这种损害对于人类的发展有时是致命的，同时也是无法估量的，不可逆转。

（三）从 1995 年起记录的特大重大突发环境事件概况

1992 年起我国环境状况报告中首次把突发环境事件分为四种类型，包括特别重大、重大、较大、一般四个等级，并对其界定，确定了划分的标准。2006 年、2014 年国务院相继出台《国家突发环境事件应急预案》，对于特别重大、重大、较大、一般环境突发事件重新进行了界定，确立了划分的标准。

根据 1992～2015 年的环境状况报告与环境年鉴的统计，我国发生的特别重大的突发环境事件共有 53 起，发布在 1995～2015 年，其中 2000～2008 年没有具体列举特别重大突发环境事件，但年鉴可计算出 2005～2008 年共有特别重大事件 20 件，而 2000～2004 年的特别重大突发环境事件无法查找，因为前后计算突发环境事件的等级标准不同。从环境状况报告来看，1999 年发生的特别重大突发环境事件最多，共发生了 7 件特别重大突发环境事件，其余年份一般是 3～4 件，造成特别重大的突发环境事件的主要原因是安全生产、交通运输事故、违法排污以及其他情况。只有 1999 年前发生的事件公报了其直接损失，后来的特别重大突发环境事件没有公报突发环境事件的直接损失。直接损失的范围主要是对公民生命与健康的影响，农作物和鱼虾等财物损失。

二、1989 年以来四种突发环境事件划分标准演进

我国突发环境事件的分类标准因为经济的不断发展在不断改变。在环境状况公报以及相关的立法中对于突发环境事件一共三次提出了划分标准。一次是在 1992 年的中国环境状况公报中明确提出，那时我国的突发环境污染事故主要是工业污染事故，损害小，标准低，造成特别重大的污染事故的最高的直接经济损失标准是 10 万元以上，具体标准如表 1 - 1。第二次、第三次划分标准不是在环境状况公报中，而在国务院于 2006 年、2014 年出台的《国家突发环境事件应急预案》的规范性文件中，立法规格提升，标准也提升了。具体标准如表 1 - 1，特别重大的突发环境事件的直接经济损失标准从 10 万元上升为 1000 万元到一亿元的标准，伤亡人数的标准也在不断变化，1992 年特别重大的标准是只要有人死亡，而 2006 年到 2014 年的特别重大的伤亡标准为死亡 30 人以上，中毒或者重伤 100 人以上，普通的突发环境事件的标准都是直接经济损失 500 万元以上，死亡 3 人以下或者 10 人以下中毒等。

表 1-1 突发环境事件的划分标准

	时间	1992 年	2006 年	2014 年
特别重大	直接经济损失	10 万元以上	1000 万元以上，转移 5 万人以上	1 亿元以上，疏散、转移人员 5 万人以上
	人员伤亡	死亡发生	30 人以上死亡，或中毒（重伤）100 人以上	30 人以上死亡或 100 人以上中毒或重伤
	环境影响	一级保护野生动植物	区域生态功能严重丧失或濒危物种生存环境受到严重污染	区域生态功能丧失或该区域国家重点保护物种灭绝，市级以上城市集中式饮用水水源地取水中断
重大	直接经济损失	10 万元以下	疏散转移群众 1 万人以上、5 万人以下	2000 万元以上 1 亿元以下；疏散、转移人员 1 万人以上 5 万人以下
	人员伤亡	有伤亡发生	10 人以上、30 人以下死亡，或中毒（重伤）50 人以上、100 人以下	导致 10 人以上 30 人以下死亡或 50 人以上 100 人以下中毒或重伤
	环境影响	二级、三级保护野生动植物	区域生态功能部分丧失或濒危物种生存环境受到污染	区域生态功能部分丧失或该区域国家重点保护野生动植物种群大批死亡；县级城市集中式饮用水水源地取水中断
较大	直接经济损失	1 万元至 5 万元	环境污染造成跨地级行政区域纠纷，使当地经济、社会活动受到影响，3 类放射源丢失、被盗或失控	500 万元以上 2000 万元以下；疏散、转移人员 5000 人以上 1 万人以下的；国家重点保护的动植物物种受到破坏；乡镇集中式饮用水水源地取水中断

续表

时间		1992 年	2006 年	2014 年
较大	人员伤亡	中毒	发生 3 人以上、10 人以下死亡，或中毒（重伤）50 人以下	3 人以上 10 人以下死亡或 10 人以上 50 人以下中毒或重伤
一般	损失	1000 元至 1 万元	发生 3 人以下死亡；因环境污染造成跨县级行政区域纠纷，引起一般群体性影响	导致 3 人以下死亡或 10 人以下中毒或重伤；疏散、转移人员 5000 人以下；直接经济损失 500 万元以下；环境污染造成跨县级行政区域纠纷，引起一般性群体影响
	直接经济损失	1000 元以上至 1 万元以下		
	人员伤亡			

三、1989 年以来突发环境事件发展的三个阶段

根据环境保护部公布的《中国环境状况公报》（1991～2016 年），总体上讲具有内容由简到繁，公布项目由少到多，数据由粗到细等特点。环境公报关于突发性环境事件的内容在不断丰富，在名称上有一个逐渐科学的过程。有关突发环境事件的公报内容的撰写可分为三个阶段。

第一阶段（1991～1996 年），是工业污染事故为主阶段。在中国环境状况公报中没有突发环境事件的称谓，只有环境污染事故的说法，并且以工业污染事故为主，在这个阶段重点分析了工业与渔业污染事故，并且还对各种污染事故进行了汇总与报告，并对环境污染与身体健康状况进行了分析和报告。

第二阶段（1997～2006 年），为从工业污染事故向环境污染事件过渡阶段。从 1997～2004 年的环境状况公报中只字未提突发性环境事件，且报告的内容也相对简单，无法反映我国当时的真实环境状况，与突发性环境事件相关的内容是气候与自然灾害方面的内容报告，这一阶段气候与自然灾害越来

越多，造成的经济损失与人身损害也与日俱增，报告中无任何相关的突发性环境事件的报告，当然突发性环境事件中有一部分也可能是自然灾害引起的，但是也有一部分是人为因素导致的。2005 年中国环境状况公报的综述中一笔带过特大的松花江跨国污染事件，这也是在环境报告书中首次提出突发性环境污染事件。

第三阶段（2006 年至今）为突发环境事件爆发与治理阶段。此阶段公报的内容不同于前面的公报，一是在公报中设专栏报告我国突发性环境事件基本情况，分季度分类型详细报告各年度的突发性环境事件的基本情况并偶尔单列了环境事件的名称；二是在公报中开始关注突发环境事件的应对与管理，注重突发环境事件的预防与治理，从被动应对走向主动预防，开始保障突发环境事件中的公民权利。

2006 年中国环境状况公报中首次提出突发环境事件的概念，并在公报中详细介绍当年发生的突发环境事件的基本情况，在这一年国务院及国家环保总局加强了突发环境事件的立法管理。在该年环境状况公报综述部分中讲述了两个方面的内容，一是重大船舶污染与海洋渔业污染事故，二是 2006 年全国特大、重大环境污染事件发生情况。国家环保总局发布《突发环境事件应急工作暂行办法》《突发环境事件信息报告办法》，国务院出台《国家突发环境事件预案》。

2011 年的中国环境状况公报记录了我国突发环境事件概况与应对突发环境事件管理情况，并且在应对突发性环境事件工作中，我国政府及职能部门作出了突出贡献。我国突发环境事件工作从被动应对转化为积极治理，不断提高应对能力，加强预防与妥善处置突发环境事件，努力保障群众身体健康和国家环境安全。为了提高应对能力，环境保护部于 2011 年完善应急预案、环境应急管理体制、机制等规范工作，加强重点地区突发环境事件应急项目建设、应急物资储备建设及环境应急能力标准化建设等基础项目建设。

四、1989 年以来突发环境事件的发展与治理特点

（一）从工业污染事故、环境污染事件到突发环境事件的表述演变看，我国突发环境事件概念不统一导致统计数据失真

首先是我国多年的环境状况公报中对于突发环境事件的界定范围不统一，导致各地域与各年份的突发环境事件的统计数据存在差异，数据不具参考性。

虽然我国从 1989 年起就开始公布中国环境状况公报，开始记录突发环境事件，但是各个阶段的表述是不一样的，第一阶段以工业污染事故为主，主要是企业导致的环境污染，主要是工业与渔业的污染。而随着经济发展，企业的污染面扩张，开始威胁普通公民的日常生活，于是提出了环境污染事件这一概念，从 2006 年起我国经济全面提速，环境风险越来越大，突发性事件的发生越来越频繁，这时才提出突发环境事件这一概念，但是在环境状况公报中仍然没有界定这一概念。在我国从 1990 年到 2015 年的环境状况公报与环境年鉴中都没有对突发环境事件的界定，因不同地域以及不同年份的工作人员可能有不同的理解，导致我国环境状况公报呈报的数据具有差异性，突发环境事件的数量有起伏间断，无法客观反映我国发生的突发环境事件的真实状况。从环境状况公报的有些数据来看，环境状况在变好，但是实际上，环境状况在恶化，这种矛盾出现的原因之一就是概念、标准的不统一。

其次是实践中认定突发环境事件的范围与立法的突发环境事件的界定范围存在差异，导致环境状况公报与环境年鉴认定的突发环境事件的范围过窄，这也是导致我国环境状况公报的数据不统一的原因之一。我国在立法中对突发环境事件的界定前后有一定的差异，第一次界定这一概念是 2006 年的《突发环境事件信息公开（试行）》，第二次界定是 2014 年国务院出台的《国家突发环境事件应急预案》，第三次界定是 2015 年国家环境保护部出台的《突发环境事件应急管理办法》，他们的概念都较为概括，包括了因自然因素与人为因素引起的突发环境事件。

（二）从突发环境事件的数量上看环境状况公报的数字在下降，实际上是在上升

从我国 1989 年到 2015 年的环境状况公报的数据来看，突发环境事件的整体数量在下降，但是笔者通过观察与分析，认为数据有可能失真。笔者认为我国突发环境事件的发生数量在现阶段处在上升趋势，主要的原因如下：第一，由于我国在环境状况公报与环境年鉴中没有统一界定突发环境事件的概念，各地域与各年份的统计标准不统一；第二，我国实际理解的突发环境事件与立法界定的突发环境事件的概念不一致，导致数据失真；第三，我国对于突发环境事件的分类标准不统一，上文的表格列举了我国不同阶段对突发环境事件分类的标准，从分类标准来看，标准差距很大，在 1992 年可称为

特别重大的突发环境事件，在 2006 年已经不属于突发环境事件，没有纳入突发环境事件的管理范围。从我国环境状况公报的近十年的突发环境事件的数据分析，虽然数量比前些年有所减少，但是标准却大幅度提高，从另外一个角度理解，其实突发环境事件的发生在加剧，如果按照原有的标准，事件数量会是惊人的。第四，经济快速发展导致对环境的影响加剧，环境风险增加，突发环境事件出现井喷式爆发是不可避免的。

（三）从突发环境事件的类型来看，突发环境事件类型出现多样化

1990～1996 年，突发环境事件以土壤污染与渔业污染事故为主，企业主要分布于郊区，主要影响土壤与水。1997～2005 年，我国的企业已经是遍地开花，企业污染的领域不断拓宽，城市、农村的环境污染事件已经开始多样化，出现水污染、大气污染、土壤污染、噪声污染等。2007～2015 年，我国经济快速发展，突发环境事件类型复杂起来，如突发放射性事件、突发大气污染事件、突发重金属污染事件、突发噪声与振动事件、突发爆炸引发的各种污染事件等，这些事件影响大、发生突然、类型多，防不胜防，成为现代社会的重大隐患。

（四）从突发环境事件的危害来看，突发环境事件的危害在增大

根据我国突发环境事件划分标准变化可见其对我国造成的经济损失与对公民安全造成的影响。特别重大突发环境事件造成的直接损失在 1 亿元以上，每年都会发生几起特别重大的突发环境事件，发生无数重大、较大与一般的突发环境事件，仅从直接损失来看，说明我国因突发环境事件的损失在不断增长。突发环境事件除了有直接经济损失外还有间接损失，尤其对环境的影响无法估量。突发环境事件引发的危害在不断增大，一是在地域上，危害具有国际性，如松花江水污染事件，不仅污染中国河流，而且污染俄罗斯、朝鲜的环境；二是在深度上，危险在增加，青岛爆炸事件、古雷半岛爆炸事件不仅影响大气环境，而且影响海洋生物，这是人类在短时间内不能观察到的；三是时间跨度上，不仅对现在的环境产生危险，还可能对将来也产生影响，如现在有些癌症村，可能是多年前的环境污染与破坏引起的，日本的痛痛病，起因发生在十多年前，具有潜伏性。

（五）从对突发环境事件的应对来看，对突发环境事件的应对在加强

我国从 2006 年开始加强对突发环境事件的应对。应对措施如下：第一，

2006 年国务院出台《国家突发环境事件应急预案》，界定突发环境事件的概念，划分突发环境事件的级别，建立与之相对应的突发环境事件的应急预案级别，加强突发环境事件的风险预防与应对；第二，环境保护部出台《突发环境事件信息公开办法》《突发环境事件调查处理办法》等，加强环境信息的公开及调查处理；第三，加强重点地区突发环境事件应急项目建设、应急物资储备建设及环境应急能力标准化建设等基本设施的建设，完善应急预案，环境应急管理体制、机制等规范工作，积极规范突发环境事件中的预防与应对管理职能，提高应对能力。

第三节　突发环境事件中的公民权利保障机制概述

一、突发环境事件中的公民权利保障机制的界定

（一）权利基本含义

要明确权利保障机制的含义需先了解权利的基本含义。权利是法律体系的核心，自古就对这一概念进行过探讨，但是在法理学上对其界定是永远的难题。虽然难，但是哲学家们从来就没有停止过对其的思考，从不同角度对其进行界定，出现了"自由说""意志说""利益说"等学说。

西方学者霍菲尔德宣称"权利"包括四种情形：法律自由、请求、权力和豁免，认为权利是一种资格，是一种法律上的优势。[1] 英国学者 H. L. A. 哈特提出权利选择理论很好地阐释了权利和自由的本质。美国学者乔·范伯格认为"拥有一项权利也就意味着拥有一项针对某人的主张"[2]，并认为"主张行为，就如同其他很多事物一样，构成了自我尊重和对他者的尊重，它产生了个体人格的观念"构成权利的价值。美国学者卡尔·威尔曼在霍菲尔德的理论基础上给权利下定义：权利是霍菲尔德状态系统，在特定领域的潜在冲突中，使得一方支配另一方，同时也意味着这一体系是通过适当种类的规

---

[1]　[英] A. J. M. 米尔恩：《人的权利与人的多样性》，夏勇、张志铭译，中国大百科全书出版社 1995 年，第 118 页。

[2]　[美] 乔·范伯格："权利的本质与价值"，安恒捷译，载《朝阳法律评论》2015 年第 1 期，第 328 页。

范构成的。① 西方学者认同权利不能从单方面进行界定，而是由法律自由、请求、权力和豁免构成的一个法律系统。

我国学者公丕祥认为权利概念很难界定，关键是解决权利的合法性问题，提出区分应有权利和现实权利，是科学的权利概念的主要特点。② 夏勇认为虽然权利不好界定，但是还是需要给一个界定，具体是指特定的主体对特定的客体提出与自己的利益或意愿有关的必须作为或者不作为之要求的资格。认为权利更主要是一种资格。③ 虽然他给了一个定义，但是还是不能明确这一定义的具体内涵，因此提出不管什么权利，都应该包含五要素，每个要素能够体现权利的本质，反映权利的五要素包括：利益要素、主张要素、资格要素、力量要素、自由要素。④ 以每个要素为路径都可以给予一个定义，但是都不能包括权利的基本含义。程燎原、王人博认为权利由三要素构成，即自由意志、利益与行为自由，根据三要素而给权利的界定是自由意志支配的，以某种利益为目的的一定的行为自由。⑤ 无论是夏勇提出的五要素说，还是程燎原与王人博的三要素说，其与霍菲尔德的权利四种情形所包含的根本内容是一致的，只是表达的方式不同而已，利益是基点，自由行为是连接权力和利益的媒介。利益冲突是社会发展的动力，利益冲突也往往导致权利的冲突，权利冲突是常态，解决权利的冲突成为法治社会中的主要任务。从不同角度对权利的认识是解决权利冲突的基础。

不同学者根据不同标准对权利进行外在的分类，根据权利的来源分为：应有权利、法定权利和现实权利。⑥ 这三种权利形态分别是权利的"正当性""合法性""现实性"三个特征的反应。⑦ 应有权利是道德权利，是自然权利，是法定权利的价值基础，应该具有普遍性、合理性、正义性三个特征。应有权利是每个权利主体的价值追求与责任分担都是平等的，不能以牺牲他人的权利而使部分人得益，且这种价值追求与利益分担应该不超越社会生活条件

---

① ［美］卡尔·威尔曼：《真正的权利》，商务印书馆2015年版，第12～13页。
② 公丕祥：《权利现象的逻辑》，山东人民出版社2002年版。
③ 夏勇：《中国民权哲学》，生活·读书·新知三联出版社2004年版，第4页。
④ 夏勇：《人权概念起源》，中国政法大学出版社1992年版，第42～44页。
⑤ 程燎原、王人博：《权利论》，广西师范大学出版社2014年版，第31页。
⑥ 方永军："论权利的本质与价值"，载《社会科学战线》2004年第4期，第269页。
⑦ 程燎原、王人博：《权利论》，广西师范大学出版社2014年版，第326页。

也不凌驾于他人的合理需求之上，且这种价值追求与责任分担是善良与正义的。程燎原、王人博认为法定权利不仅是逻辑判断也包含价值判断，法定权利所反映的是法律关系主体与国家的对立统一关系，是独立自主地位的法律确认，且是不能放弃的一种资格，法定权利是国家通过法律等方式对权利的限定，法定权利不限于法律的明文规定，可以根据法律精神和逻辑推定出权利，也即隐含在法律中的权利。法定权利体系是权利制度化和法律化的结果，主要包括权利主体制度、权利内容制度、权利实现制度、权利责任制度、权利救济制度。现实权利是实际享有和行使的权利，是法定权利实现的结果或形成的一种实有状态，是权利的最终归宿。① 从应有权利到法定权利再到实有权利是权利实现途径发展的一个必然的过程。本书研究的我国突发环境事件中的生命权、人身安全权、财产权等传统权利既是应有权利也是法律明确规定的权利，这些权利在我国的法律保障机制较为完善，成为实有权利较为容易；而环境权、监督权、知情权、救济权虽然也是一种应有权利和法定权利，但是这些权利没有在法律中明确规定，而是通过法律和逻辑推演出来的，是一种推定的法定权利，因此其保障机制较为欠缺，这些权利转化为实有权利在我国还较为困难。有的学者根据权利的内容将权利分为六类：人身权利、政治权利、经济权利、社会权利、文化权利和法律救济权利。② 我国的突发环境事件涉及的法定权利有：人身权利中的生存权、健康权、自由权；经济权利中的财产权；社会权利中的社会救助权、社会保险权、社会福利权、环境权；法律救济权利。有的学者根据基本权利体系内在的基本方法把权利分为自由权、受助权和平等权三大类。自由权是基础，是其他权利的起点，受助权和平等权是自由权的延伸和保障。受助权是指从国家获得帮助或收益的权利，包括积极受助权和消极受助权，积极受助权就是社会帮助，消极受助权指主体通过个人的请求获得国家的助益，即救济权。自由权是源，受益权是流。③ 本书所研究的突发环境事件中的公民权利主要是自由权和受助权，且受助权是本书研究的重点，既包括积极受助权也包括消极受助权，这些权

---

① 程燎原、王人博：《权利论》，广西师范大学出版社 2014 年版，第 348 页。
② 胡平仁：《法理学》，中国民主法制出版社 2014 年版，第 35 页。
③ 邓联繁："基本权利学理分类的意义与方法研究"，载《武汉大学学报（哲学社会科学版）》2008 年第 4 期，第 28 页。

利的实现是公民自由权实现的有力保障。

（二）公民权利保障与救济的概念

1. 公民权利保障的基本含义

公民权利保障是指法律关系主体为了公民权利的实现所采用的各种措施和制度，既包括立法机关对于权利的立法，也包括行政机关及其他组织对于权利的执法以及维护权利的一系列的法律制度和行为。传统的权利保障模式有三种即立法保障、行政保障、司法保障，权利的立法保障是权利保障的前提，权利的行政保障是权利保障的常态化形态，权利的司法保障是公民权利保障的最后一道屏障。随着社会的发展，公民权利保障制度也在不断发展，除了传统的三种模式外，由于立法保障、行政保障、司法保障存在不足，出现了自力保障与社会保障，弥补传统权利保障模式的不足。

2. 权利救济的基本含义

救济在《当代汉语词典》里解释为：用金钱或物资进行援助。除了此意，救济一词还有矫正、修复、恢复、补偿、赔偿等含义，法律上的救济意义来源于此，我国法学大辞典法理学卷权利救济的解释是公民、法人或其他组织的民事合法权利遭受侵害时，法律上给受损害一方的补偿方法。这是一种针对民事权利的救济，在现实中除了民事权利外还有其他权利也被侵害，本书研究的权利救济是较广义的权利救济，具体指对于权利主体的权利遭受侵害时，给予受损害方提供法律上的补救措施的总称。通常以某种权利的存在和被侵害为前提，是对权利的救济，即在权利被侵害后对权利的恢复、修复、补偿、赔偿或对侵权的矫正。[①] 本书研究的权利主体只限于公民，而对于法人与其他组织的权利，本书不涉猎。

权利救济是以权利的存在、权利冲突与权利被侵害为前提，是矫正或者修复权利的权利，是为了实现权利的权利，同时又是法律明确规定的权利。

3. 公民权利保障与公民权利救济的联系

对权利救济主要从两个角度研究，一是从功能主义角度研究，主要是从权利救济的技术与结构上进行研究；二是从权利保护救济观出发明确权利救

---

① 贺海仁："自我救济的权利"，载《法学研究》2005年第4期，第63页。

济的目的在于保障公民权利。[①] 前一研究具有工具意义，后一研究具有价值意义。功能主义的救济观解决权利救济的合法性与规范性问题，权利保护的救济观则为功能主义的权利救济观导引价值方向和设定目标。本书所说的公民权利救济主要是功能主义角度的权利救济，而公民权利保障则是公民权利救济的归属，也即权利保护救济的体现。

二者的目的是一致的，为了实现公民权利，保障公民的道德权利转向法定权利最终成为现实权利。权利救济是权利保障的最重要组成部分，没有权利救济也就无权利保障，权利救济实现与否是衡量权利保障的最终标尺。只有通过公民权利救济才能达到实现保障公民权利的最终目的。

（三）突发环境事件中公民权利保障机制的概念

突发环境事件中公民权利可能受到两个方面的危害：一是突发环境事件本身给予公民生命、自由、财产等方面带来的危害；二是为了防止突发环境事件事态发展，危害扩大，由公共机关采取一定的措施，对于公民的部分权利实行限制，因此可能侵犯公民的权利。对于公民权利的保护分为多重保护，一是第一性的权利保护，在立法中规定公民的权利，二是第二性的保护，当公民权利受到侵害时，对公民救济权利的保障。

突发环境事件中的公民权利保障机制是指身处突发环境事件中的公民在其权利受到公民、法人或者其他组织以及公共机关或其执法人员的侵害之后，可以通过相关途径及程序采取意在维护自身权利或减少自身损失的一种权利补救的保障机制。它是一套复杂的法律系统，涉及宪法、行政法、环境法、诉讼法、社会法等，因此突发环境事件中的公民权利保障机制是一套包含公民权利立法、行政、司法与社会保障的有机系统。

二、突发环境事件中对公民权利建立多元保障机制的必要性

突发环境事件的发生可能既危及公民个人利益，也危及公共利益，因此既要保护公共利益，也要保护个人利益，甚至为了保护有些公共利益，需要牺牲个人利益。在这种复杂的利益链条中，为了保障公民权利，则需赋予公民救济权以抗衡以公共利益的名义限制公民权利的规定，保障与实现公民的

---

① 贺海仁："自我救济的权利"，载《法学研究》2005年第4期，第64页。

权利，因此我国突发环境事件中公民权利保障体系是以公力救济为主，自力救济与社会救济为辅的多元救济体系。

（一）当代法学的多元价值理论对应多元的权利保障体系

我国正处在社会转型时期，传统的价值观念被否定，新的价值观念又还没有形成，传统社会的价值由部分社会精英主导，而现代社会的价值观念已经大众化，普通群众的主体意识增强，单一的正义、公平观念不再存在，取而代之的是多元的、局部的、以多种方式存在的正义。[①] 在这种价值观念指导下的法律体系也需随着时代变化而变化，尤其是公民权利救济体系由公力救济一枝独秀演化为多元的权利救济体系以适应不同的社会主体根据自己的主观性寻求适应自己的价值判断的需求。

（二）突发环境事件中公民权利的多样性和复杂性决定权利保障方式的多样性

我国突发环境事件中公民权利表现形态呈现出多样性，既包括传统权利形态，也包括新型权利形态，既包括实体权利形态，也隐含程序权利形态，还包含对于权利的限制。突发环境事件中公民权利的多层次性决定了产生的权利冲突也是多角度的，既有个体权利的冲突，也有公共权力与个体权利的冲突，解决这些不同的权利冲突的方式也不同，如果用传统的单一的司法机制无法解决多样的冲突，只有根据不同冲突选择不同机制才能解决矛盾，从而需要多元的权利救济机制。

（三）突发环境事件的特点决定公民权利救济需要多元的保障机制

我国突发环境事件的引发原因具有多重性，既有因自然灾害而引发的突发环境事件，也有人为因素而引发的突发环境事件，其具有突然性、极大的危害性，对公民、社会和公共利益造成极大的损害，根据法律责任承担原则，谁损害谁担责，那么在突发环境事件中不同的损害承担责任的主体、方式、程序是各自不同的，决定了救济方式也应不同，既不能笼而统之由公共权力机关担责，也不能由侵害者单独担责，在一些特别重大的突发环境事件中无论是国家还是侵权者个体都无力承担责任，因此需要发挥各种力量来救济这些权利。过去单一的救济方式无力保障在这些特殊情形下的权利救济，而需

---

① ［法］利奥塔：《后现代状况——关于知识的报告》，岛子译，湖南美术出版社 1996 年版。

要多方救济才能真正保障公民权利的实现。

三、突发环境事件中公民权利保障与救济方式

（一）公民权利保障与救济方式

我国在公民权利保障与救济方式方面的研究还处于争议阶段，没有统一的标准，在此不再列举，从突发环境事件中公民权利保障的横向与纵向的角度较为全面地设计保障体系，因此本书选择了两种分类标准。

公民权利根据不同的标准有不同的分类，从横向角度，根据权利救济的实施主体不同划分为公力救济、自力救济与社会救济。公力救济是指国家权力机关根据一定的权限和程序对于在权利冲突或者权利损害中受损的权利给予恢复或者补救的制度。[①] 公力救济包括立法救济、行政救济和司法救济。自力救济是指权利受害者即公民个人凭借自己的力量对于在权利冲突或者权利损害中受损的权利进行恢复和补救的制度。社会救济是指国家机关和公民个人之外的非政府组织、企业等其他组织为权利受害者提供的帮助，并对于在权利冲突或者权利损害中受损的权利进行恢复和补救的制度，是补充公力救济与自力救济之不足，社会救济既包括实体救济也包括程序救济。社会救济是介于公力救济与自力救济之间的各种民间性、社会性、公共性的替代救济机制，是现代社会的一种新生的救济力量。

根据危及权利时间的先后分为侵害前的预防性救济、侵害过程中的救济和侵害后的救济。突发环境事件尚未发生但可能发生，公共权力机关、公民和社会组织采取一系列的预防措施弥补可能对于公民权利的危害为侵害前的预防性救济。公民权利被侵害时采取的救济措施主要是私力救济、自助救济和行政救济，司法救济很难介入。公民权利受侵害后采取的救济措施主要是公力救济，既包括立法救济、行政救济，也包括司法救济，但也有少部分自力救济与社会救济。

（二）突发环境事件中公民权利保障与救济方式

1. 从私力救济到公力救济再到公私力救济相结合的多元保障体系

权利救济经历了一个从私力救济到公力救济再到公私力救济相结合的过

---

① 陈焱光：《公民权利救济论》，中国社会科学出版社 2007 年版，第 85 页。

程。在原始社会初期权利冲突后的救济方式都是由私主体自我解决。随着社会发展慢慢产生公力救济。权利救济具有自发自为的性质，但是由于这种自发自为的行为容易导致对权利的自我否定，产生暴力救济，因此从权利中分离出一种公共权力，维护一定的公共利益和公共秩序，同时也就产生公共权力解决纠纷的权力，形成了公力救济。① 私主体权利救济逐渐退出来了权利救济的市场，因为私主体逐渐丧失了自我解决纠纷的能力和信心。司法救济是公力救济最主要的方式，也是最早产生的公力救济方式，传统的公力救济就是司法救济一元机制。司法救济的出现标志着社会的进步，也体现了权利现实化的有序性特征。② 司法救济一元机制实现了程序正义的要求，克服了暴力救济的危险，但是也陷入了程序正义的形式主义泥沼中，成为权利救济的工具理性。

权利救济方式的发展是与社会历史发展相匹配的。一枝独秀的司法救济推动社会法治的进程具有不可磨灭的作用，随着社会发展，其局限性也越来越明显：第一，司法救济的范围具有局限性，并不是所有的公民纠纷都需要通过法院解决，如道德领域与宗教领域、情感领域的纠纷就无须司法解决，并非所有的通过司法解决的纠纷都能够实现救济目的，并非通过司法解决纠纷都是公正的；③ 第二，司法救济的经济成本和社会成本不断攀升，消耗着社会的财富和侵蚀社会的公平、正义；第三，司法救济的专业化和技术性排斥了当事人的参与，慢慢使司法救济形成一种对抗式的救济模式，或赢或输的救济结果很难深层次排解纠纷双方的内心情结，真正消解矛盾。社会价值的多元以及公民、社会组织的个体意识的觉醒，社会主体开始寻求多元的纠纷解决机制，在公力救济方面多有突破，如通过立法、行政等其他公共权力机关的参与，化解一部分社会纠纷，多渠道保障公民权利；除了拓展公力救济的渠道外，给私力救济释放空间，实现公民权利保障机制的第二次革命，形成以公力救济为主、私力救济为辅的权利保障体系。

---

① 贺海仁：《谁是纠纷的最终裁判者——权利救济原理导论》，社会科学文献出版社 2005 年版，第 239 页。

② 程燎原、王人博：《权利论》，广西师范大学出版社 2014 年版，第 379 页。

③ 贺海仁：《谁是纠纷的最终裁判者——权利救济原理导论》，社会科学文献出版社 2005 年版，第 224～227 页。

2. 突发环境事件中的以公力保障为主、自力保障与社会保障为辅的体系

权利救济是权利保障的基本，是权利保障实现与否的根本标志。传统社会主要采用以审判为中心的权利保障机制，现在风险社会形成了多元权利保障机制。因突发环境事件所涉及的权利类型复杂多样，用传统的司法保障公民权利越来越乏力，从而需要多途径、多渠道维护公民权利，因此需要多元救济机制保障突发环境事件中公民权利。突发环境事件的发生原因多种多样，引起的社会危害也非常严重，特别重大突发环境事件还会导致国家处于紧急状态，威胁国家利益及公共利益，为防止危害的扩大，保护公共利益或者保障公民权利，形成了以公力救济为主，自力救济与社会救济为辅的公民权利保障救济体系。公力救济是主导，公共权力机关为了维护社会的安全与公民的利益积极采取措施对社会与公民的生命、环境及其他权利与利益的不利给予救助与补偿的机制，包括立法救济、行政救济与司法救济，由于立法救济主要是事前的救济，事前救济主要体现在立法中对权力进行限制，而对于公民权利予以确认才能够使其权利得到保障，本书主要研究在立法中对于突发环境事件中公民权利的保障，这是事前的救济，也是最好的救济与保障，正如美国联邦大法官所说，"在创造有效的补救方面，法院的作用要比立法机构的作用有限得多"。[①] 行政救济是现代公民救济的主要渠道，其内涵较为丰富，救济手段多样，行政救济比较及时，能够快速救济公民的权利。司法救济是最主要的传统保障公民权利与监督行政权力的最有效和最权威的机制，因此它是公民权利保障的最后屏障。本书研究我国公力救济、自力救济、社会救济的基本现状与困境，为公民提供更多的选择机会，使其权益从不同渠道得以实现。这里所谈及的救济是广义的，既包括实体的救助，也包括程序的救济。突发环境事件中公民权利救济以公力救济为主，自力救济与社会救济为辅的原则是构建保障突发环境事件中公民权利的基本体系的基点。在突发环境事件中的公力救济的范围包括：第一，实体的公力救济即公民享有社

[①] ［美］伯纳德·施瓦茨：《美国法律史》，王军等译，中国政法大学出版社 1990 年版，第266 页。

会救助权，当突发环境事件发生后导致公民的基本生存、生活、环境受到威胁时，公共权力机关有义务给予救助，这是一种实体上的救济权。第二，程序的公力救济权，即因为突发环境事件，行政应急主体为了防止环境事件的事态扩大，防止更大的损失，恢复秩序，需要征用劳务或者征收财产，而所征用财产毁损或消灭，或者被征调的劳务人员受伤或死亡，公民可以要求行政补偿或者赔偿，寻求公力救济。

第二章 我国突发环境事件中的公民权利表现形态与理论基础

第一节 我国突发环境事件中的公民权利表现形态

我国现处于突发环境事件频发状态，突发环境事件的发生造成公民权利的损害，那么突发环境事件中公民哪些权利受到损害，应如何保障这些权利成为学界不容回避的任务。权利根据其存在的状态分为三种形态，即应有权利、法定权利、实有权利。这三种权利形态是权利的三个特征的体现，即应有权利是权利正当性的体现，法定权利是权利合法性的体现，现实权利是权利现实性的体现。应有权利是权利形态的源流，现实权利是权利的结果，而法定权利是应有权利与现实权利的桥梁。[①] 突发环境事件中公民的应有权利是法定权利和现实权利的源流，突发环境事件中公民的应有权利形态较为复杂。学者李以庄认为紧急状态下容易被侵犯的公民基本权利主要包括生命权、知情权、财产权和人身自由权等。[②] 突发环境事件也会导致紧急状态，突发环境事件中的公民权利与正常状态下的公民权利有区别。突发环境事件中的公民权利主要指公民作为一个权利主体在环境事件发生时所产生的紧急情况下具有的特定的权利。突发环境事件中公民权利分为实体和程序两类，实体权利是原生权利，程序权利是派生权利，是保障原生权利实现的权利。原生权利又分为传统权利和新型权利。传统权利有人称为第一代权利和第二代权利，包括人身自由权、人身安全权、生命权以及财产权等。新型权利有人称

---

① 蒋传光、郑小兵："法律在应有权利向实有权利转化中的作用"，载《江苏警官学院学报》2006 年第 4 期，第 93～94 页。
② 李以庄："论紧急状态下公民基本权利救济机制的完善"，载《重庆工商大学学报（社会科学版）》2008 年第 25 期，第 64 页。

为第三代权利，本书研究环境权。突发环境事件中的程序权利是由原生权利以及行政机关应急处置过程中派生的保障公民的权利，包括知情权、监督权、请求权以及救济权等。

一、我国突发环境事件中的传统法律权利形态

（一）生命权

生命权是所有公民权利的承载基础，是维持生命存在的权利，即活着的权利。① 生命权是存在权的基础，因此每个公民有向国家请求最低生活保障与生存机会的权利，国家有尊重与保障公民的生命这个作为宪法最高价值的义务。② 生命权包含三个具体内容：第一，生命安全维护权，即"安享天年"，禁止非法剥夺任何公民的生命，这是生命权最基本的内容；第二，防止危害生命的事情发生，当危害生命的事情发生时，生命权利人有权采取一定的措施，保护自己，维持生命安全；第三，改变危险生命的环境的权利，当权利人的生命受到环境威胁或者可能受到环境威胁时，权利人有权要求环境所有者、管理者消除危险，改变环境，保证生命安全。有学者提出生命权的新概念，郑贤君认为："生命权不仅意味着活着，意味着像人一样体面地活着；生命也不仅仅是延续自然和生理属性，还具有社会和心理价值，以使活着有目的、有意义、有尊严。"③

突发环境事件由于其突发性、高危性等特征成为危及整个社会公共安全的事件，引起社会的高度关注，其对于生命权的危害主要体现在以下两个方面：其一，突发环境事件本身危及公民的生命。如 2015 年 8 月 12 日在天津发生的爆炸案，死亡一百多人；④ 2013 年 11 月 22 日青岛石油管道爆炸最终确定死亡 62 人，官方一并把死亡人数的籍贯、年龄等基本情况公布于网络。其二，突发环境事件对环境因素造成影响从而危及公民的生命以及健康。突

---

① 李步云：《人权法学》，高等教育出版社 2005 年版，第 122～123 页。

② 转引陈慈阳：《环境法总论》，中国政法大学出版社 2003 年版，第 94 页。

③ 郑贤君："论生命权的新概念"，载《首都师范大学学报（社会科学版）》2006 年第 5 期，第 87 页。

④ 网络媒体上报道不一，没有最后统计数据，在官方网站上也无从查考，有 159 人确定，有 11 人不确定。

发环境事件一般会造成环境污染和对环境的破坏，将对生命造成致命的伤害。因环境因素造成对于生命的影响已经成为威胁公民生命权的主要因素之一，环境权与生命权已息息相关，在突发环境事件中所造成的情况尤其如此，这也成为行政机关保障公民生命权的关键难题。

（二）人身安全权

人身安全是仅次于生命的人身利益，是其他权利行使的基础。具体指人人享有生命、健康和身体完整性不受侵犯的权利。① 人身安全权包含两项具体内容：一是人身不受侵犯，即身体权不受侵犯，身体权是指公民维护其身体安全，独立支配其身体的权利，禁止非法搜查；二是健康不受侵害，指公民身体及各组织器官及其机能不受非法侵害。

突发环境事件中可能危及人身安全权的情形有两种：其一，突发环境事件本身危及公民的人身健康与安全。在突发环境事件中因为环境污染或者环境破坏导致人员伤亡、中毒或者是受侵害，公民的人身安全受到威胁。其二，突发环境事件引发环境问题从而危及公民的人身健康与安全。2010 年在湖南省临武县和桂东县所发生的儿童血铅事件就是因为突发环境事件造成环境因子的变化，使免疫能力弱的儿童喝了受污染的水和呼吸了不干净的空气导致身体健康受到很大的威胁，儿童的健康状况变化主要来自环境污染。

（三）人身自由权

人身自由权有广义和狭义之分，广义自由权包括身体、人格和身份自由，狭义的自由权仅包括身体活动的自由。② 本书研究的突发环境事件中的自由仅包括狭义的自由即身体的自由，具体指公民根据自己的意志在法律许可的范围行为的权利，人身不被他人控制和侵害的权利。公民具有自主权，有行动的自由，有不受他人及国家机关非法拘禁，限制行动的自由。

突发环境事件中，由于情况紧急，为防止事态发展，行政机关采取疏离、撤离等对公民人身自由实施暂时限制的措施，是保障公民的生命、健康权必不可少的，公民应该服从。

---

① 李步云：《人权法学》，高等教育出版社 2005 年版，第 127 页。
② 李步云：《人权法学》，高等教育出版社 2005 年版，第 130 页。

（四）财产权

财产权分为公法与私法领域的财产权，私法中的财产权近似于民法中的所有权，但比所有权范围宽泛，指财产所有权人对其财产享有的占有、使用、收益和处分的权利。私法中的财产权具有一般排他性，排除于与其具有平等地位的主体的侵害。① 公法中的财产权通过公法特别是行政法制度为政府设定权力界限从而避免对公民财产权的侵犯。公法中的财产权具有特殊的排他性，主要是排除国家机关的权力滥用。② 公民财产权是指公民根据宪法和行政法等法律规定享有的一切具有财产内容的权利。它的实现须以国家主权和公共利益为其合法化边界。

突发环境事件中的公民财产受损表现如下：一是突发环境事件本身的发生会对公民财产如土地、房屋、农作物、养殖业等造成直接与间接的损害；二是为了防止突发环境事件的危害的拓展，行政机关采取一些应急措施，需要占用或者征用公民的财产。

（五）社会救助权

社会救助权是社会保障权之一，具有人身权和财产权的双重属性。具体是指公民陷入无法自力克服的生活困境而向国家和社会请求获得给予无对应义务条件的能保障其基本生存要求的物质和服务的权利。③ 这是社会权利中最低层次的权利，是生存权的具体表现形态，社会救助权实质上是一种程序性权利，即请求权。具体的内容包括：最低生活保障权、住房权、受教育权、健康权等。④

突发环境事件中公民的社会救助权体现如下：一是生命救助权，把救助公民的生命视为突发环境事件中救助的主要内容，尽最大可能减少突发环境事件所造成的各种伤亡；二是最基本的医疗救助权，国家应提供最基本的医疗设施和医疗服务为突发环境事件中受伤的公民及时医治；三是最基本的生活救助权，突发环境事件造成公民的基本生活条件被破坏，衣、食、住、行

---

① 杨成铭：《人权法学》，中国方正出版社 2004 年版，第 263 页。

② 肖金明、冯威："公民财产权的制度化路径——一个人权和宪政的视角"，载《法学论坛》2003 年第 2 期，第 5~6 页。

③ 何平：《社会救助权研究》，湖南大学 2010 年博士学位论文，第 30 页。

④ 左权："社会救助权的法理论析及其保障路径"，载《社会保障研究》2011 年第 10 期，第 91 页。

等基本生存条件无法保证，很难维持基本生活，国家和社会应该保证其基本尊严的生活，公民有无偿获得最基本生活的救助权；四是环境救助权，突发环境事件发生后，公民生存的环境受到严重破坏，请求国家和社会帮助撤离其生存的环境，或者是紧急采取措施修复生存的环境，或是生存环境根本无法再继续生存，请求国家或社会提供新的居住环境的权利。

二、我国突发性环境事件中的新型权利形态——环境权

突发环境事件不仅影响公民传统权利，还会影响公民的环境权，这是一种新型的权利形态，是现代突发环境事件中的公民权利的特别体现。

（一）环境权的界定

学者自 20 世纪 70 年代始，从宪法、民法、环境法、伦理学等不同视角研究环境权，但是给环境权一个周全的界定较为困难，可谓仁者见仁，智者见智。

英国学者蒂姆·海沃德对五十多个国家的环境权定义进行研究后发现，有各种各样的表达方式：最为常用的表述是对洁净或健康环境的权利；其他较为特别的表述认为环境权是生态均衡或平衡权；还有人认为环境权是可持续发展权；西班牙的学者认为是适合人发展的环境；美国的一些州的宪法认为环境权是环境质量的美感方面。西方学者对于环境权达成共识的概念是由布伦特兰提出的，"对充分实现健康和福祉的环境所享有的权利"[1]。蒂姆·海沃德则认为环境权是一种宪法化的属类权利，不仅是程序权，还应当是实体权，应蕴含积极、消极和主动类型的一系列更为具体的权利；环境权是一种积极的行动权，要求国家立法指导资源分配，因没有国家行为，环境质量的条款就无法生效，这种权利对于国家是一种义务，而针对公民是一种防卫权。

日本学者阿部照哉、大须贺明认为环境权是具有自由权与社会权两个侧面的权利，环境权是指我们具有支配环境、享受良好环境的权利，对于正在污染环境、正在妨碍我们的舒服生活或者想要加以妨碍的人，我们基于该项权利，具有要求排除或者防止这种妨碍行为的请求权。[2] 从他们对于环境权

---

① ［英］蒂姆·海沃德：《宪法环境权》，周尚君、杨天江译，法律出版社 2015 年版，第 19 页。
② ［日］大须贺明：《生存权论》，林浩译，吴新平审校，法律出版社 2001 年版，第 197 页。

的定义来看，大须贺明等学者认为环境权不是传统的单一权利，而是一种综合性的权利，包括享有良好环境的实体权也包括一定的程序性请求权。

以蔡守秋教授为代表的我国老一辈学者从 20 世纪 80 年代开始研究环境权，90 年代陈泉生、吕忠梅教授等学者继续推进环境权研究，21 世纪一批年轻学者对环境权做了更深层次的探讨，环境权研究成为法学学科的研究热点。[1] 环境权研究形成了不同的学说，如环境权肯定说、环境权否定说。[2] 但不管是肯定说还是否定说，抑或是环境权广狭义说，学界就一点达成了共识，即环境权作为一项权利应该纳入宪法或者环境基本法之中。将环境权以什么性质纳入宪法或者环境基本法中在学界存有争议，一部分人权学者认为环境权是第三代人权，是一种集体环境权，是一种对于洁净、健康的权利，但也有一部分学者提出不同意见。如我国台湾地区学者叶俊荣认为环境权为参与环境决策的程序权，区别于传统的享有舒适环境的实体权。[3] 他认为权利是一种绝对权利，把环境权与财产权等绝对对立起来，其实环境权是一种相对权利，因此它不仅包括程序性权利，更应该蕴含实体权利，这才是行使程序环境权的目的。有些学者在传统的权利理论上提出一些创新的环境权定义，这对于我们研究环境权具有一定的价值。如郑贤君教授从生命权与环境权的关系角度，认为环境权包含国家须提供健康的居住、生产、工作和生活环境的要求。这一意义上的环境权与生命权密切关联。[4] 如果我们赖以生存的环境被破坏，人类赖以生存的基本要素缺乏，个人的生命也就失去根基。因此其认为环境权是一种与生命权息息相关的社会权，赋予生命权新的含义，使环境权寄身于生命权。孟庆涛博士把环境权分成不同层次，构建这种新型权利与传统权利的勾连点，搭起了传统权利与新型权利的桥梁。他认为环境权

---

① 2016 年 11 月 25 日在知网上搜索"环境权"条目，共有 27 158 条，包括期刊与硕博论文，其中硕博论文共 8688 篇。2016 年 11 月 25 日于读秀网搜索"环境权"共搜索到专著 19 本，2004 年出版 1 本，2005 年出版 2 本，2006 年、2007 年、2008 年、2009 年各出版 1 本，2010 年出版 3 本，2014 年出版 6 本，2011 年、2015 年、2016 年各出版 1 本。

② 吴卫星："我国环境权理论研究三十年之回顾、反思与前瞻"，载《法学评论》2014 年第 5 期，第 181 页。

③ 叶俊荣：《环境政策与法律》，中国政法大学出版社 2003 年版，第 1 页。

④ 郑贤君："论生命权的新概念"，载《首都师范大学学报（社会科学版）》2006 年第 5 期，第 87 页。

是一种概括性权利，具有层次性的权利，包括三个层次：首先是生命性的环境权，具体是与人的身体相关的健康权与生命权，是环境权存在的基础和逻辑起点；其次是理性环境权，包括环境知情权、环境参与权、财产权、资源使用权、安宁权，日照权等权利；最后是环境人格权也称环境精神权，是终极权，包括环境观赏权、景观权、环境舒适权、环境美观权等。① 王小钢博士提出环境权是一种复合型的权利，是一种权利束，为我们提供了环境权利谱系，且建构了环境权一条从道德权利到法律权利再到现实权利的路径。环境权是人权和普通权利的复合，环境权维护人的环境道德准则，同时也维护公共环境利益与个体环境利益；环境权是接收权和行为权的复合，因此环境权既包括享有良好环境的实体权利，也包括环境知情权、环境参与权以及环境救济权等程序性权利。② 根据东西方学者对环境权的界定，本书认为突发环境事件中的环境权是一项综合性的权利：既包括一定的实体权利，也包含一定的程序权利；既具有自由权的属性，也具有社会权的属性；既是积极权利也是消极权利；环境权不仅包括最基本的基于生存的环境权，也包含环境知情权、环境参与权、环境救济权，还包括良好环境权，有的学者称为环境人格权，环境人格权即主体对其环境人格所享有的、维护其生存和尊严所必备的权利。③

（二）环境权国际国内法的承认

1. 国际环境权的承认

首次写入环境权的正式文件是 1972 年在斯德哥尔摩召开的环境大会中通过的《环境人权宣言》，该宣言规定了人类环境权，"人类环境的两个方面，即天然和人为两个方面，对于人类的幸福和对于享受基本人权，甚至生存权利本身，都是必不可缺少的"，"人类有权在一种能够过尊严和福利的生活的环境中，享有自由、平等和充足的生活条件的基本权利，并且负有保护和改善这一代和将来的世世代代的环境的庄严责任"。此宣言认为环境权是一项人类生存不可缺少的基本权利，不同于传统权利，人类还需要对未来人类承

---

① 孟庆涛：《环境权及其诉讼救济》，法律出版社 2014 年版，第 81 页。

② 王小钢："揭开环境权的面纱：环境权的复合性"，载《东南学术》2007 年第 3 期，第 137～142 页。

③ 付淑娥：《论环境人格权》，吉林大学 2015 年博士论文，第 27 页。

担责任，这一宣言开启了环境权的新纪元。此后很多区域性的宣言都有公民享有洁净环境的条款。如《非洲人权和民族权宪章》第 24 条规定，一切民族均有权享有一个有利于其发展的普遍良好的环境。1987 年挪威首相布伦特兰夫人在世界环境与发展委员会的报告《我们共同的未来》中对环境权作了较为典范的表述，环境权是"全体人类对一种充分实现其健康和福祉的环境共同享有的基本权利"。其后在 1992 年的《里约环境与发展宣言》中对环境问题作了一些规定，但是回避了权利概念，却在原则篇隐含了与环境权相关联的一些权利。1998 年欧洲环境部长会议通过了《欧洲经济委员会在环境问题上获得信息公众参与决策和诉诸法律的公约》，签约地在丹麦的奥胡斯，因此也称《奥胡斯公约》，推动了程序环境权的建设，它较为详细地规定了环境知情权、环境参与决策权、环境救济权，并明确宣布这些程序权利是为了保障享有健康环境的权利。

2. 国外环境权的承认

学者认为环境权得到认可有两种方式：其一是主张环境权入宪，其二是通过各种方法使其在法律、政策中得以体现。美国学者爱帝丝·布朗、魏伊丝对各国宪法对于环境权利与义务的规定作了详细的研究，到 1996 年止，有 38 个国家把普遍享有清洁、健康、平衡的环境的一般权利写进宪法，9 个国家在宪法中规定了一般的、普遍的环境知情权。[①] 有 50 多个国家实质性地把环境权写入宪法。如韩国 1980 年宪法第 33 条规定，国民有生活于清洁环境中的权利，国家及国民均负有环境保全的义务。西班牙宪法第 45 条第 1 款规定，所有人都有权利享受适于人发展的环境，并有义务保护环境。俄罗斯 1993 年制定的联邦宪法第 42 条规定，每个人都有享受良好环境、被通报关于环境状况的信息的权利，都有因破坏生态，损害其健康或财产而要求赔偿的权利。美国宾夕法尼亚州宪法第 1 条第 27 项规定，人民拥有清洁空气、净水，以及保有环境的自然、风景、历史与舒服的价值的权利。而美国纽约州宪法没有直接规定环境权，而只是在宪法第 14 条第 4 项做了政策宣示，保护自然资源与景观的秀丽乃本州的政策。菲律宾共和国宪法第 16 条规定，国家

---

① ［美］爱帝丝·布朗．魏伊丝：《公平地对待未来人类：国际法、共同遗产与世代间平衡》，汪劲、于芳、王鑫海译，林峰、胡国辉审校，法律出版社 2000 年版，第 294 页。

保障和促进人民根据自然规律及和谐的要求，享有平衡和健康的生态环境的权利。这些把环境权纳入宪法或者在其他法律中规定的国家既有经济发达国家，也有发展中国家。随着环境问题的全球化，越来越多的国家意识到环境问题的严重性，把环境权纳入宪法与其他环境法律制度中。

3. 国内对环境权的认可

公民权利是依赖主权国家的法律而存在的，我国的环境权概念没有在宪法、环境基本法以及其他法律法规中明确规定为一种权利，只是隐含其中。

（三）突发环境事件中公民环境权的体现

从我国近30年所发生的突发环境事件来看，它们都对环境造成了或可能造成一定的破坏。突发环境事件中环境权具体体现如下。

1. 基于生存的环境权

基于生存的环境权是指环境危机下的非常态的权利，是指人类有在适合于人类健康和福利的环境中过有尊严的生活的权利。生活在被污染及有害身心健康的环境中的人，是缺乏尊严的。日本学者大须贺明认为国家排除和防止因公害产生的污染，救济因公害而受害的公民是宪法的义务，也是日本宪法第25条第1款"最低生活保障"的基本标准，认为良好的环境就是人类生存、生活和延续下去的不可或缺的条件，也是支持人类最起码尊严生活的前提条件。突发环境事件经常发生环境污染与环境破坏，使公民无法正常生活，受到生存的基本挑战，因此国家及突发环境事件的引发者有义务与责任转移公民，使其逃离不适合于生存的环境，保障其最基本的生存权，这是一种基于生存的环境权。

2. 程序环境权

突发环境事件关涉公民的生命、自由、财产等权利，公民同时也应该具有与其保护环境与自己权利的相应的程序权利。具体包括环境知情权、环境参与权与环境救济权。环境知情权是指公众享有的获知各种环境信息的权利。[①] 公众的环境知情权对应的是环境管理职能部门公布环境信息的义务，没有职能部门信息的公开，公众也无从获取相应的环境信息。公民充分了解

---

① 朱谦："环境知情权的缺失与补救——从开县井喷事故切入"，载《法学》2005年第6期，第61页。

突发环境事件中的相关环境信息，能够及时参与、支撑、监督以及有效预防环境事件的扩大，有效保护其自身、他人以及公共利益。环境参与权是指公民基于环境利益所享有的一项与时俱进的参与环境立法、行政、监督、环境公益诉讼等环境行为的集合性、多元性权利。① 突发环境事件中公民享有环境救济权是指当突发环境事件发生后，当其环境权利无法实现时，寻求法律救济的权利。包括环境行政复议、环境诉讼、环境赔偿与环境补偿等权利。

3. 良好环境权

环境权是一种权利束，不仅包含实体权利，也包括程序权利。不仅包括基本的生存环境权，还包括良好环境权。良好环境权是一种精神环境权，刘长兴称为环境人格权，是指主体所固有的、以环境人格利益为客体的、维护主体人格完整所必备的权利。② 可见环境人格是公民生存的基本条件，是维护公民人格完整的权利，是一种精神人格利益，是一种新型人格权。③ 环境人格权具体包括以下类型：清洁空气权、清洁水权、阳光权、宁静权、景观权等，其实还包括通风权和采光权，但是这两种权利可以通过传统民法中的相邻权获得救济，暂不纳入该权利范围内，且这种环境人格权还会不断发展。④

突发环境事件中公民的环境人格权主要有以下几种权利：第一，清洁水权，有些突发环境事件的发生导致水污染，公民无水可用，水是生命之源，因此肇事者、国家机关及社会应尽快采取措施补充水源，恢复水源；第二，清洁空气权，有些突发环境事件导致毒气肆意弥漫，严重污染大气，造成公民中毒，需采取措施恢复空气质量；第三，宁静权，有些突发环境事件造成噪声污染，使人崩溃，失去基本生活能力，消除噪音，恢复人们忍受的限度是保证公民环境人格权实现的前提。在突发环境事件中要求景观权和采光权有点奢侈，因此不作为其类型。

---

① 陈开琦："公民环境参与权论"，载《云南师范大学学报（哲学社会科学版）》2010 年第 5 期，第 65 页。

② 刘长兴："论环境人格权"，载《环境资源法论丛》2004 年，第 73～87 页。

③ 付淑娥：《论环境人格权》，吉林大学 2015 年博士论文，第 27 页。

④ 付淑娥：《论环境人格权》，吉林大学 2015 年博士论文，第 87～96 页。

三、突发环境事件中因行政应急权而生的公民程序权利

突发环境事件中的行政应急权的设立和行使目的是防止环境恶化造成损害加大，最大限度地迅速恢复正常秩序，保障公民权利，维护公共利益和环境利益。

平衡非常态下公民实体权利与行政应急权的公器则是赋予公民程序权利遏制公权力之恶。

（一）突发环境事件中的行政应急权

1. 突发环境事件中行政应急权的含义

学界对于行政应急权有不同的界定。狭义说认为行政应急权是"国家应对紧急状态的权力"。① 侯晓蕾博士是一位全面研究行政应急权的学者，她取中义说，仅研究紧急状态之外的突发状态下的行政应急权，行政应急权的内涵是行政主体为公益性目的，为应对突发事件而行使的权力。② 广义说认为行政应急权既包括紧急状态下的行政应急权也包括其他突发事态下的行政应急权。本书取广义说，其原因是：其一，我国没有制定紧急状态法，对于紧急状态没有法律明确界定；其二，根据《中华人民共和国突发事件应对法》第69条规定，只有特别重大突发环境事件对公民财产等构成重大威胁时才会启动紧急状态，这种状态虽偶有发生，但并不常发生，且不是所有特别重大突发事件都会启动紧急状态；其三，随着社会发展，现代社会的风险越来越频繁，特别重大突发事件不常发生，但是重大、较大、一般突发事件却从没有停息过，且给公民、社会、国家的安全、秩序、环境带来很大的威胁；其四，特别重大突发事件、重大突发事件、较大突发事件与一般突发事件所需要设立的行政应急权的目的、程序、手段等基本相同，只是行政应急权行使的主体范围有所不同，特别重大突发事件由国务院处置，而其他事件的行政应急权的行使主体是地方行政机关。行政应急权是指突发环境事件发生后，为了防止危害的扩大以及维持与恢复社会秩序，社会转入非常态管理状态，法律赋予公共机关一定的应急配置权力。这种权力是非常态下的权力，与民主宪政

---

① 滕宏庆："论行政应急权的合宪性控制"，载《法律科学》2011年第6期，第57页。
② 侯晓蕾：《行政应急权研究》，吉林大学2010年博士论文，第9~13页。

具有悖逆性，因此对公民的基本权利威胁较大，目前我国行政应急权的自由裁量度较大，应该放入笼中，受到羁束，应该对行政应急权加以规范，使其回归到宪法秩序中。

2. 突发环境事件中的行政应急权的特征

（1）行政应急权行使主体的集中性。由于突发环境事件的特殊性，决定了行政应急权的行使不能像以前那样分配于不同的国家机关和行政机关的不同部门，而要把立法权、司法权、行政权集于行政首长一身，由临时应急管理机构统一调配、集中管理、及时高效地采取措施，防止突发环境事件的事态扩大、威胁增加，能够迅速恢复正常状态。

（2）行政应急权行使方式的强制性与自由裁量性。首先行政应急权的推行自始至终就靠强制力，没有强制力的保障，根本无法应付各种特殊状况。各国法律赋予行政机关的行政应急权的具体措施有征收、征用、管制、限制、调查、拘留、取缔、禁止、检查、搜查、戒严、逮捕、调度、改造、监听等等，涉及社会各个方面的控制，都是非常明显的强制力保障的手段。其次行政应急权所列举的措施实施没有严格规定的法律界限，使其在运行时有较大的自由裁量权，突发环境事件的特点决定了应急管理措施只能根据具体事件发生的特殊情景选择要采取的措施。

（3）行政应急权行使程序的简易性和时序性。突发环境事件发生过程中，效率是其追求的首要价值，因此行政应急权的行使程序也具有了特殊性，程序简化，保障及时处理危险，但这种简易程序也受到一定的控制，一旦危险消失，回归常态，则需要恢复正常程序。行政应急权行使程序的简易性的设置是为了满足及时有效地防止危险的扩大的需要，而时序性则是防止行政应急权的任意扩展的需要。

（4）行政应急权行使对象的服从性和救济有限性。突发环境事件中公民需要服从应急管理机构采取的一系列措施，克减公民的一部分权利，保障公共安全。公民在行政应急权行使过程中不能每种权利及时得到救济，在救济的方式、时效、程序等方面都受到限制，在非常状态下，救济权相对于生命权、人身安全权等只能退而求其次，受到很大的限制。

3. 突发环境事件中的行政应急权的分类

主要从突发环境事件中公民权利保障的角度选取了两类分类法。

（1）授益性行政应急权和不利性行政应急权。根据行政应急权是否给公民带来权益分为授益性行政应急权和不利性行政应急权。根据不同的行政应急权性质构建不同的公民权利保障机制。

授益性行政应急权是指行政应急主体根据其权力给公民设定权益或者免除义务，在突发环境事件中表现为行政应急主体给予公民救助，使其脱离险境，保障其基本生活状况。不利性行政应急权是指行政应急主体为了公共利益，采取一定的措施，暂时对公民设定一定的义务或者限制公民的权利。不利性行政应急权又分为负担性行政应急权和限制性行政应急权。负担性行政应急权是指在突发环境事件中表现为行政征用、行政征调和征召等，行政征收权是行政应急主体对公民、社会组织的财产、物品、设施等进行临时强制性有偿使用；行政征调和征召的对象是人员，主要是专业人员。限制性行政应急权是指行政应急权的行使会限制公民的基本权利，如行政隔离，限制公民的人身自由。[①]

（2）启动预警期阶段、实施应急期阶段、缓解期和重建期阶段的行政应急权。根据突发环境事件发生阶段和行政应急权发挥作用时段划分行政应急权，这有利于保障突发环境事件发生后公民权利的补救。[②] 启动预警期阶段主要是应急管理机关的准备。实施应急期阶段的行政应急权，是行政应急权的关键环节，主要包括：实施管制，撤离、疏离公民，行政征用，要求有特定专长的人员提供必要的服务，救助公民等。缓解期和重建期阶段，组织对突发事件造成的损失进行评估，制订恢复重建计划，并向上一级人民政府报告，对公共基础设施进行修复，制订救助、抚恤、安置等善后工作计划并组织实施等权力。

（二）突发环境事件中的公民权的限制

突发环境事件中对以下权利进行限制，这些限制内容都是宪法、法律、法规明确规定的，行政应急主体不具有自由裁量权。

1. 对人身自由权的限制

人身自由权是公民的最基本权利，为了保障公共安全，突发环境事件中

---

① 侯晓蕾：《行政应急权研究》，吉林大学 2010 年博士论文，第 15～16 页。

② 薛澜、钟开斌："突发公共事件分类、分级与分期：应急体制的管理基础"，载《中国行政管理》2005 年第 2 期，第 102～107 页。

公民的自由权不可避免地被限制。主要包括在发生突发事件或实施紧急状态的地区，限制事件发生区域的公民自由，如实行交通管制，控制或限制公共场所，封锁危险场所，疏散、撤离并妥善安置受到威胁的人员，要求具有特定专长的人员提供服务，实施医疗救护和卫生防疫以及其他保障措施等。

2. 对财产权的限制

个人的财产权神圣不可侵犯，是各国宪法保护的重点，但在突发环境事件中，其不得不受到限制，正如格劳秀斯所说，"国家为了公共利益，比财产的主人更有权支配私人财产"。大多数国家都主张突发事件中国家可以暂时限制或剥夺公民的某些财产权利。这也是紧急避险制度在国家管理中的运用。1947 年日本修改民法典时，在第 1 条第 1 款明确规定，私权必须遵守公共福祉。我国《宪法》第 13 条第 3 款规定，国家为了公共利益的需要，可以依照法律规定对公民的私有财产实行征收或者征用并给予补偿。

3. 对救济权的限制

救济权是一种程序权，属于第二性的权利。当突发环境事件发生后，其实体权利中的公民人身自由权和财产权受到限制，必然影响第二性权利的行使，因此在突发环境事件发生时，其救济权利也受到限制，不能按照普通的权利救济期限来行使，但当第一性权利恢复时，救济权利也得以恢复。

（三）突发环境事件中因行政应急权而产生的公民程序权利

公法中行政主体与公民的权力义务是非对等的，造成行政主体与公民权利形成冲突，为了平衡二者关系，现代行政法治通过赋予公民程序权利，有学者称公民的公法权利，是公民自力救济的前提、抵制公权力的法律盾牌，自我保护的一道屏障。突发环境事件中行政应急主体实施行政应急权分为两个方面，一是实施救助权，使公民获得权益；二是不利行政应急权，限制公民权利和使公民承担义务。为了防止行政应急权的恣意，需要赋予公民程序权利对抗行政主体的行政应急权，从而派生出突发环境事件中公民的程序权利。

1. 知情权、参与权和监督权

知情权最早是瑞典于 200 多年前确立的，后陆续为其他国家所引进。①

---

① 朱谦："论环境知情权的制度建构"，载《环境资源论丛》第六卷，第 189 页。

知情权是公民、法人等其他组织依法享有的要求公共机关及其他主体公开某些信息的权利和不受妨害地公开信息的自由，包括知的权利和知的自由。① 公民的知情权是参与权与监督权的前提，是现代公民公法权利的基础。环境知情权具体是指公众及其社会组织依法享有获取、知悉与环境有关的信息的权利，它是知情权在环境保护领域的运用。② 在突发环境事件中，公民一方面救助自己的权利，保护自己的利益，另一方面监督行政机关的行政应急权力，公民需享有知情权。突发环境事件中的知情权是指公民有了解和知道突发环境事件的真实、全面的信息的权利，是监督权和参与权的前提。它要求行政应急主体以及突发环境事件的引发者在突发环境事件发生过程中，及时、全面、真实地公布与突发环境事件相关的信息，使公众与其他参与环境事件救助的主体了解事件发生的信息。

环境参与权是随着环境问题的出现以及生态文明的提出而出现的一种新型权利集合，是一种现代民主社会中公民不可或缺的权利。保障环境参与权主要有以下举措：首先是宪法中明确规定公民有环境参政议政的权利以及在其他环境领域的参与权，如环境听证权、环境决策权等；其次就是通过信息公开，保证公众知情权的实现；再次就是建立责任追究机制，对导致公民参与权不能实现的行为进行责任追究；最后是规定公民有参与权不能实现时的诉讼权利。③ 突发环境事件中的公民参与权是指公民享有参与到突发环境事件的应急处置过程中去的权利，具体体现为自我救助的权利以及服从行政应急主体所采取的一系列措施的义务，协助行政应急主体采取措施帮助他人及社会的义务。公民的参与有利于降低风险、减少成本、保障公民权益。

监督权是宪法赋予公民的一项基本权利，是指公民对于国家机关及其工作人员的公务活动有批评、建议的权利，对于国家工作人员的公务行为有控告、检举、申诉的权利。具体包含批评建议权、控告检举权、申诉权三种子权利。突发环境事件中的监督权是指公民在突发环境事件中为了防止公权力的滥用，赋予公民对于突发环境事件中一切公共权力的运行主体、运行

---

① 向佐群：《政府信息公开制度研究》，知识产权出版社 2007 年版，第 46~47 页。

② 王文革：《环境知情权保护立法研究》，中国法制出版社 2012 年版，第 1 页。

③ 陈开琦："公民环境参与权论"，载《云南师范大学学报（哲学社会科学版）》2010 年第 9 期，第 67~68 页。

过程、运行的结果有批评、建议、申诉、控告等监督的权利。公民的监督权是保证突发环境事件发生过程中的公权力合法行使、不滥用的有力保障。

2. 行政补偿权和赔偿权

行政赔偿权是指因为行政主体违法行使行政权，从而造成行政行为违法，其行为给公民造成一定的损害，公民有要求行政主体给予赔偿的权利。行政补偿权是指行政主体的合法行为使公民的财产或者人身权益受到一定的损害，行政主体根据法律规定的条件给予公民一定补偿的权利。二者的共同点都是因行政主体的行为造成公民人身与财产的损失，二者的差异主要有三点：权利性质不同、权利行使的前提不同、权利行使的目的不同。① 行政赔偿权建立在行政主体行为违法的前提下，而行政补偿的前提是行政主体的行为具有合法性，基于公共利益的要求，根据利益权衡原则，需要个体利益作出一定的牺牲，从而成全公共利益，行政主体因此给予公民一定的补偿。由于突发环境事件发生的突然性、破坏性以及不可逆转性，行政应急主体为了公民、社会的安全、秩序，对公民的财产实施征收和征用，如果征用的财产被销毁或者减损，公民有向征收、征用主体申请赔偿和补偿的权利，这种权利就是突发环境事件中的行政赔偿权，是对为了公共利益而不得已牺牲的个体利益的补偿，是一种利益平衡。在突发环境事件中公民除了享有补偿权外，同样享有因为行政主体违法行使行政权造成公民权益损害时，要求行政主体赔偿其损失的权利。

3. 救济权

在学术研究中对救济权的重要性研究较多，但研究救济权本身的不多，且对救济权的界定也不统一。有实体人权说、程序权利说及总括说。如林喆教授认为救济权是公民的基本人权，② 是一种实体权利，指公民依法向国家和社会请求援助的自由度，具体包含保障权、救援权、补偿权。保障权是指宪法赋予公民的物质帮助权，是指公民因年老、疾病或丧失劳动力无法有尊严的生活时，有从国家和社会获得物质帮助的权利；救援权是指因突发灾难及其他原因导致生活陷于困境时，有从国家和社会获得救援或减、免收费等

---

① 熊文钊："试论行政补偿"，载《行政法学研究》2005 年第 2 期，第 9 页。
② 林喆：《公民基本人权法律制度研究》，北京大学出版社 2006 年版，第 91~92 页。

获得帮助解决困难的权利；补偿权是指公民在其法定权利受损时有向国家和社会请求恢复其权利完整性的权利。这些权利类型本书已经在前文列举，包含在传统权利类型的社会救助权、行政补偿权和赔偿权之中。有学者如张维博士则把救济权分为权利救济权和获得救济权，权利救济权属于程序救济权，获得救济权属于林喆教授所述的实体救济权。① 这种研究可做学术探讨，但是太宽泛，本书研究的救济权是一种程序权。"获得权利救济的权利"，是一种为整个权利保障体系提供自足的和自我完结之内在契机的权利。② 救济权是公民权利的保障，没有救济权保障的权利就如同空中楼阁。虽然程序救济权为第二性的权利，但是不管第一性权利规定得如何完美，都无异于"没有牙齿的政治愿望"。③ 程序救济权又有广义说和狭义说。狭义的救济权，即指司法救济权，也就是诉讼权，具体是指公民向人民法院提起诉讼保障自身认为受到侵犯的权利的权利。司法救济是一种主要的救济途径，但是随着社会的发展，权利冲突越来越频繁，仅依赖司法力量无以保障公民的权利，需要拓展更多的方法来救济公民权利，从而程序救济权就有了更广泛的含义。广义的程序救济权是指为公民权利的保障提供立法、行政或司法上的救济途径，恢复受损权利的权利。④ 同时张维博士认为自力救济也需要在法律规定的限度中允许，因此也应该纳入程序救济权的范围中。本书认为社会救济也是如此，国家救济有限，社会救济成为现代社会恢复受损权利的途径之一，因此也需纳入程序救济权的范围。随着社会的发展，我们当下的程序救济权具体是指为公民权利的保障提供立法、行政、司法或者自力与社会救济的途径，恢复受损权利的权利。

突发环境事件中的公民救济权是程序救济权，是指对公民在突发环境事件过程中的权利予以保障，通过立法、行政、司法或者自力与社会救济的途径，恢复其受损权利的权利。由于在突发环境事件中公民权利受到来自私权

---

① 张维："权利的救济和获得救济的权利——救济权的法理阐释"，载《法律科学（西北政法大学学报）》2008年第3期，第21页。

② 林来梵：《从宪法规范到规范宪法——规范宪法学的一种前台》，法律出版社2001年版，第93页。

③ See Matthew Diller , Poverty Law Yering in the Golden Age, 93 Mich. L. Rev. 1401, 1428 (1995) .

④ 张维："权利的救济和获得救济的权利——救济权的法理阐释"，载《法律科学（西北政法大学学报）》2008年第3期，第22页。

和公权双方面的侵害，处于不利状态，为了保障其实现，应赋予其救济权。立法救济是行政救济、司法救济、自力救济和社会救济的依据。公民在突发环境事件中所享有的人身自由权、财产权、环境权、社会协助权等原生权利受到私权和公权的侵害后，通过各种途径获得救济的权利有很多类型，如行政申诉权、行政复议权、诉讼权、和解权、赔偿权等，实现救济权的途径主要有立法救济、行政救济、司法救济、自力救济与社会救济等。

第二节　突发环境事件中公民权利保障机制的理论基础

突发环境事件中应保障的公民权利的多样性决定其保障机制是一套复杂的系统，涉及宪法、行政法、环境法、诉讼法、社会法等，为了有效保障公民权利，需要把握保障机制的理论基础，夯实突发环境事件中公民权利保障的理论体系。环境正义、利益均衡、环境利益分别构成突发环境事件中的伦理、利益保障、环境保障。

一、社会正义与环境正义是突发环境事件中公民权利保障机制的伦理基础

除了对无人的荒野地区的保护外，所有环境议题都会牵涉到社会正义向度。① 而环境正义是社会正义的自然延伸，突发环境事件也不例外，从突发环境事件的发生到突发环境事件的应急处置都关涉社会正义和环境正义，这是突发环境事件中公民权利保障机制的伦理基石。环境正义是用社会公平、公正价值观念来解决社会环境问题的一种价值伦理取向。突发环境事件中的公民权利受到影响，甚至危及生存。保障公民权利应体现社会正义和环境正义的基本精神。

（一）社会正义是环境正义的基石

环境正义源于社会正义。正义是社会存在的基石，是社会运行的基本价值观。从古希腊的哲学家对此探寻开始，人类就没有停止对其进行思考。最早思考正义的是苏格拉底，柏拉图最早对正义给予完整的界定，在其《理想

---

① ［英］马克·史密斯、皮亚·庞萨帕：《环境与公民权：整合正义、责任与公民参与》，侯艳芳、杨晓燕译，山东大学出版社 2015 年版，第 12 页。

国》一书中对正义的界定是"每一部分都各司其职，不介入其他部分的事务"。① 亚里士多德则更进一步对正义进行解释，其把正义分为普通正义与特殊正义，普通正义即是合法。特殊正义分为三种：其一，分配正义，即权利、利益等合理分配；其二是矫正正义，即补偿损害，对不正义的纠正；第三，相互正义，即对伤害性行为进行惩罚。② 重点是研究特殊正义。

当代最具影响的研究正义的学者是美国学者约翰·罗尔斯，其著作《正义论》对正义进行了全面的论证，梳理了西方社会的正义论观点，提出正义即公平，并提出正义所包含的两个基本原则：其一，每个人对与所拥有的最广泛平等的基本自由体系相容的类似自由体系，都应当拥有一种平等的权利。其二，有关社会和经济的不平等如何安排才具有正义性的原则，它包括两个分原则，一是社会和经济的不平等应当有利于社会上最不利者的最大利益，二是每一个机会都应该向所有人开放。③ 罗尔斯简称第一个原则为最大平等自由原则，即每个公民享有相同的基本权利，包括人的尊严权、人身自由权、精神自由权（思想和良心自由，心焦自由，表达自由，集会、结社自由，通信自由，学术自由）、经济自由权等，这些权利人人平等享有，平等受保护，没有差别对待，这是正义社会的基石，民主自由社会的保障，是人类文明的终极目标；第二个原则又称最小受惠者最大利益原则，包括两个分原则，机会公正原则和差别原则，首先是一个正义社会在分配自由和机会、收入和财富、自尊的基础等要素时要遵循公平原则，这是重要性仅次于自由平等保护的原则，对于人之自由之外的利益与机会同样应该公平分配，机会都要平等的分配，其次是差别原则，旨在"减少社会偶然因素和自然运气对分配份额的影响"。④ 差别原则是罗尔斯为了补偿那些因为天赋较低或者出生在不利地位的人，提供真正的平等机会，用社会制度的安排来弥补因为自然因素所造成的不公平，要求天资高的给予天资低的或者出生不利的补偿，形成社会的

---

① [古希腊] 柏拉图：《理想国》，吴献书译，益群点注，中国致公出版社2009年版。

② 欧阳英："关于正义的不同认识"，载《哲学动态》2006年第5期，第35页。

③ [美] 约翰·罗尔斯：《正义论》，何怀宏、何包钢、廖申白译，中国社会科学出版社1988年版，第60~61页。

④ [美] 约翰·罗尔斯：《正义论》，何怀宏、何包钢、廖申白译，中国社会科学出版社1988年版，第61~62页。

互利互惠，换句话说就是社会基本制度应该有利于处于最不利地位的人，使社会的弱势群体在利益分配过程中利益最大化，平衡自然或社会因素所造成的实际不平等，使社会趋于平等。罗尔斯有关正义的原则形式上是两个，其实是三个原则，其对于三大原则的排列方式明显地体现了"正义对于效率和福利的优先性"，即正义原则对功利原则的优先性，因之其社会正义观可称为"作为公平的正义"（justice as fairness）。①

（二）环境正义是社会正义的延伸

环境正义是用社会公平、公正价值观念来解决环境社会问题的一种价值伦理取向，是社会正义理论的自然延伸和发展，是人类发展所导致的环境问题从而引发的对于环境的伦理关怀。② 最早源于美国的环境运动，理论起源于美国布克钦的阶层制，认为"所有的生态问题均植根于社会问题"。③ 不同的阶层决定其在环境与资源方面的享有程度、表达方式的程度。环境正义在一般意义是指所有人不论其世代国别、民族种族、性别年龄、地区及贫富差异等，均享有利用自然资源的权利，均享有安全健康的环境权利，均承担保护环境的责任与义务。④ 朱力认为环境正义包含三个不同层次的评价标准：其一是环境权益与环境风险的分配正义；其二是制度正义，即在有关环境政策、法律、制度等的制定、实施过程中各种主体是否被一视同仁，平等参与的正义；其三是承认正义，即弱者的价值与尊严是否得到承认与帮助，如弱者的生存权、生命权、环境权是否得以承认与保障。在现代社会中，对于环境不正义还没有引起国际和国内社会的认知，环境不正义处在一种隐蔽的形态，遭受了环境的不公平，根本不会引起关注。如发达国家是以掠夺发展中国家的自然资源和破坏发展中国家的环境而发展起来的，现在所造成的发展中国家的环境问题源于发达国家在发展中国家掠夺资源，而不是由于其本身的发展而造成的，这就是一种国际上的环境不公平。如印度的生态主义学者

---

① 魏治勋："'中国梦'与中国的社会正义论"，载《法学论坛》2013 年第 7 期。

② 朱力、龙永红："中国环境正义问题的凸显与调控"，载《南京大学学报（哲学，社会科学，人文科学）》2012 年第 1 期，第 48 页。

③ Murray Book chin. Remaking society, Montreal, Quebec: Black Rose Books, 1989, p. 39.

④ 朱力、龙永红："中国环境正义问题的凸显与调控"，载《南京大学学报（哲学，社会科学，人文科学）》2012 年第 1 期，第 49 页。

古哈（Ramachandra Guha）认为，在印度，是社会的最底层包括穷人、农民、妇女及部落承受着因环境恶化带来的不利益，威胁其基本的尊严与生存，而环境的恶化并不是他们所造成的，而是富人或者强者导致的。[①] 如国家内部也存在发达地区与欠发达地区之间的环境不正义，如发达地区向欠发达地区转移污染工业，强者或者富人多参与环境政策的决策，尽量避免对其环境的损害，而完全由弱者、穷人承担环境的不利，威胁其基本生存，很少尊重其需求与尊严，没有根本保证他们的环境权益，严重影响他们这一代及其子孙后代的环境公平。国内学者杨通进认为，环境正义就是在环境事务中体现出来的正义，正义分为分配的环境正义和参与的环境正义。分配的环境正义是与环境有关的收益与成本的分配。既要公平分配环境所提供的权益，也要合理分担环境风险，这样才能保证环境正义的实现。

环境正义是社会正义理论的延伸，其基本含义难以统一，为了达成共识，美国于1991年召开了以"环境正义"为议题的"第一次全国有色人种环境领导高峰会"，并通过了《环境正义原则》声明，提出环境正义的17条原则，[②] 其主要内容概括如下：第一，环境系统中的各个主体之间的相互尊重。首先是尊重地球、生态系统及所有物种的关系；其次是人类之间相互尊重，相互平等，不歧视；再次是尊重所有人类在政治、经济、文化及环境上均有其基本的自主权及基本的参与权；最后是尊重文化的多样性，保证少数裔的社区文化。第二，保障公民享有安全、健康与清洁环境的权利。首先是合乎自然规律、平衡和永续利用地球资源；其次反对生产核武器及危害生存之毒物、停止再生产并有效管制有毒物质；再次是拥有安全及健康之工作环境；最后是改变生活形态，减少耗费资源及废弃物。第三，合理补偿及救治，对于因环境不正义之受害者应给予合理而充分之赔偿及身心之救治，其所受危害应予复原。这三个内容衍生出环境正义的三个基本原则。第一个原则就是尊重原则。在生态系统中，无论是自然物种还是人类都需要相互尊重；人类世界里，不论种族、性别、年龄、国别、代际、贫富等因素都应该相互尊重，

---

① 刘旭："印度历史学者拉姆昌德拉·古哈的环境史研究述评"，载《辽宁大学学报（哲学社会科学版）》2014年第7期，第15～20页。

② 王小文："美国环境正义研究"，南京林业大学2007年博士论文。

平等对待，不歧视。第二个原则人人享有安全、健康与清洁的环境的权利。保证公民参与环境决策与实施，排除不利环境因子的权利。第三个原则是补偿原则，环境恶化，形成了不正义，社会制度应该给予受害者补偿并修复其环境。

（三）社会正义与环境正义是突发环境事件中公民权利保障的基本价值

社会正义的要义是保证社会中的每个人都平等享有基本的自由，包括人身、精神和物质上的自由，从而才能保证每个人在这个社会里像一个人一样有尊严的生活。社会正义是突发环境事件中公民权利保障的基本理念，在建构我国突发环境事件中公民权利保障体系时应该遵循社会正义理论。一是应该保障公民的最基本的生存权，当公民的生存权与公共利益发生冲突时，应该保障公民的生存权，在突发环境事件中，由于情况紧急，行政机关采取应急措施，有时确需限制公民权利，但是限制公民权利是有底线的，即应该保障最低的限度，必须遵循公民的基本尊严权和生命权等关涉人的最基本尊严的权利是不可限制的；二是保证突发环境事件中公民权利的保障无差别、无歧视，每个公民的权利都须平等保护，禁止歧视。禁止歧视是指法律禁止针对特定公民或者少数群体实施旨在克减、限制或剥夺其权利的任何不正当的区别对待。① 禁止歧视是社会正义与环境正义理论在突发环境事件中公民权利保障的基本体现，禁止歧视是平等原则的另一种表达方式，现代社会不存在争议，主要的问题是禁止歧视的限度讨论，禁止歧视是否一律平等，不是形式平等，而是应当禁止那些贬损个人尊严和价值的情形，而是尊重人的价值、人的差异和价值追求的多元化。② 禁止歧视在突发环境事件中的公民权利保障的体现主要是对于公民权利的保障不应该差别对待，对任何公民都应同等保护，不因他的身份、财富、性别、年龄、民族等因素而受到不同的对待。

环境正义既是对人类生存状态的科学反映，也是人类主体精神的价值追求。③ 环境正义包括环境安全、环境公平、环境秩序、环境民主、环境效率

---

① 周伟：“论禁止歧视”，载《现代法学》2006 年第 5 期，第 69 页。

② 王曼倩：“禁止歧视的正当性依据及争论”，载《福建行政学院学报》2016 年第 3 期，第 61～62 页。

③ 刘湘溶、张斌：“环境正义的三重属性”，载《天津社会科学》2008 年第 2 期，第 31 页。

和可持续发展等基本理念。① 环境安全是环境正义的基本要求。环境危机不断出现，越来越威胁环境安全，它不同于传统的经济危机，经济危机是短暂的，而生态危机则是长期的。我国目前的突发环境危机时有发生，环境正义就是要求每个地球村村民能够有尊严地生活，应当享有适宜的生存环境，而不是生活在污染过的、有害身心健康的、不具有美学价值的环境中。由于突发环境事件频繁发生导致的环境不正义已严重威胁公民的基本生存，国家为了保障公民有尊严的生存，有义务给予公民物质与精神方面的帮助，改善与修复环境。政府应该给突发环境事件中的公民提供有利于公民生存的健康环境。

二、利益均衡是突发环境事件中公民权利保障机制的利益保障基础

利益是权利概念的核心，马克思、恩格斯说："权利是利益的法律外衣，利益是权利核心结构，抽掉利益这个内容，权利便丧失了财富和资源，成为无用的、虚假的空壳。"② 因权利主体的利益需求不同，利益就有了不同的划分：个体利益与公共利益。法律是不同利益的调和与平衡。我国突发环境事件中既涉及公民个体利益也涉及公共利益，如何在保障公共利益时，避免危及个人利益，以及保障个人利益时而不损害公共利益是一个难题，因此在非常态下，公共利益优先，但不能无限制地损害个人利益，限制公共利益以及考量个人利益与公共利益的均衡是保障突发环境事件中公民权利的利益保障的根基。

（一）公共利益是利益衡量的基础

我国陈新民教授认为公共利益概念是一个罗生门式概念，公共利益的不确定表现在内容、受益对象及利益的抽象性，认为公共利益的概念界定慢慢从重视量的因素到质的因素的转变，强调利益的价值性，不同的公益制度体现不同的公益价值要求，公共利益的价值分为不同层次，先确定最高价值，再确定其他层次的价值。可以参考德国学者拉伦茨的观点，认为人的生命健

---

① 蔡守秋："环境正义与环境安全——二论环境资源法学的基本理念"，载《河海大学学报（哲学社会科学版）》2005 年第 6 期，第 2 页。

② ［德］马克思、恩格斯：《马克思恩格斯全集（第 1 卷）》，人民出版社 1956 年版，第 38 页。

康及人性尊严是最高价值。① 在民主法治社会中，公共利益成为国家公权力行为的合法性来源，因此公共利益的价值内容需要通过宪法及其他部门法对其规范。诚如凯尔森所言，整个法律制度不过是公共利益之明文规定。② 我国《宪法》《物权法》《突发事件应对法》等法律中规定了公共利益条款，公共利益优先于个人利益，但在这些基本法中没有界定公共利益的范围，在实践中出现滥用公共利益之名侵害个人利益之实的情况，因此确定公共利益的内涵外延是限制公共权力保障公民权利的前提。但对公共利益界定比较难，公共利益的界定主要是分清与相近概念的区别以及落实判断公共利益的标准。韩大元教授认为公共利益是社会共同体的基础，是社会各种利益的整合，反映宪法共同体价值体系的基本要求，从公益性、个体性、目标性、合理性、制约性、补偿性六个要素判断公共利益的合理性。③ 胡锦光教授认为公共利益是针对某一共同体内的少数人而言的，其关键并不在于共同体的不确定性，而在于由谁来主张公共利益。④ 张景斌教授提出可以从整体性、相对性、抽象性、历史性四个方面来把握公共利益，并提出判断公共利益的形式标准和实质标准。⑤ 由于公共利益的内涵不确定，很难界定，但学者们在这几个方面达成了共识：第一，公共利益是不确定多数人的利益，这一点符合民主制度中的少数服从多数原则；第二，公共利益是需要实体法予以明确界定保护的利益，确定判断公共利益的标准是其关键；第三，公共利益的概念是发展的，与当时社会的经济、文化等相关联；第四，公共利益需要从实体和程序两个方面予以规范。

公共利益在法律中设定的目的是保障公民权利，维护社会公共秩序，保障社会安全。但是在实践中，公共利益在实现这些目的的过程中，与个人利益会发生关系，在大部分情况下，两种利益相得益彰，但是在一些情况下为

---

① 陈新民：《德国公法学基础理论（上）》，山东人民出版社 2001 年版，第 181~205 页。

② 陈恩仪："论行政法上之公益原则"，载城仲模主编：《行政法之一般法律原则》（二），三民书局 1997 年版，第 160 页。

③ 韩大元："宪法文本中'公共利益'的规范分析"，载《法学论坛》2005 年第 1 期，第 5~8 页。

④ 胡棉光、王楷："论我国宪法中'公共利益'的界定"，载《中国法学》2005 年第 1 期，第 18~20 页。

⑤ 张景斌："论公共利益之界定——一个公法学基石性范畴的法理学分析"，载《法制与社会发展》2005 年第 1 期，第 132 页。

了更好地实现公共利益，在宪法及其他法律中限制个人权利，这样就出现了个人利益与公共利益的冲突，那么这种限制的标准是什么？边界在哪里？产生冲突后如何保护个人利益？这是当下各国研究公共利益的关键点，这也是公共利益理论的根本。虽然公共利益限制公民基本权利已经成为各国宪法的共同条款，但是公共利益限制公民权利条款也需遵循一定的条件。公共利益限制公民权利需遵循以下条件：其一，公共利益不必然比个人利益优越，要适用利益衡量原则，两者相较取其重；其二，抽象的公共利益条款不具有适用的法律效力；其三，要求综合法律的明确性与比例原则；其四，要有法律救济，这是现代社会对于权利限制赋予公民救济自己权利的规定。① 从上述的限制条件来看主要体现在三个方面：一是在立法中明确界定公共利益的范围，使其具体化；二是赋予司法机关一定的衡量权，依据具体案例根据比例原则予以裁量；三是赋予公民广泛的救济权，通过程序均衡公共利益与个人利益的失衡，保障公民权利，限制公权力的恣意。程序控制是控制公共利益判断的合理方式，以程序的手段还原公共利益，保障公民个人权利，不至于扩张。② 程序条件即赋予公民救济权是现代法治社会制衡公共利益滥用的有力制度。

随着社会发展，各国法律中以公共利益之名限制公民基本权利的内容越来越多，如张卉林博士专门研究我国的公共利益对于私权的限制，发现其限制范围之广泛、其限制的立法之分散等，造成我国公共利益对私权的过度限制，严重侵害了公民的私权。他的论文分析过度限制的原因，找到了解决这一问题的两个根本方法：其一，转变立法观念，树立正确的公共利益与个人利益平衡的关系；其二，加强公民权利救济的立法，拓宽公民权利保障的渠道，加大公民权利救济的范围等。③ 因此，无论是从实体上还是从程序上对公共利益概念予以界定，都需要从合理的行政手段、公正的司法保障以及公

---

① 张翔："公共利益限制基本权利的逻辑"，载《法学论坛》2005年第5期，第27页。张翔博士认为对于公共利益限制基本权利的立法条文应实施司法审查，但是本书主要研究是对于公共利益与个人利益产生冲突后的救济，因此救济途径应该更广泛性，不局限于司法审查。其他限制条件参照张翔博士的观点。

② 任杰：《公共利益判断的程序研究——以公益实现的形式正义为目标》，西南政法大学2008年硕士论文，第7页。

③ 张卉林：《论公共利益对私权的限制》，吉林大学2013年博士论文。

民与社会的救济等多途径、多向度对公共利益予以规范，制约公共权力，平衡公共利益与个人利益的冲突，保障公民权利。① 公民权利救济成为现代法治制约公共利益膨胀的最有效方式之一。

（二）利益衡量是公民权利保障的归依

在利益法学派创始人黑克那里，利益是法律的原因，法主要规范着利益斗争，法的主要任务是平衡利益。② 公共利益理论是建立公法体系的基石，随着社会发展，公共化程度越来越高，公共利益对于个体利益的限制越来越广，从而公共利益与个体利益的冲突越来越频繁，最早罗马法学家乌尔比安提出了公共利益优先性，古典宪法理论承认公益乃最高之法则，为了公共利益，可以限制私人利益，但受到现代宪法保障公民自由权利的思潮的挑战，人们认为为了公共利益无条件牺牲私人利益不可能，并非在任何情形下公共利益都具有优先权。③ 现代宪法理论以保障公民权利自由为目的，但是也不能任凭公民行使自己的权利，不加以任何限制，如其这样，必然侵害其他法益，为了其他法益，必然适当限制私人法益，但不允许以谋求公共利益为目的而牺牲个人利益。因此为了限制公共利益的滥用，解决公共利益与个体利益的冲突，提出了利益衡量理论。

利益衡量理论是解决利益冲突的外在方式的基础理论，而在民主法治社会里，司法是解决矛盾冲突的最后一道防线，因此其也就成为司法论证的方法理论。利益衡量通常是指在合法权利（利益）发生冲突而法律没有规定或者规定不明确时，为形成公正合理判决而采用的一种司法平衡方法。④ 有学者把利益衡量理论称作法律的"黄金方法"。⑤ 德国学者拉伦茨确定了法官进行利益衡量的几个原则：第一，首先根据法的价值秩序，即每一种法益与其他法益比较是否具有价值优越性，前文探讨过，公共利益中包含不同价值层次的利益，不同位阶的价值不能同样保护，位阶高的优先保护；其二，当保

① 刘雪梅：《实体、程序并重——公共利益的双维度界定》，扬州大学 2014 年硕士论文，第 27 页。

② 黄辉明："利益法学的源流及其意义"，载《云南社会科学》2007 年第 6 期。

③ 陈新民：《德国公法学基础理论（下）》，山东人民出版社 2001 年版，第 349 页。

④ 马平川、赵树坤："利益衡量的主导取向与方法论特征"，载《法律方法（第 17 卷）》，第 79 页。

⑤ 王彬辉、唐宇红："美国环境侵权民事司法中利益衡量的适用及对我国的启示"，载《环球法律评论》2009 年第 4 期，第 61 页。

护的利益位阶无法确定时根据受保护的法益被影响程度确定被保护的次序；其三，利益冲突后需要妥协的利益方受害程度的大小，但优越方所得价值利益不能超越妥协方最低损害程度。① 因此德国提出比例原则用以平衡各种利益冲突。德国学者阿列克西为司法过程中法官的衡量提供了一个没有矛盾的明晰概念和精致的法结构，为法官展现了一种细密的思维的进路，其以规范为基础的司法衡量法较之以拉伦茨以价值为衡量方法更具客观性、可靠性。②

后来有学者把这一理论拓展到宪法、行政法等公法领域。公法中的利益衡量理论是指当公共利益与个体利益产生冲突后，既不是公共利益高于个体利益，也不是个体利益高于公共利益，而是根据具体情况，从整体上考量公共权力采取措施所追求的公共利益与其所造成损害的个体利益，或公共权力采取措施所追求的个体利益与其造成损害的公共利益等情形中进行利益上的衡量。③

利益衡量理论首先是梁慧星教授从日本引进来的，适用于民法领域及司法程序中，是一种法学方法，其适用范围不断扩展，并且不同领域提出了不同的衡量标准。如张新宝教授认为利益衡量理论不仅是司法的裁判方法，更应该是立法者的使命，司法者的衡量应该在立法者制定的法律规范范围里衡量，否则僭越立法权。④ 如在宪法领域，陈新民就是从宪法学角度阐述利益衡量的必要性，并且提出了宪法意义上的比例原则，用以成为利益均衡的具体标准，其中比例原则又包含了三个子原则，即妥当性原则、必要性原则、均衡原则。⑤ 在行政法领域，如杨建顺教授就我国的土地征收中的利益均衡提出自己的衡量标准，借鉴日本等国家的正当补偿经验，以物权法中的物权平等为原则，平衡土地征收中各种利益，公平、公正地保障被征地人、被拆迁人的生活及其他各种利益，具体运用这些具体措施保障各方利益：第一，

---

① ［德］卡尔·拉伦茨：《法学方法论》，陈爱娥译，商务印书馆2004年版，第285～286页。

② 余净植："宪法中的法益衡量：一种可能的重构——以阿列克西的理论为思路"，载《浙江社会科学》2008年第2期，第58页。

③ 王书成："论比例原则中的利益衡量"，载《甘肃政法学院学报》2008年第3期，第24页。

④ 张新宝："侵权责任法立法的利益衡量"，载《中国法学》2009年第4期，第178页。

⑤ 陈新民：《德国公法学基础理论（下）》，山东人民出版社2001年版，第368～371页。

以公共利益为目的的征收需要尊重各方的利益，并予以协商；第二，以明白的方式给予每个利益主体充分的补偿，而非强制霸道的方式；第三，安置好被拆迁人的生活，使之生活不因拆迁而导致生活质量下降，甚至处于流连失所的状态，并且要保障其财产价值不减损，而应保证有所升值；第四，提供有效对话、协商与权利救济机制。①

（三）突发环境事件中的利益均衡

在环境法领域，金瑞林教授认为利益衡量需从宏观与微观两方面考虑各种利益的均衡，宏观上需考量国家环境政策对整体环境资源的配置是否合理有效，是否符合经济成本与效益的理论原则，是否体现法律上的公平与公正；在微观上，是否考量行为的性质与程度，如侵害形式有无合理性、排除可能性、侵害的严重程度，是否考量被侵害利益的性质与内容，如生命、健康、财产；最后确定权益保护范围和救济方式。现代社会的利益链条越来越复杂，所涉及的利益主体越来越多，利益的冲突越来越复杂，利益均衡更有必要。如工厂的企业经济利益与企业周边居民的生存利益的冲突；地方的税收公共利益与居民承受的环境污染利益的冲突；经济发达地区与环境保护地区的利益冲突等。这些冲突不再如传统权利冲突那么明显、简单，所谓的蝴蝶效应就是由于一个地方的环境变化导致其他地区相应的连锁反应，影响其他地区的环境与利益。

利益衡量理论在环境保护领域体现如下：第一，环境保护领域所涉及的所有利益均需考量；第二，所有利益所处的状态均予以考虑；第三，不能忽略任何公益或私益，更不能以忽略私益作为衡量的标准；第四，平衡环境、生态保护与科学技术发展，如其他法益与环境利益冲突时，环境保护优先。②

突发环境事件中需要对以下几种利益冲突予以调和：一是公共利益与个人利益的平衡；二是个人利益与个人利益的均衡；三是不同区域利益的均衡；四是环境利益与经济利益的平衡。当利益不平衡时，至少有一部分人必须放弃他们更想拥有的利益时，人们需要采用一种合理的方式以决定哪些人该承

① 杨建顺："土地征收中的利益均衡论"，载《浙江社会科学》2013年第9期，第53页。
② 陈慈阳：《环境法总论》，中国政法大学出版社2001年版，第192~193页。

担哪些义务和责任，哪些人该享有哪些利益。① 突发环境事件中公民权利均衡具体体现在以下几个方面：第一，行政应急权行使的前提是采取行政应急权所带来的利益大于所预期的危险。突发事件发生并超出常态，带来社会安全问题或破坏公共秩序，采取行政应急权的利益大于所预期的危险。第二，突发事件采取的紧急措施的方式和类型应该与突发事件的等级与损害程度保持一致。我国突发事件分为四级，采取的紧急措施不是根据事件等级分级，行政应急主体具有一定的裁量权，因为行政应急措施是限制公民的权利，且需要一定的行政成本，行政应急主体需要考量这几种利益，采取与突发事件相应的措施，而不是用大炮打蚊子。第三，行政应急主体在采取应急措施，需要限制或者损害公民权利时，需要考量这几个方面：首先是必要原则，如果可以不采取限制公民权利或者损害公民权益的，尽量不采取措施；其次是最少损害原则，当有几种方案选择时，选择对于公民权利限制或者是损害最少的紧急措施；最后是底线原则，行政应急权的底线是不能以损害部分人的尊严与生命换取另一些人的生命，这是世界通用的规则。第四，行政应急权的行使在时间效力上需要符合比例原则，即暂时性。突发事件结束，行政应急效力也随即终止。

三、环境利益是突发环境事件中公民权利保障机制的环境保障基础

（一）环境利益是公民生存的基本利益

法律研究的核心内容是权利，而权利则以利益为中心，传统法学以财产利益、人身利益为法律保护的主要法益，而环境利益没有纳入其调整的范围。罗斯科·庞德认为："利益是人们，个别地或通过集团联合或关系，祈求满足的一种要求、愿望或期待。"② 随着环境问题出现，环境利益就自然而然产生并慢慢发展成为广泛的利益诉求，环境利益与其他利益以及不同主体对于环境利益的冲突也就越来越频繁。③ 不同学科领域对环境利益有不同的理解，

---

① 彼得·S. 温茨：《环境正义论》，朱丹琼、宋玉波译，上海人民出版社 2007 年版，第 2 页。

② ［美］罗斯科·庞德：《通过法律的社会控制——法律的任务》，商务印书馆 1984 年版，第 36 页。

③ 史玉成："环境利益、环境权利与环境权力的分层建构——基于法益分析方法的思考"，载《法商研究》2013 年第 5 期，第 49 页。

如经济学界刘会齐先生认为环境利益是环境给人带来的好处，尤其是带来经济利益的好处。① 法学界陈茂云先生认为环境利益是环境为人在生理、心理和精神上提供的利益，是环境权的核心。② 黄锡生先生等认为环境利益就是环境带给人们的好处。③ 以上两种界定的范围较为宽泛，语义模糊，无法确认其真正的内涵。杜健勋先生认为通过环境的概念界定环境利益能够体现环境利益的特殊性以及通过法律保护环境利益的必要性，把环境利益分为自然禀赋的环境利益与创造的环境利益，不同利益适用不同的保护方法。④ 这一概念的界定有利于保护弱势群体的环境利益，平衡不同群体与不同区域的环境利益，但是对于环境整体性的保护有所不利，但也给了认识环境利益的一个视角。徐祥民先生等则认为环境利益不应是环境的利益，环境利益是表现在环境的自然形态上的利益，这种利益是一种整体性的利益，就是一种生态服务利益。⑤ 这种环境利益的界定较为抽象、宏观，难于得到法律的确认并予以保护。汪劲先生认为环境利益的主体是环境，传统的法律只能保护人类的利益，而环境利益只能是人类利益的反射利益，间接受到保护。⑥ 这一界定是以自然中心主义哲学作为建构的基础，谈及利益则涉及主体性，主体的需要与愿望，而自然环境不具备这种主体的需求。

纵观以上对于环境利益的界定，都从某一角度对其作出了限定，但是还是较为模糊。为了更进一步了解其内涵，不妨从其外延入手，也许对其有较为清晰的认识：第一，环境利益是人的利益，而非环境本身的利益，因为根据利益法学派的代表人物庞德认为，利益就是请求、要求或者愿望，而环境本身不具有这种主观性，因此环境利益只能是人的利益，而不可能是环境的利益，环境本身只是客观的存在，不具有主观性。第二，环境利益从利益的

---

① 刘会齐：《环境利益论——从政治经济学视角分析》，复旦大学2009年博士毕业论文，第21页。

② 陈茂云："论公民环境权"，载《政法论坛》1990年第6期。

③ 韩卫平、黄锡生："论'环境'的法律内涵为环境利益"，载《重庆理工大学学报（社会科学）》2012年第12期。

④ 杜健勋："环境利益：一个规范性的法律解释"，载《中国人口、资源与环境》2013年第2期，第96页。

⑤ 徐祥民、朱雯："论环境利益的本质特征"，载《法学论坛》2014年第6期，第46~52页。

⑥ 汪劲："伦理观念的嬗变对现代法律及其实践的影响——以从人类中心到生态中心的环境法律观为中心"，载《现代法学》2002年2期。

内容看，既包括一定的财产利益，也包括精神利益和生态利益。环境对于主体的愿望的外在形态不仅体现为整体的生态效益，同时也给人类带来经济利益，不能因为生态价值就抹杀其经济效益，环境也给人类带来精神享受，滋养人类的灵魂，不可忽视其精神价值，有的学者把精神利益与生态利益合二为一，① 笔者不是很赞同，精神利益具有主观性、个体性而生态利益则具有客观性、整体性、不可分割性，他们也有共同性即具有非物质性和分享性，由此二者是有差别的。环境利益并不等同于生态利益，环境利益的范围比生态利益范围宽。生态利益仅是指人类在生产、生活过程中由于自然生态系统而产生的非物质性的优异、舒服的效果，满足人们对良好环境质量需求的利益。② 而环境利益是环境带给人的各种利益。第三，环境利益从利益主体来看既包括环境上的个人利益，也包括环境上的公共利益，还包括环境上的社会利益。③ 也就是说环境利益既包括公民的个人环境利益，也包括社会与国家的环境公共利益。有的学者界定环境利益时认为环境利益仅是公共利益，笔者不赞成这一观点，环境不仅对国家与社会带来利益，同样也给公民个体带来利益。人类对于环境享有的利益是多元化的，但是这种多元化的利益需求并没有及时得到每个社会个体的回应，但是随着环境问题的凸显，人类个体对于环境利益的需求越来越迫切，也在各国的宪法、环境法中得以确认，成为法律保护的利益之一。根据庞德对于公共利益的界定既包括社会组织也包括国家对于利益的主张，环境上的公共利益包括社会组织与国家对于环境利益的主张。环境上的公共利益主要表现为：人类共同生存的环境利益、国家独立的环境利益、环境安全利益、环境发展利益等。④ 第四，环境利益从利益时代性看既包括当代人的环境利益，也包括未来人的环境利益，人类在发展过程中不能只顾及当代人的利益，必须坚持可持续发展，保障我们的子

---

① 史玉成："环境利益、环境权利与环境权力的分层建构——基于法益分析方法的思考"，载《法商研究》2013 年第 5 期，第 49 页。

② 史玉成："环境利益、环境权利与环境权力的分层建构——基于法益分析方法的思考"，载《法商研究》2013 年第 5 期，第 49 页。

③ 宋宇文："论生态文明建设中环境利益的类型与法律保护机制——基于庞德利益理论的视角"，载《南京师范大学学报》2016 年第 1 期，第 75 页。

④ 宋宇文："论生态文明建设中环境利益的类型与法律保护机制——基于庞德利益理论的视角"，载《南京师范大学学报》2016 年第 1 期，第 76 页。

孙后代的环境利益。第五，从环境带来的利益效果来看，环境利益既包括正效用环境利益，也包括负效用环境利益，还包括零效用环境利益。[①]

虽然不能给环境利益下一个准确的定义，但是从上面的外延来看，环境利益与其他利益有些区别，主要呈现以下特征：[②] 第一，环境利益的主观性与客观性的统一。环境利益的客观性是指环境利益是客观存在的，不是人类意想出来的；环境利益的主观性是指环境利益可以通过人类的主观行为予以改变，虽然人类可以通过主观行为改变环境利益，但是不是随意改变，而是要在遵循环境利益的客观特征下改变，满足人类对于环境利益的需求。第二，环境利益的时间性与空间性的统一。环境利益的时间性是指环境利益是人类发展到一定的阶段，环境资源稀缺，环境问题凸显的情形下而形成的一种利益需求；环境利益的空间性是环境利益在一定的区域被需求，环境利益在具体的时空维度里被需求。第三，环境利益的系统性、复杂性与不可预知性。蝴蝶效应就是环境利益复杂性与系统性的最明显的体现，在甲地所发生的环境事件，会引发乙地的环境事件，牵涉乙地的环境利益，如整个地球的温室效应导致海平面上升，极地国家以及岛国的环境利益都受到影响。

（二）环境利益的冲突

环境利益成为现代社会的一种需要法律调整的多元利益。在纷繁的利益体系中，必然存在着各种利益冲突。利益冲突是指利益主体因为利益差别和利益矛盾而产生的利益纠纷和利益争夺。[③] 环境时代的来临，环境利益与其他利益之间以及环境利益不同之间的冲突会越来越频繁，冲突主要体现如下：一是经济利益与环境利益的冲突，这是工业社会发展带来的最大利益冲突，这种冲突是宏观外在的冲突，是人类社会发展的冲突，而非一国一时的冲突，需要整个人类重新思考人类的发展观与认识论；二是环境利益之间的财产利益与生态利益的冲突，环境给人类带来的益处一方面包括一定的财产利益，如树木、煤、石油、水等可以作为商品买卖给法律主体带来财产利益，另一方面附着于土地上则是自然的景观，带来精神的享受，还可以调节气候，给

①　刘会齐：《环境利益论——从政治经济学视角分析》，复旦大学2009年博士毕业论文，第30页。

②　刘会齐：《环境利益论——从政治经济学视角分析》，复旦大学2009年博士毕业论文，第27～29页。

③　赵震江：《法律社会学》，北京大学出版社1998年版，第250页。

我们带来清洁的空气，这是其生态效益，为了生态效益就可能牺牲个体的财产利益，这就会产生财产利益与生态利益以及精神利益之间的冲突，这种利益冲突可以通过利益分配、利益补偿等予以平衡；三是环境利益中的当代人的环境利益与未来人的利益之间的冲突，这种冲突属于不同代际的冲突，因为地球资源是有限的，当代人浪费了自然资源，则必然使后代无资源可用，他们无法像当代人一样有尊严地生活在地球上，这种冲突看似一种外在宏观的冲突，但是每代人都需承担起一代人的责任，正如美国学者爱蒂丝·布朗·魏伊丝提出的代际公平原则：各世代的地球人有义务给未来世代的地球人保持自然和文化资源质量不变，使地球的生命维持体系，人类生存所依赖的生态学流程、环境质量以及文化资源，舒适健全的人类环境三个方面得以持续，保障后代人享有与前代人相同甚至更好的环境利益。① 为了解决这种冲突，爱蒂丝·布朗·魏伊丝提出每个当代人应该遵循三个子原则，受其限制，保障未来人的环境利益。三个子原则的主要内容是：首先，保障未来人具有保护选择的多样性，当代人需要保护自然和文化资源的多样性；其次，质量保持原则，这一原则要求当代人能够把继承的自然与文化资源的质量传承给下一代；最后，获取保障原则，这一原则是赋予当今时代的成员一个合理、非歧视的获取地球的自然和文化资源的权利。② 这三个原则保障了各代人之间最低、平等、有尊严地享受地球的自然与文化资源。四是环境利益中不同区域的利益冲突以及不同社会主体之间的环境利益的冲突。这种冲突成为社会发展过程中的主要冲突。吕忠梅教授提出环境利益与经济利益的平衡应当遵循三原则：一是优先保证基本的生存权利和健康权利；二是维持资源再生能力；三是对不可再生资源应当节约利用。③ 我国就存在经济发达地区与经济不发达地区的环境利益的冲突，经济发达地区自然资源少，破坏严重，而经济不发达地区经济落后，自然资源较为丰富，如果要发展经济就需要破坏资源，这就存在不同区域环境利益与经济利益的平衡与协调。在我国的转型

---

① 爱蒂丝·布朗·魏伊丝：《公平地对待未来人类：国际法、共同遗产与世代间的平衡》，汪劲、于方、王鑫海译，法律出版社 2000 年版，第 41 页。

② 爱蒂丝·布朗·魏伊丝：《公平地对待未来人类：国际法、共同遗产与世代间的平衡》，汪劲、于方、王鑫海译，法律出版社 2000 年版，第 45 - 46 页。

③ 吕忠梅："论生态文明建设的综合决策法律机制"，载《中国法学》2014 年第 3 期，第 25 页。

社会阶段，由于环境资源的稀缺性，导致环境利益的分配与配置的不合理，形成社会中不同的利益阶层之间的冲突，现在主要是社会优势群体与弱势群体之间的冲突，如癌症村的出现，以及江苏启东排污事件、四川什邡钼铜事件、昆明 PX 项目、厦门 PX 项目等环境抗争群体性事件都显现了社会的优势群体与弱势群体之间的冲突，因为社会优势群体具有经济、政治、环境资源等方面的话语权与控制权，他们具有无偿使用水、土地等公共自然资源的权利，无限制排放污染物于大自然中使其成本社会化，导致弱势群体无选择的可能性，从而承担了这种负面的环境利益，从而因这种利益冲突造成越来越多的环境群体性事件。①

对于环境利益与其他利益以及环境利益之间的冲突如何控制，应通过三种渠道解决：对利益的分配、对利益的保障及对冲突的解决。② 以上的种种冲突如何化解？法律是各种利益的调节器，但法律并不调整社会中的每一种利益，因此解决上述利益冲突的第一步则是把未纳入法律调整范畴的利益纳入法律范围，第二步则是建立符合环境利益保障特征的方式对环境利益予以分配，能够尽量公平地配置各种环境利益，第三步则是建立解决环境利益冲突的行政、司法、社会等方面的救济机制，有效消解这些冲突和矛盾。

（三）突发环境事件中的环境利益的冲突与保护

突发环境事件中涉及的环境利益主要体现为：第一，公民个人的环境利益，当突发环境事件发生后，公民所需要的水、大气等受到污染，从而使其无法在正常的环境中生活；第二，社会的环境公共利益，突发环境事件的发生，不仅影响个人的生存环境，还会影响公共的环境安全，涉及社会环境公共利益。突发环境事件中所涉及的公民个人的环境利益和社会的环境公共利益涉及环境利益中的财产利益、精神利益，也影响生态利益。

突发环境事件中的环境利益冲突表现如下：第一，公民个人的环境利益、财产利益、安全利益、人身利益相冲突；第二，环境公共利益与秩序利益、经济利益相冲突；第三，侵害人与受害人的财产利益、环境利益相冲突。我

---

① 杜键勋："环境利益的社会分层：结构、演变与原因"，载《经济法论坛》2013 年第 2 期，第 269 页。

② 陆平辉："论现阶段我国社会利益冲突的法律控制"，载《政治与法律》2003 年第 2 期，第 26 页。

国突发环境事件中的有些环境利益已经转化为法律上的权利，当这些权利产生冲突后，通过立法、行政、司法的方式予以救济。在以经济发展为导向的发展模式中，以救济经济利益、财产利益、人身利益为主，而忽视了环境利益中的生态利益、环境公共利益的救济，即便在突发环境事件中环境利益的生态利益及环境公共利益受损害很严重，也很难得到保护与救济。由于环境利益的复杂性、不可预见性以及系统性等特征，一旦环境利益遭受损害，其损害则是不可估量、不可逆转的，因此环境利益损害的预防、控制与补救是必不可少的。环境利益损害简称环境损害，是人类的各种活动从而影响或破坏人类依存的舒服与健康的环境，且间接损害公民的权利或利益，或者可能损害公民的权利或利益的事实。① 环境利益损害是一种新型的损害方式，是一种非财产性、非独立性、负外部性损害，与传统的损害相比具有损害客体的生态性、公益性与损害的不确定性。② 具体体现的形态就是环境污染和生态破坏。环境污染是由于人类的行为导致环境质量的下降从而影响人类的基本生存的状态，如突发环境事件中导致的水污染、大气污染、土壤污染、核污染等。生态破坏是由于人类在利用自然和征服自然的过程中，不合理的开发与利用导致自然失去本身的修复与自净的能力，使其失去平衡。环境污染与生态破坏二者相互影响，污染严重导致生态失衡，生态失衡加剧环境污染，慢慢使地球的环境质量下降，人类生存条件越来越差，如此下去，人类将失去自己赖以生存的环境。因此对于环境利益的损害不应该坐视不管，应该采取一定的措施予以补救。

（四）突发环境事件中的环境利益损害保障

考察各国对于突发环境事件的救济状况来看，过去主要着重于对于突发环境事件中的人身利益、财产利益的救济与保护，但现在越来越重视对于环境污染与破坏的救济，并且形成较为系统、有效的救济体系，帮助环境尽快恢复原状，尽量减少对于环境的污染和破坏。由于环境损害不同于传统的损害，具有累积性、高科技性、复杂性、不可逆转性、广泛性等特征，决定了其救济方式也有别于传统的其他损害的救济。我国台湾地区发展比我国大陆地区

① 陈慈阳：《环境法总论》，中国政法大学出版社 2001 年版，第 328 页。
② 余慧娟："生态性损害研究"，载《环境资源法学论丛》第 9 卷，第 320～322 页。

早，环境问题出现较早，建立了一套系统的救济环境损害的规范体系，尤其是对于突发环境事件中的环境损害的救济。我国台湾学者陈慈阳把突发环境事件中产生的环境利益损害救济分为两种，一种是事实救济，另一种是法律救济。①

突发环境事件中的事实救济，就是环境损害发生后，立即采取行政措施给予环境以救济。事实救济包括突发环境事件发生时的紧急应变和突发环境事件发生后的环境整治，这是突发环境事件对于环境的最重要的和最基本的救济。突发环境事件发生的事实救济分为两种：一是突发环境事件发生时采取的对于环境的一切应急措施，二是突发环境事件发生后采取的对于环境的整治措施。突发环境事件发生时采取的对于环境的一切应急措施包括：第一，行政应急主体及环境污染或者破坏者为排除现已存在和已出现的环境损害而采取的一切应急措施，如利用专业能力排除污染和使环境危害降低到最低，并采取措施使环境恢复到原状；第二，行政应急主体及环境污染或者破坏者针对环境损害有发生之虞时，为防止损害发生而采取的一系列紧急措施；第三，行政应急主体及环境污染或者破坏者对环境损害未发生时，为避免损害之发生，先行规划的紧急应变措施。突发环境事件发生后采取的对于环境整改的措施包括：对于受损害的土地、河川、空气等环境因子进行整治，使其尽量恢复原状。

突发环境事件后的法律救济是指突发环境事件发生后通过一系列的法律手段与程序对于环境损害的救济，目前各国对于环境损害的法律救济制度有团体诉讼制度、民事环境赔偿制度、环境损害补偿及整治基金制度以及环境责任保险制度，对于环境损害的救济方式既有行政救济，也有司法救济还包括社会救济，既要对突发环境事件的受害人救济，还需对环境本身予以救济。团体诉讼是一种公益诉讼，是一种以环境保护为目的，而非个人利益为目的法律救济途径。这是各国救济环境公共利益的较为通行、直接有效的方式。由于环境损害诉讼相较于传统的诉讼存在因果关系的不确定性、侵害者与被侵害者的利益的不对等性以及其他困难，应该建立有别于传统的无过失责任的环境赔偿制度，给予环境损害的受害人及其环境予以赔偿，对于环境赔偿主要的方式是侵害方承担回复自然或者景观原状措施的各种费用。当环境损

---

① 陈慈阳：《环境法总论》，中国政法大学出版社2001年版，第330~449页。

害无法确认侵害者或者侵害者虽然明确但是无力或者不能及时、快速的承担环境损害的情形下，建立环境损害补偿及整治基金制度，这一制度建立的依据是国家有义务保证人民的幸福权利，环境保护是国家的基本政策，因此出现突发环境事件造成的环境损害无法确定侵害者时，国家有义务承担这一责任，保证受害人的利益以及环境的修复与整治。尤其是环境整治基金是对于环境本身损害最直接的救济措施，是主要用于环境损害的整治处理费用，整治环境修复费用的使用能够及时处理紧急状况下的环境危害的预防、控制与修复，尽量减少对于环境的污染与破坏。由于环境损害具有损害范围大、损害受众多、赔偿金额大等特点，通过前面的损害赔偿制度以及补偿制度无法弥补受害人以及环境的损失，或者导致侵害者破产或濒临破产等境况，不利于社会发展。在高风险的社会中，应该通过社会来分散风险，因此有些国家建立环境责任保险保障侵害者、受害人以及环境利益。环境损害赔偿、环境责任保险和环境整治基金成为现代环境损害赔偿的完整体系，他们并非各自独立运行，而是相互关联，相互配合，有效地维护环境损害者的利益以及修复整治环境。

第三章 我国突发环境事件中的公民
权利保障机制现状考察

第一节 我国突发环境事件中的公民权利立法保障机制概况

应有权利是法定权利的来源与基础，法定权利是应有权利的法律化与制度化。[①] 权利保障的首要任务是把应有权利转化为法定权利。前章专门研究了突发环境事件中公民三种应有权利形态，本章主要研究我国突发环境事件中公民权利的立法实际样态。

一、公民权利立法保障机制概述

（一）公民权利立法保障机制的概念与必要性

任何法律权利保障的重心在于通过合理的制度设计保障这些基本权利被侵犯时应该得到的救济，而合理的制度设计则是法治国家的立法机关需要承担的。公民权利立法保障机制是指立法者通过各种立法活动对于公民的基本权利予以确认，从而实现和保障公民权利。

列宁说，宪法就是一张写着人民权利的纸。宪法是人民权利的最根本、最高的法律源头，但是它规定的权利是最抽象的。如何实施宪法的权利？实施宪法权利的第一步则是委托立法者把这些抽象的权利具体化，规定立法者一定的义务，完成从抽象权利到具体可实施的权利的转化，这是公民权利保障的不可缺少的环节，这是宪法赋予立法者的义务。立法保障是公民权利实现的前提与基础，是公民权利保障的最重要的环节，是其他机制无法代替的，其必要性主要表现在以下几个方面：第一，公民权利的具体内容都是通过立

---

① 程燎原、王人博：《权利论》，广西师范大学出版社 2014 年版，第 337～339 页。

法予以确定的，如我国物权法明确规定物权法定原则，对于物权都必须有法律的明确规定才予以保护，没有法律规定的权利是不受保护的；第二，法律确定权利与权力的界限，不仅规定公民权利的基本内容，还需规定公权力对于公民权利限制的界限；第三，法律规定公民权利之间以及权力冲突后的救济方式，保障公民权利的实现。有的学者认为公民的基本权利对于立法具有依附性，立法的不作为将导致公民权利的虚置。[①] 公民权利立法保障是公民权利保障体系的根本。

（二）公民权利立法保障的基本要求

公民权利立法保障的基本要求有两个方面：一方面应当符合宪法的要求；另一方面在具体立法内容上应该满足最低限度地保证公民权利的享有和行使权利。对于第二方面主要是要求立法者应当对基本权利的内容、限制和救济等方面应做出较为详细的规定，并且为公民享有权利提供基本的、必不可少的制度前提。为了保障公民的权利，并非公民权利立法越多越好，因为在立法保障公民权利的同时也需对公民权利实行限制，从而保护他人的权利，但是立法者在立法限制公民权利的时候也必须遵循最低限制最大保障的原则：第一，公民权利的保障以不侵犯其他公民的宪法权利为底线；第二，以比例原则为指导，维护具有宪法位阶的公共利益，尽量权衡公民基本权利与公共利益之间的关系，谋求公共利益和基本权利之间的平衡。[②]

（三）公民权利立法保障出现的瑕疵情形

公民权利立法保障有两种瑕疵情形：不作为与立法漏洞。

立法不作为是指立法者应该根据宪法赋予的权力制定法律保障和实现公民的权利，但立法者在行使权力中没有尽职，出现权力的不作为。因立法者的不作为导致公民权利的虚置，无法实现公民权利。不同国家因立法不作为有不同的补救方式。德国规定基本权利的立法不作为有两种情形：不适时地制定出相应的立法和不及时地对现行的立法进行清理。对于这两种情形的救济机制不同，前一种情形由议会直接矫正，后一种情形由宪法法院实施审查。日本公民权利的立法不作为也分为两种情形：绝对的立法不作为和相对的立

---

① 刘志刚："立法缺位状态下的基本权利"，载《法学评论》2011 年第 6 期，第 27 页。

② 谢立斌："论基本权利的立法保障水平"，载《比较法研究》2014 年第 4 期，第 49～50 页。

法不作为。绝对的立法不作为是本应该根据宪法的授权对于公民基本权利制定具体的法律，但是根本就没有制定的情形，相对的立法不作为是指制定的公民权利的内容、程序、范围等方面存有缺陷或者不公正的状态。对于这两种不作为法院都可以进行违宪审查。①

公民权利立法保障的另一种瑕疵情形是法律漏洞。法律漏洞理论在学界有两种观点，一种观点认为法律不存在漏洞，另一种观点是法律本身存在漏洞，现代西方法学界以法律存在漏洞为主流，认为应该从实证的角度寻求解决法律漏洞的路径。

二、我国突发环境事件的立法概况

我国突发环境事件的相关立法状况与环境问题的发展状况有关，环境还没有成为问题时，立法薄弱，环境恶化后，其立法也加强。突发环境事件的相关立法经历了以下几个阶段：

（一）萌芽阶段（1949～1988 年），突发环境事件的内容隐含在其他法律、法规和政策中

我国环境事件立法是与环境污染事故发生相关联的。根据 1990 年首次由国家环保局公布的《1989 年中国环境状况公报》的报告情况，1988 年前没有涉及工业污染事故，只提及污染主要集中在大城市，并且提及 1972～1988 年的环境大事，也没有涉及环境污染事故，而真正记载环境污染事故是 1990 年的中国环境状况公报。从 1949～1988 年我国尚未有环境污染事件的记载，突发环境事件相关立法尚处在萌芽阶段，只是隐含在其他立法中。

中华人民共和国成立后最早的有关救灾立法为 20 世纪 50 年代政务院的《关于生产救灾的指示》与内务部的《关于加强生产自救劝告灾民不往外逃并分配救济粮的指示》。

1983 年国务院制定了《海洋石油勘探开发环境保护管理条例》，该条例第 22 条规定受到海洋石油勘探开发污染损害，要求赔偿的单位和个人，应按照《环境保护法》第 32 条规定及《海洋环境保护法》第 42 条规定，申请主管部门处理，要求造成污染损害的一方赔偿损失。1983 年国务院制定的

---

① 刘志刚："立法缺位状态下的基本权利"，载《法学评论》2011 年第 6 期，第 29 页。

《防止船舶污染海域管理条例》专章规定了船舶污染事故的损害赔偿。1988年出台了我国第一个应急预案《海上污染损害应急措施方案》。同时国务院制定的《防止拆船污染环境管理条例》规定发生拆船污染损害事故时，拆船单位或者个人必须立即采取消除或者控制污染的措施，并迅速报告监督拆船污染的主管部门。这一阶段我国经济处在初步发展阶段，立法主要集中于海上作业污染事故立法。

（二）起步阶段（1989～2006年），突发环境事件的立法内容隐含在环境保护相关立法中

第一，污染防治立法中规定了突发环境事件的内容。1984年《水污染防治法》内容较简单，无水污染事故的规定，1996年修改的《水污染防治法》增加了重大水污染事故的内容，主要规定受害者的损害赔偿内容，没有涉及对突发水污染事故的应对及其他规定，而2008年修改的《水污染防治法》专章规定水污染事故处置和在法律责任篇增加了水污染事故罚则。1989年《大气污染防治法》无污染事故规定，2015年修订时增加专章规定重污染大气应对及重污染大气污染事故预警体系及应对措施，无公民权益保障的规定。

第二，专项环境事件立法。1989年国务院发布了《放射性同位素与射线装置放射防护条例》，2005年制定新《放射性同位素与射线装置安全和防护条例》，是对放射性同位素和射线装置这些特殊物质与器材造成的突发环境事件的应对规定，专章规定辐射事故应急处理措施。1993年国务院制定《核电厂核事故应急管理条例》，是我国首部特殊突发环境事件的行政法规，规定核事故应急处置的范围，核事故应急处置机构的职责等内容。2002年国务院制定了《危险化学品安全管理条例》，规定对危险化学品在运输过程中所引起的环境事件的应对。

（三）发展阶段（2006年至今），突发环境事件专门立法

自2006年以来，突发环境事件频发，环境破坏增加，为了应对突发环境事件，专门针对突发环境事件立法，立法层级高且立法内容较具体。

第一，《宪法》《环境保护法》概括性地规定了突发事件的内容，并制定了《突发事件应对法》，专门规范突发事件的应对以及对公民权利的保护。2004年我国宪法修正案中首次规定了紧急状态。2007年出台《突发事件应对法》，专门规定突发事件的概念、类型和划分突发事件的级别以及突发事件

的预防与应急准备制度、监测与预警制度、应急处置与救援依据等内容。2015 年新《环境保护法》对于突发环境事件做了原则性规定，第 27 条、第 32 条、第 47 条规定了重大突发环境事件报告制度，建立和完善相应的调查、监测、评估和修复制度，规定各级人民政府及其有关部门和企业事业单位做好突发环境事件的风险控制、应急准备、应急处置和事后恢复等工作。

第二，各地方制定突发事件应对的地方立法，规范突发事件的应对及公民权利保护。如 2009 年《辽宁省突发事件应对条例》《阿坝藏族羌族自治州突发事件应对条例》，2010 年《广东省突发事件应对条例》，2012 年《安徽省突发事件应对条例》《山西省突发事件应对条例》《重庆市突发事件应对条例》《宁夏回族自治区突发事件应对条例》《山东省突发事件应对条例》《四川省突发事件应对法》等，2013 年《江西省突发事件应对条例》《河北省突发事件应对条例》，2014 年《湖北省突发事件应对办法》，2015 年《天津市实施〈中华人民共和国突发事件应对法〉办法》，2017 年《青岛市突发事件应对条例》，2018 年《福建省突发事件应对办法》。

第三，制定专门规范突发环境事件的规章、文件，规定突发环境事件的应急管理以及公民权利保护。2006 年国务院颁布《突发环境事件应急预案》，2014 年国务院对其进行修改，规定突发环境事件的概念、预案的适用范围、应急组织指挥体系、应急组织指挥体系各主体的职责、应急预警体系和信息报告机制等内容。自 2010 年以来，环境保护部相继出台了《突发环境事件应急预案管理暂行办法》《环境保护部环境应急专家管理办法》《突发环境事件信息报告办法》《突发环境事件调查处理办法》《突发环境事件应急管理办法》等专门规章。

第四，针对不同类型的突发环境事件单项立法，分别处理。2010 年以来国务院相继颁布《放射性物品运输安全管理条例》《防治船舶污染海洋环境管理条例》《自然灾害救助条例》《国家自然灾害救助应急预案》等法规与文件。

（四）我国突发环境事件的立法特点

对我国突发环境事件的几个阶段立法分析，发现有以下特点：第一，立法与时俱进，每个规章、法规、法律的出台都与社会发展的大背景一致，具有鲜明的时代特色；第二，立法指导思想以中央统一立法与行政主导的思想为导向，公共安全、社会稳定与环境安全为目的，以预防与应急准备、监测与预警、应急处置与救援、事后恢复与重建为原则；第三，立法内容上以预防与应急处理与救援为中心，辅以突发事件的检测与事后恢复与重建，重视行政应急权主体的应急措施规制。我国突发环境事件的立法经历了一个从关注突发环境事件的事中应急管理到事前风险防范和事后环境治理的过程，同时也从关注公民人身安全、财产安全开始向关注环境安全转变。突发环境事件的立法慢慢完善了我国的突发环境事件的立法体系，规范了突发环境事件风险防范、应急处置行为与事后处置行为，维护社会安全与稳定，保障公民人身安全、财产安全与环境安全。

三、我国突发环境事件立法中的公民权利保障的相关规定

本书主要研究一般性的突发环境事件，而核设施及有关核活动发生的核事故所造成的辐射污染事件、海上溢油事件、船舶污染事件等特殊突发环境事件的应对及公民权利保障具有特殊性，有特别法予以规范，本书主要梳理有关普通突发环境事件中公民权利保障的内容。

（一）我国突发环境事件立法中所列举的公民权利规定

1.《宪法》规定的公民权利内容

宪法是国家根本大法，是人民权利的保证书。我国突发环境事件中公民所享有的权利是宪法中权利的具体化，因此宪法中所列举的权利内容是我国突发环境事件中公民权利的依据。在此不一一列举。宪法中规定的公民权利是突发环境事件中公民权利的渊源，我国所有法律、法规、规章、政策都以宪法为其法律依据，不可与其相违背。

2.《突发事件应对法》及地方突发事件应对立法规定的公民权利内容

《突发事件应对法》中没有明确规定突发事件应对过程中公民权利的内容，主要是隐含于各级人民政府及其职能部门的义务之中。其中隐含的公民权利有：公民的征用财产要求返还权和征用财产补偿权，突发事件发生前后的受救助、补偿等权利。《突发事件应对法》第 12 条规定公民享有要求财产返还和补偿权，即当行政应急主体在应对突发环境事件中，需要征用组织和公民的财产，事件完毕后，要求返还其财产，如果在突发环境事件中，用于

行政应急而造成财产毁损、灭失的，公民有权利要求给予补偿。第 49 条规定，① 当突发环境事件发生后，各级人民政府及其职能部门有义务采取各种应急措施给予公民救助，虽然没有明确规定，但隐含了这一权利。第 5 章专门规定了各级政府及其职能部门具有对于突发事件的地区与公民负有事后重建与恢复的义务，尤其是第 61 条规定受灾后的公民以及在突发事件过程中因为实施救助行为而伤亡的公民以及没有上班而参与突发事件的救助行为的公民的权利内容，受灾后的公民应该受到救助、补偿、安置，使其回归正常生活；因在突发事件中参与救助而伤亡的公民应该享有抚恤权，获得国家救助；还有其他参与突发事件救助的公民没有正常上班也应该享有与上班同样的福利的权利。

各地方根据《突发事件应对法》制定了具有可操作性的突发事件应对地方立法，这些地方立法在公民权利内容上保持与中央立法一致，没有规定其他权利。

3.《环境保护法》规定突发环境事件中的公民权利内容

2015 年实施的《环境保护法》第 47 条规定了各级人民政府及其有关部门和企业事业单位依据《突发事件应对法》做好突发环境事件的风险控制、应急准备、应急处置和事后恢复等工作。公民、法人和其他组织有权获得人民政府、企业事业单位提供的信息权、救助权以及损害救济权。

4.《水污染防治法》及其他污染防治法规定的公民权利内容

《水污染防治法》是最早制定的污染防治法律，因为水污染事件是最

---

① 《突发事件应对法》第 49 条规定，自然灾害、事故灾难或者公共卫生事件发生后，履行统一领导职责的人民政府可以采取下列一项或者多项应急处置措施：（一）组织营救和救治受害人员，疏散、撤离并妥善安置受到威胁的人员以及采取其他救助措施；（二）迅速控制危险源，标明危险区域，封锁危险场所，划定警戒区，实行交通管制以及其他控制措施；（三）立即抢修被损坏的交通、通信、供水、排水、供电、供气、供热等公共设施，向受到危害的人员提供避难场所和生活必需品，实施医疗救护和卫生防疫以及其他保障措施；（四）禁止或者限制使用有关设备、设施，关闭或者限制使用有关场所，中止人员密集的活动或者可能导致危害扩大的生产经营活动以及采取其他保护措施；（五）启用本级人民政府设置的财政预备费和储备的应急救援物资，必要时调用其他急需物资、设备、设施、工具；（六）组织公民参加应急救援和处置工作，要求具有特定专长的人员提供服务；（七）保障食品、饮用水、燃料等基本生活必需品的供应；（八）依法从严惩处囤积居奇、哄抬物价、制假售假等扰乱市场秩序的行为，稳定市场价格，维护市场秩序；（九）依法从严惩处哄抢财物、干扰破坏应急处置工作等扰乱社会秩序的行为，维护社会治安；（十）采取防止发生次生、衍生事件的必要措施。

早影响我国公民生活带来环境不利影响事件。2008 年修改的《水污染防治法》对水污染事件的受害者责任规定得较为简约，第 85 条规定水污染事件中的受害人有要求污染者排除损害以及赔偿损失的权利，第 86 条规定公民与水污染事件的污染者因为损害赔偿发生纠纷，有要求进行行政调解和民事诉讼的权利；第 87 条规定水污染事件的受害方有权委托水监测部门提供监测数据，保证水污染事件中的受害人收集证据，保证其救济权利的实现。

2015 年修改的《大气污染防治法》较为具体地规定了重污染天气应对措施、污染者承担的行政责任与刑事责任，但没有规定对于重污染天气下受害者的任何权利，我国因为大气污染而承受的损害，公民很难寻求法律救济。《放射性污染防治法》是针对放射性污染防治的专门立法，但对于放射性造成的辐射污染则只是简单规定，第 59 条规定，因放射性污染造成他人损害的，应当依法承担民事责任，没有直接规定污染受害者享有的具体权利，仅能从该条推定放射性污染受害者有通过诉讼等其他方式要求污染者承担民事责任的权利。

5.《侵权责任法》中规定的公民权利内容

突发环境事件由于事件的引发者的过错导致事件的发生，一般构成民事侵权责任，因此突发环境事件中的公民享有我国侵权责任法中的一般侵权与环境特殊侵权的受害人的权利。根据《侵权责任法》第 3 条规定，突发环境事件中的受害人有权请求突发环境事件的引发者承担侵权责任。根据《侵权责任法》的第 4 条规定，突发环境事件中的引发者需要承担行政责任和刑事责任，并不影响其承担民事责任，而当突发环境事件的引发者财产不足以承担行政责任、刑事责任以及侵权责任时，突发环境事件的受害人具有优先赔偿权。根据《侵权责任法》第 15 条规定，突发环境事件中的公民享有以下具体请求权：停止侵害、排除妨碍、消除危险、返还财产、恢复原状、赔偿损失、赔礼道歉等权利。

6.《国家突发环境事件应急预案》规定中明示与隐含的公民权利内容

《国家突发环境事件应急预案》是国务院颁布的文件，是处理突发环境事件最直接的法律依据，其中明确规定了公民事后救济权，根据其内容还可以推定公民有其他权利：环境权、基本生活与安全救助权等。

（1）隐含的环境权。《国家突发环境事件应急预案》规定行政应急主体的首要任务是现场污染处置，采取一系列有效的措施切断和控制污染源，防止污染蔓延扩散，防止环境破坏和污染的扩大，尽量保障公民的最基本的环境安全，从其规定可以推定公民享有一定的环境权，行政机关有义务维护环境安全。

（2）隐含的基本生活与安全救助权。根据《国家突发环境事件应急预案》的转移安置人员的条款规定，公民有获得基本生活救助的权利。《国家突发环境事件应急预案》规定，突发事件发生后应急机关根据具体情况，建立现场警戒区、交通管制区域和重点防护区域，确保受威胁人员疏散和转移，保障其生命安全，并做好转移后的工作，保证其最基本的生活条件，即有饭吃、有水喝、有衣穿、有住处和具备必要的医疗条件。

（3）隐含的医疗救助权。《国家突发环境事件应急预案》规定突发环境事件发生后，应急主体应该采取一切措施给予公民救治，做好事发地的健康卫生指导，并调配急需的医药物资，给予公民医疗与心理救援。

（4）明确规定的事后救助权。《国家突发环境事件应急预案》明确规定，事发地人民政府要及时组织制订补助、补偿、抚慰、抚恤、安置和环境恢复等善后工作方案并组织实施。保险机构要及时开展相关理赔工作。

7.《突发环境事件调查处理办法》规定的公民权利内容

《突发环境事件调查处理办法》没有明确规定公民权利内容，但根据其规定可推定公民的权利。第15条规定突发环境事件调查报告的内容关涉公民权利，但没有直接规定权利内容和权利形式，仅从报告内容条款可分析公民有获得权利保障的可能。报告有与公民权利有关的两项内容：其一是突发环境事件造成人身伤亡、直接经济损失，环境污染和生态破坏的情况，其二是突发环境事件防范和整改措施建议，这两个内容可能与公民权利的损失与保障有关联性。①

---

① 《突发环境事件调查处理办法》第15条具体规定，突发环境事件调查报告应当包括下列内容：（一）突发环境事件发生单位的概况和突发环境事件发生经过；（二）突发环境事件造成的人身伤亡、直接经济损失，环境污染和生态破坏的情况；（三）突发环境事件发生的原因和性质；（四）突发环境事件发生单位对环境风险的防范、隐患整改和应急处置情况；（五）地方政府和相关部门日常监管和应急处置情况；（六）责任认定和对突发环境事件发生单位、责任人的处理建议；（七）突发环境事件防范和整改措施建议；（八）其他有必要报告的内容。

（二）突发环境事件中公民权利限制规定

1. 《突发事件应对法》中关于公民权利限制的规定

当特别重大、重大以及较大突发环境事件发生后，国家行政机关可宣布进入紧急状态，这时公民权利会受到一定限制。公民权利受到哪些限制？根据我国《突发事件应对法》规定，限制公民权利的内容如下。

（1）对于人身自由的限制。《突发事件应对法》第49条规定，在自然灾害、事故灾难或者公共卫生事件等突发事件发生后，采取如下一项或者多项应急处置措施对一定的场地以及人身自由予以限制，保障公共秩序与公共安全：（一）组织营救和救治受害人员，疏散、撤离并妥善安置受到威胁的人员以及采取其他救助措施；（二）迅速控制危险源，标明危险区域，封锁危险场所，划定警戒区，实行交通管制以及其他控制措施；（三）禁止或者限制使用有关设备、设施，关闭或者限制使用有关场所，中止人员密集的活动或者可能导致危害扩大的生产经营活动以及采取其他保护措施；（四）组织公民参加应急救援和处置工作，要求具有特定专长的人员提供服务。当社会安全事件发生后，各级人民政府应当立即组织有关部门并由公安机关针对事件的性质和特点，依照有关法律、行政法规和国家其他有关规定，采取下列一项或者多项应急处置措施：（一）强制隔离使用器械相互对抗或者以暴力行为参与冲突的当事人，妥善解决现场纠纷和争端，控制事态发展；（二）对特定区域内的建筑物、交通工具、设备、设施以及燃料、燃气、电力、水的供应进行控制；（三）封锁有关场所、道路，查验现场人员的身份证件，限制有关公共场所内的活动；（四）加强对易受冲击的核心机关和单位的警卫，在国家机关、军事机关、国家通讯社、广播电台、电视台、外国驻华使领馆等单位附近设置临时警戒线。并且在严重危害社会治安秩序的事件发生时，公安机关应当立即依法出动警力，根据现场情况依法采取相应的强制性措施，尽快使社会秩序恢复正常。由于限制人身自由是对公民权利的限制，需要严格根据法律、法规等规定的时间、条件进行，一旦恢复，这些限制措施必须取消，恢复正常。

（2）对于公民财产的限制。《突发事件应对法》第12条规定，为了应对突发事件，可以限制公民的财产权利，各级人民政府及其职能部门可以征用单位和个人的财产。第52条规定，各级人民政府可以征用个人或者单位应急所需的设备、设施、场地、交通工具和其他物资，还可以要求生产、供应生活必需品和应急救援物资的企业生产，还可以要求其他企业提供医疗等公共服务。这些限制基于公共利益的需要，事后应该给予公民与企业一定的补偿。

（3）对于救济权的限制。《突发事件应对法》第13条对其做出特别规定，视为时效中止和程序中止。这一规定看起来是突发事件中影响公民救济权的行使，但是作出这种规定实际上保障了公民救济权的行使。

2. 《国家突发环境事件应急预案》中公民权利限制规定

（1）对于环境及生产与经营企业的资格限制。《国家突发环境事件应急预案》中对于生产、经营企业的行为作出了一定的限制，就是处理污染现场，主要采取以下几个方面的措施：第一，要求污染企业或者其他单位立即采取停产、关闭、围挡、封堵、转移、喷淋等措施，控制和切断污染源，防止污染蔓延扩散；第二，收集、清理和安全处置有毒有害物质和废水、废液等工作；第三，污染主体不明时，环境保护主管部门组织调查污染来源，查明污染主体，确定污染物种类和污染范围，采取一定的措施切断污染源；第四，事发地人民政府应对以上突发环境事件制订综合治污方案，采取导流、拦截、疏浚等形式防止水体污染扩大；采用监测和模拟等手段追踪污染气体的扩散途径和范围；采取隔离、吸附、打捞、沉淀、消毒、去污洗消、临时收贮、微生物消解、调水稀释、转移异地处置、临时改造污染处置工艺或临时建设污染处置工程等一系列的物理和化学方法处置污染物；第五，在特殊情况下，当地政府要求其他排污单位停产、限产、限排，减轻对大气、水等环境的污染负荷。

（2）对于公民人身自由的限制。根据《国家突发环境事件应急预案》规定，转移安置人员的具体限制措施及步骤如下：第一，根据突发环境事件的影响程度及事发时的地理环境、气象、人口密集度等各种因素，建立现场警戒区、交通管制区域和重点防护区域等特殊区域；第二，确定受威胁人员疏散的方式和途径；第三，及时、有序组织、疏散转移受威胁人员和可能受影响地区居民；第四，在突发环境事件发生过程中，对伤病员进行诊断治疗，根据需要及时、安全地将重症伤病员转运到有条件的医疗机构加强救治。指导和协助开展受污染人员去污洗消工作，提出保护公众健康的措施建议。

（3）对于公民财产限制。《国家突发环境事件应急预案》对于公民财产流通作出限制：第一，加强对重要生活必需品等商品的市场监管和调控，防治在突发环境事件发生期间，哄抬物价；第二，禁止受污染食品和饮用水的生产、加工、流通和食用，防范因突发环境事件造成集体中毒等。

四、我国其他综合性救助立法中公民救助权的规定

为了保证每个公民享受经济发展带来的利益，不断完善我国的公民社会救助立法体系，我国近几年相继出台一些法规、规章与文件，对基本生活、住房、医疗、教育以及就业、司法救济等最基本的权利予以保障，使每个公民过一种有尊严的生活。这些立法内容与突发环境事件中公民权利立法保障紧密相关，是实现它们的前提，于此列举的我国其他公民救助立法中规定的公民所享有的权利同样也是我国突发环境事件中公民救助权的一部分。

（一）《宪法》中规定的公民救助权的内容

1982 年宪法第 45 条规定："公民在年老、疾病或者丧失劳动能力的情况下，有从国家和社会获得物质帮助的权利。国家发展为公民享受这些权利所需要的社会保险、社会救济和医疗卫生事业。"这条规定为公民的物质帮助权提供了宪法依据，也是我国发展社会保障体系的宪法依据，为我国突发环境事件中对公民提供行政救助提供了宪法依据。

（二）《自然灾害救助条例》中规定的公民权利内容

2010 年国务院出台《自然灾害救助条例》，确定以人为本、政府主导、分级管理、社会互助、灾民自救原则，规定救助准备、应急救助以及灾后救助的具体内容，建立了较为全面的救助体系。2011 年国务院出台了《国家自然灾害救助应急预案》。因自然灾害引发的突发环境事件中公民享有哪些权利？我国《自然灾害救助条例》规定公民有以下具体权利：第一，被转移安置至安全处所的权利；第二，受灾人员基本生活保障权；第三，灾害发生过程中的受伤人员被抚慰权以及死亡人员被善后处理权利；第四，受灾人员灾后享有被安置的权利，可以根据受灾状况进行就地安置或者异地安置，以安置安全为保障，安置以政府安置与自行安置相结合；第五，居民住房恢复重建有困难的家庭的受扶助权，由于居民重建家园自身有困难的，政府应该给

予帮扶，保证其最基本的生存条件；第六，灾后基本生活救助权，在自然灾害发生后的冬天与次年春天当地人民政府应该给予受灾人民最基本的生活救助，帮助其渡过难关；第七，灾民享有教育、医疗等公共服务方面的救助权，这种权利既包括在救灾过程中，也包括自然灾害恢复重建过程中；第八，公民享有征用财产的补偿权。

《自然灾害救助条例》第 15 条规定，在自然灾害救助应急期间，县级以上地方人民政府或者人民政府的自然灾害救助应急综合协调机构可以在本行政区域内紧急征用物资、设备、交通运输工具和场地，自然灾害救助应急工作结束后应当及时归还，并按照国家有关规定给予补偿。

（三）《社会救助暂行办法》规定公民救助权的范围

2014 年国务院颁布《社会救助暂行办法》，不仅包括生活救助还包括医疗救助、住房救助、教育救助、失业救助以及其他精神的救助，还特别提出自然灾害救助。有以下主要救助内容：第一，最低生活保障的救助。第二，特困人员的供养。第三，受灾人员的救助，即指对因自然灾害基本生活受到严重影响的人员，国家给予生活救助。受灾救助包括两个方面：一是应急救助，即及时为受灾人员提供必要的食品、饮用水、衣被、取暖、临时住所、医疗防疫等应急救助；二是灾后救助，包括过渡性安置救助、居民住房恢复重建救助、灾后对因当年冬寒或者次年春荒遇到生活困难的受灾人员提供基本生活救助。第四，医疗救助。第五，教育救助。第六，就业救助。《社会救助暂行办法》面向的对象主要是一般社会情形以及灾害发生状态下的公民，而突发环境事件发生中与发生后，经常使公民暂时处于上述的六种救助的困境之中，因此应把他们纳入社会救助范围之列，让他们也享有国家的生活、医疗、住房、就业等救助权利。

（四）六部委的《完善司法救助制度的意见》中公民司法救助权的规定

中央政法委、财政部、最高法、最高检、公安部、司法部 6 个国家机关于 2015 年联合发文《完善司法救助制度的意见》着力解决司法过程中的当事人得不到赔偿的问题，不断健全司法救助制度。司法救助就是指对受到侵害但无法获得有效赔偿的当事人，由国家给予适当经济资助，帮助他们摆脱生活困境的制度。该文件列举了 9 类予以司法救助的对象，前 5 类是刑事案件的受害人无能力通过诉讼方式救济自己的权利，与突发环境事件中的公民权利保障关联性不大，但是后4种类型则比较合适，可以申请司法救助：第一，举报人、证人、鉴定人因举报、作证、鉴定受到打击报复，致使人身受到伤害或财产受到重大损失，无法经过诉讼获得赔偿，造成生活困难的。第二，追索赡养费、扶养费、抚育费等，因被执行人没有履行能力，造成申请执行人生活困难的。第三，对于道路交通事故等民事侵权行为造成人身伤害，无法经过诉讼获得赔偿，造成生活困难的。第四，党委、政法委和政法各单位根据实际情况，认为需要救助的其他人员。第五，涉法涉诉信访人，其诉求具有一定合理性，但通过法律途径难以解决，且生活困难，愿意接受国家司法救助后息诉息访的，可参照执行。突发环境事件造成污染者无法与无力承担的损失，而使受害者得不到赔偿，并且导致一批人的公害病无力医治，因此根据六部门制定的《完善司法救助制度的意见》，突发环境事件中的受害人是符合司法救助的范围的，当其得不到其他部门给予的救助的时候，应该享有司法救助权。

五、我国突发环境事件中的公民权利保障立法特点

从我国突发环境事件的立法、公民权利内容规定来看，突发环境事件中公民权利保障立法的特点主要表现如下：

（一）人大立法、行政立法以及规范性文件构成多元位阶的突发环境事件权利保障体系

《宪法》是我国突发环境事件中的公民权利立法的基础，我国突发环境事件中的公民权利保障立法还主要包含《突发事件应对法》《水污染防治法》《侵权责任法》等法律，其次是《自然灾害救助条例》《社会救助暂行办法》等行政法规，再次是规章《突发环境事件调查处理办法》及规范性文件《国家突发环境事件应急预案》《完善司法救助制度的意见》。形成了立法位阶的多元性，具有一定的优势，但也有其弊端。其优势如下：第一，立法多角度、多方位、多层次保护突发环境事件中的公民权利；第二，多元立法能够相互补充，保障突发环境事件中的公民权利；第三，立法中既明确规定或者隐含了突发环境事件中的公民权利，也限制了突发环境事件中的公民权利，这样

才能够实现环境公共利益与公民安全等。其弊端如下：第一，多元立法呈现的突发环境事件中的公民权利较为分散；第二，多元立法模式使突发环境事件中公民权利规定的内容不一致；第三，多元立法模式中限制突发环境事件中公民权利的立法位阶较低。

（二）一般立法与特别立法相结合形成了一个松散的突发环境事件权利保障体系

突发环境事件中的公民权利立法既有《侵权责任法》对于突发环境事件中引发的一般环境侵权的内容规定，也有《突发事件应对法》对于一般突发事件应对中对于公民权利的保护与限制，还有专门的《突发环境事件应急预案》对于突发环境事件中的公民权利的保护与限制，基本形成了一个一般立法与特别立法相结合的松散的突发环境事件中的权利保障体系，能够起到基本保护突发环境事件中的公民权利的作用。

（三）以保护公民的财产权、人身权、社会救助权为主的突发环境事件中的权利保障体系

根据突发环境事件中的公民权利的明确规定或者隐含的权利内容来看，主要是公民的征用财产要求返还权和征用财产补偿权，突发事件发生前后受救助、补偿等权利，以及在突发环境事件发生后的基本生活救助权、医疗救助权等，对于公民环境权很少规定，只在《国家突发环境事件应急预案》中规定国家的应急管理部门应该对于污染源采取应急措施，减少对环境的破坏，因此我国现有的立法主要规定对于公民的财产权、人身权以及社会救助权的保护体系，有力地保障我国公民在突发环境事件中的人身安全、财产安全，并在事后能够在基本生活、医疗、住房、就业等方面给予救助。

（四）以公民权利保障与公民权利限制相结合的突发环境事件中的权利保障体系

我国突发环境事件中公民权利的保障立法有别于其他的立法，是权利保护规定与权利限制规定相结合的模式，看似冲突，但实际上这种立法模式是为了更好地保护突发环境事件中的公民权利。

第二节　我国突发环境事件中的公民权利行政保障机制现状考察

立法保障是公民权利保障的前提，应有权利转化为法律权利是成文法系国家权利保障的第一步。传统权利救济主要是司法救济，但随着社会发展，国家机关的分工发生了变化，尤其是行政机关的职能不断拓展，从只有执行权转化为有一定的立法权与裁判权，因此在现代公民权利保障机制中行政保障是不可或缺的，其在公民权利的实现与保障中发挥越来越重要的作用。如日本学者棚濑孝雄所言："行政机关所设置的纠纷处理机构不仅对一方当事者要求解决的纠纷给予事后的处理，还往往以一般地预防侵害发生的意识，对没有暴露出来的纠纷也进行积极的事前干预。"① 我国突发环境事件中的公民权利也是如此，立法保障是基础，行政保障是关键，司法保障是最后屏障。根据中国环境统计年报显示，2005 年至 2012 年，中国环境信访量年均 77 万件。根据中华环保联合会统计，进入司法程序的不足 1%，绝大多数通过行政部门处理。我国目前环境权益纠纷的解决渠道以行政渠道为主，司法渠道为辅。

一、突发环境事件中的行政救济概念与类型

（一）行政救济的概念

行政救济是学理概念，而非法律概念，在学界没有达成一致认识，有不同的观点，日本学者认为行政救济是行政法上的救济，具体指在行政征用给公民权益造成侵害或者负担的情况下，根据该公民的请求，一定的机关采取措施防治和排除其侵害或负担，从而保护和救济公民的权利。② 这个概念很宽泛，既包括实体上的救济也包括程序上的救济，且包括了行政诉讼这种司法救济方式。我国学者林莉红教授认为行政救济即是对行政的救济，是公民、

---

① ［日］棚濑孝雄：《纠纷的解决与审判制度》，王亚新译，中国政法大学出版社 2004 年版，第83 页。

② ［日］室井力主编：《日本现代行政法》，吴薇译，中国政法大学出版社 1995 年版，第186 页。

法人或者其他组织认为行政机关的行政行为造成自己合法权益的损害，请求有关国家机关给予补救的法律制度的总称。[①] 包括行政复议、行政诉讼、行政仲裁等，这一概念基本为我国学者所认同，只是表述上不一致。根据本研究前文对于突发环境事件中公民权利的梳理，对其权利的救济既涉及实体的救济也涉及程序的救济，因此在救济分类上为了保障与实现突发环境事件中的每种权利，本书所涉及的行政救济范围与我国学者的观点略有不同，采纳日本学者的宽泛概念，但是要排除行政诉讼方式，本书把行政诉讼方式纳入司法救济范畴。因此本书所要研究的行政救济不是对行政的救济，而是行政机关根据其职能所提供的给予公民实体上和程序中的权利补救制度，包括实体救济和程序救济，具体方式有行政救助、行政调解、行政裁决、申诉、信访和行政复议等。随着社会的发展，行政职能的拓宽，行政职能已经转化为救助服务、定纷止争、保障公民权益的一条龙服务。这种救济方式相对于立法救济、司法救济及社会救济来说更方便、及时，能够快速响应公民、社会的需求。

（二）突发环境事件中的行政救济概念

突发环境事件中的行政救济主要是指行政机关在突发环境事件中给予公民一定的帮助以及对于突发环境事件中公民寻求行政机关通过一定的程序弥补其给公民权益所造成的损害的法律救济制度，分为实体救济和程序救济。突发环境事件中的行政救济是公民因突发环境事件的发生使其生活、环境处于困境，或者行政机关因采取行政应急措施行为违法或不当而造成了对其权益的侵害后的一种法律补救，实施救济的行政机关是在突发环境事件发生中和事后采取措施消除环境污染和环境危害，给予公民提供最低的生活保障和医疗救助以及采取撤销、变更、责令赔偿损失或补偿的行政机关等，且该救济具有救助性、权利性、法定性、事后性。

（三）突发环境事件中的行政救济的类型

1. 行政实体的救济

行政实体的救济也可以称为行政救助，行政救助的含义随着社会的发展而发展，秩序行政下的行政救助主要是对弱势群体的物质帮助，具体是指行政机关对公民在年老、疾病或丧失劳动能力等情况下或其他特殊情况下，依

---

① 林莉红："行政救济的基本理论研究"，载《中国法学》1999 年第 2 期，第 42 页。

照有关法律、法规规定，赋予其一定的物质权益或与物质有关的权益的具体行政行为①，随着政府职能的转变，行政救助的范围不断拓宽。姜明安教授对于行政救助的界定范围更宽泛，他认为行政救助不仅及于公民年老、疾病或者丧失劳动能力的情况，而且及于公民下岗、失业、低经济收入以及遭受天灾人祸引起的生活困境。② 当突发环境事件发生后公民的生活状况发生了变化，行政机关应给予公民救助，如采取一系列的措施进行转移、安置，发放食物、水等基本生活物资以及提供医疗服务等方式维持公民的最低的生活标准。突发环境事件中行政机关应给予公民与环境的双重救济，保证公民能够有尊严的基本生活条件。行政实体救济的内容主要是立法上的欠缺，因此本部分的内容主要是对在我国突发环境事件中的公民权利立法保障予以分析。

第一，行政对于公民的救济。突发环境事件中，公民的财产、人身健康与安全受到威胁，行政机关基于公共利益应该给予公民实行转移、安置，给予受伤的公民提供医治，保障其基本的生命安全与健康，并且提供最基本的生活用品和生存条件，满足最低生活保障，保证能够过最基本的有尊严的生活。这是宪法、环境法赋予公民的权利，而不是行政机关的恩赐，是行政机关基于社会的发展而产生的职责。

第二，行政对于环境的救济。由于各种因素的影响而导致突发环境事件的发生可能引起环境的污染和破坏，如水污染、土壤污染、大气污染，人类根本生存的环境受到破坏会严重影响公民的安全、健康和生活，因此行政机关应该首先对环境进行救助，及时处置污染因素，防治污染扩大，尽量恢复环境，保证人类生存的基本环境条件。《突发环境事件应急管理办法》第33条规定，县级以上地方环境保护主管部门应当在本级人民政府的统一领导下，参与制订环境恢复工作方案，推动环境恢复工作。

2. 行政程序上的救济

行政程序救济是在突发环境事件中公民因为权益受到损害，寻求行政机关通过一定的法定程序纠正或者弥补其权益的一种救济方式。行政程序的救济方

---

① 姜明安：《行政法与行政诉讼法》，北京大学出版社、高等教育出版社2005年版，第271页。
② 姜明安：《行政法与行政诉讼法》，北京大学出版社、高等教育出版社2005年版，第272页。

式有以下几种：行政调解、信访、申诉、行政裁决、行政复议、行政补偿与行政赔偿。

（1）行政调解。行政调解是指行政主体根据法律、法规、规章、政策等，按照正当程序在行政主体职权范围内对特定行政性纠纷或非行政性纠纷进行疏导、调停，促使各方当事人在自愿平等协商的基础上达成协议的行为。① 《湖南省行政程序规定》对于行政调解进行了界定，是指行政机关为化解社会矛盾、维护社会稳定，依照法律、法规、规章和有关规定，居间协调处理公民、法人或者其他组织之间民事纠纷的活动。② 明确行政调解的纠纷主要是民事纠纷，而非行政纠纷。行政调解既可以调解行政争议，也可以调解民事争议。因行政调解的争议在行政机关的管理职权范围内，因此行政调解具有专业性、及时性，但这种调解不具有法律约束力，只对争议双方具有指导性。

（2）信访。简单来说则是来信来访，具体是指公民、法人和其他组织向有权的国家机关反映其权益受到侵害或者遭到不公正对待等情况，要求有权机关根据其意见和要求作出相应的处理决定的行为。③ 信访是行政救济的最主要方式，是一种有中国特色的行政救济方式，它不同于其他的救济方式，能够及时有效地根据具体情形解决一些问题，因此导致公民信信访而不信其他行政与司法救济途径。环境问题的凸显，使因环境所引发的矛盾也越来越多，因环境纠纷而引起的信访量逐年攀升，环境信访成为公民寻求帮助的渠道。环境信访是环境保护的重要一环，架起了环境保护部门与公民沟通的桥梁。其中一部分环境信访是因为环境污染纠纷而引起的，在环境信访过程中加强对于环境污染纠纷的协调和化解，有利于预防突发环境事件的发生，维持社会安全。

（3）行政裁决。行政裁决是指行政主体依照法律、法规的授权，对平等当事人之间发生的与行政管理活动密切相关，与合同无关的民事纠纷进行审查，并作出裁决的具体行政行为。④ 这种行政救济方式不同于前文介绍的行

---

① 陈永革、肖伟："行政调解：内涵界定、法理基础和应然价值"，载《甘肃行政学院学报》2011 年第 3 期，第 120 页。

② 《湖南省行政程序规定》第 115 条。

③ 姜明安：《行政法与行政诉讼法》，北京大学出版社、高等教育出版社 2014 年版，第 366 页。

④ 姜明安：《行政法与行政诉讼法》，北京大学出版社、高等教育出版社 2014 年版，第 254 页。

政调解。当然二者有共同点，一是行政裁决与行政调解的主体都是行政机关及法律法规授权的组织，二是两种救济方式的对象都是解决民事纠纷，都是在行政主体的行政职权管理范围内的纠纷解决方式，三是二者的目的相同，即为了方便行政管理和及时化解与行政管理相关的民事纠纷。二者的不同点也很明显：一是行政调解是建立在纠纷双方自愿的基础上的协调，程序可以中止，纠纷主体不需承担法律责任，而行政裁决是行政主体依法而作出的裁决，纠纷当事人须尊重；① 二是法律效力不同，行政裁决是行政主体行使裁决权的活动，一旦作出裁决结果就会对行政主体以及民事权益双方产生法律上的约束力，而行政调解作出的调解结果是对于民事主体的双方不产生法律上的约束力，只具有指导性和建议性的作用；三是二者的后续救济程序不同，行政裁决程序是前置程序，是法律明确规定的程序，行政相对人对于裁决不服，后续救济程序则是行政复议或行政诉讼，行政调解程序不是民事纠纷的必需的程序，当事人双方既可选择行政调解也可以选择直接向人民法院起诉，当事人对于行政调解不服的只能向人民法院提起民事诉讼。

（4）行政复议。行政复议是指行政相对人认为行政机关及法律、法规授权的组织的行政行为侵犯其合法权益，依法向行政复议机关提出请求，复议机关依法对被申请的行政行为的合法性、适当性进行审查并作出行政复议决定的法律制度。② 行政相对人对于行政主体的作为行为与不作为行为都可以提起复议，这是我国最成熟、最规范的行政救济方式。行政复议是行政救济的主要渠道，与其他渠道有共同点也有区别，尤其是行政复议与信访。两者的共同点都是一种由环境保护部门实施的救济方式，目的是监督环境行政权力，保护公民、法人或其他组织的利益。不同点则是救济的范围不同，环境行政复议就《环境行政复议办法》列举的明确行为进行复议，而此范围之外的行为不能纳入复议范围，环境信访的范围要宽泛得多，既包括环境行政主管部门的行为，也包括环境违法的公民、法人或其他组织的行为，还包括对于法律、法规、政策以及其他规范性文件的意见等；救济的程序不同，环境

---

① 左卫：《环境行政裁决制度》，2008 年兰州大学硕士学位论文，第 6~7 页。
② 姜明安：《行政法与行政诉讼法》，北京大学出版社、高等教育出版社 2014 年版，第 370 页。

行政复议的程序是准司法程序，较为严格，环境信访程序较为宽松，注重协调，解决矛盾；救济的后果不同，复议机关作出复议决定后，复议决定对于环境复议参加人具有法律约束力，对其不服，一般可以提供行政诉讼，而信访机关作出处理决定后，对于参与人不具有法律约束力，如对其不服，不能对信访机关提起诉讼。

（5）行政补偿与行政赔偿。行政补偿是指公民、法人和其他组织的合法权益因为公共利益或者行政主体的合法行为使其权益受到损害而由国家给予其权益救济的一种制度。[①]

行政赔偿是指公民、法人和其他组织在其合法权益受到行政机关及其工作人员行使行政职权行为的侵犯，其有权根据我国的法律要求国家承担赔偿责任而获得法律上的救济。[②]

二、我国突发环境事件中的公民权利行政保障机制现状考察

我国突发环境事件中的公民权利行政救济包括两类，一类是行政实体的救助，一类是行政程序的救助。行政实体救助的立法概况另节专门予以研究，在此不重复，本节主要研究我国现行突发环境事件中的公民权利行政程序救济的立法规定与实施概况。

（一）我国突发环境事件中的环境行政调解现状

1. 环境行政调解立法规定及变迁

环境行政调解是指环境保护管理职能部门根据环境纠纷当事人的请求，作为中立第三人，指导与协调环境侵权纠纷当事人双方达成合意，从而达成纠纷解决协议的活动。[③] 行政机关参与私权纠纷必须有法律的授权，因公权力"法无授权则禁止"。我国目前环境行政调解的立法规定及其变化如下：第一，新《环境保护法》第 20 条规定对跨行政区的环境污染和环境破坏的纠纷可以由地方人民政府或者上级人民政府对其调解；第二，污染防治立法

---

① 文邦正、温泽彬："宪政视野下的行政赔偿与行政补偿问题探讨"，载《修宪之后的中国行政法——中国法学会行政法学研究会 2004 年年会论文集》。

② 姜明安：《行政法与行政诉讼法》，北京大学出版社、高等教育出版社 2014 年版，第 368 页。

③ 刘超："疏漏与补足：环境侵权解纷中进退失据的环境行政调解制度"，载《河南省政法管理干部学院学报》2011 年第 3 期，第 10 页。

体系中规定环境主管部门根据权限对于环境污染事件引起的环境纠纷有权进行行政调解，对行政调解不服的，可以提起民事诉讼。如《水污染防治法》第 86 条规定："因水污染引起的损害赔偿责任和赔偿金额的纠纷，可以根据当事人的请求，由环境保护主管部门或者海事管理机构、渔业主管部门按照职责分工调解处理；调解不成的，当事人可以向人民法院提起诉讼。当事人也可以直接向人民法院提起诉讼。"《固体废物污染环境防治法》第 84 条和《环境噪声污染防治法》第 61 条也有类似规定，因固体废物或环境噪声引起的环境侵权和赔偿纠纷可以根据当事人的申请由环境主管部门及其他相关部门根据其职权对其调解，对调解不服的，可以向人民法院提起民事诉讼。第三，行政调解适用的范围在缩小，有些环境污染纠纷的行政调解权已经被取消。如因为《环境保护法》《大气污染防治法》的修改，原来规定的行政调解条款已经废止，因此现在对于一般的环境行政纠纷不再适用调解，只有针对跨行政区域的环境污染和防治工作适用行政调解，再就是其他污染防治法中没有规定行政调解的污染事故的纠纷也不适用行政调解，如放射性污染事故，因 2003 年出台的《放射性污染防治法》中没有授予行政主管部门的行政调解权。

2. 我国地方环境行政调解实施概况

自 2010 年国家颁布《国务院关于加强法治政府建设的意见》以来，为了促进社会和谐，通过法治手段化解社会矛盾，各地都加强了行政调解化解社会矛盾。

2012 年青海省环境保护厅发布《青海省环境保护厅加强行政调解工作实施方案》，并且附有《青海省环境保护厅环境行政调解案件调解笔录》《青海省环境保护厅环境行政调解书》。[①] 其方案内容齐全，操作性强，并附有调解笔录与环境行政调解书范本，规范文书与程序。

贵阳市生态文明建设委员会 2012 年出台的《环境行政调解工作制度》

---

① "青海环保——关于印发青海省环境保护厅加强行政调解工作实施方案的通知"，http：// www. qhepb. gov. cn/hjgl/zcfg/pfhyfzl/201204/t20120427_ 40198. html，《青海省环境保护厅加强行政调解工作实施方案》。浏览日期：2016 年 12 月 1 日。

共 9 条内容，① 一并制作了环境行政调解流程图，两个文件清晰构建了贵阳市环境行政调解制度，具体规定了环境行政调解的范围，专门成立了以环境保护局局长为主任的调解委员会，明确了委员会的基本职责，详细规定了环境行政调解的基本程序与时效以及对环境行政调解的结果的处理。

青海省门源县政府为了快速、有效地解决环境污染纠纷，制定了《关于建立环境污染纠纷人民调解工作机制的规定（试行）》，② 成立了林业环保部门调解委员会，设置专人调解员，明确调解委员会的职责，规定了调解委员会的基本原则，明确了调解委员会成员的职责，规定调解委员会的程序。2013 年定南县公布了《环境保护局行政调解工作实施方案》，2016 年抚州市环境保护局公布了《抚州市环境保护局行政调解工作职责》，2016 年上饶市环境保护局公布了《上饶市环境保护局行政调解工作制度》。③ 每个地方的环境行政调解都有一定的特色，但是基本内容趋于一致，规范和指导环境行政调解工作。

从以上立法及地方的环境行政调解实施概况了解到，主要是针对环境污染引起的环境纠纷，环境保护主管部门有权予以行政调解，但是出现了立法与地方实际做法不同的发展趋势：第一种趋势是我国立法过去比较重视环境行政调解对于环境污染与赔偿纠纷的作用，无论是一般纠纷还是重大纠纷都可以由环境主管部门予以调解，但新《环境保护法》的环境行政调解仅适用于跨区域的环境污染与预防的纠纷，而《大气污染防治法》废除了环境行政调解；第二种趋势是地方各级政府及其环境管理的主管部门在 2010 年后加强和规范了环境行政调解工作，各地相继制定了适应本地的环境行政调解的规范性文件。

（二）我国突发环境事件中的环境信访现状

1. 我国环境信访的立法规定

（1）《信访条例》的规定。2005 年国务院出台的《信访条例》规定了信

---

① 参见贵阳市生态文明建设委员会网站：www. ghb. gov. cn，《贵阳市环境行政调解工作制度》。浏览日期：2016 年 12 月 1 日。

② 参见门源回族自治县人民政府网站：http：//www. qhmy. gov. cn/html/4510/181646. html，《门源县关于建立环境污染纠纷人民调解工作机制的规定（试行）》。浏览日期：2016 年 12 月 1 日。

③ 参见上饶市环境保护局网站：http：//www. srepb. gov. cn/index. php？ m = content&c = index&a = lists&catid = 16，《上饶市环境保护局行政调解工作制度》。浏览日期：2016 年 12 月 1 日。

访的基本原则、信访方式等内容，公民可以通过书信、电子邮件、传真、电话、走访等形式向政府及其职能部门提出意见、建议或投诉请求。设区的市、县两级人民政府根据其信访实际情况建立以政府为主导，社会组织广泛参与，快速解决纠纷的机制。信访机构运用咨询、教育、协商、调解、听证等方法，组织相关社会团体、法律援助机构、相关专业人员、社会志愿者等共同参与，依法、及时、合理处理信访人的投诉请求。公民对于应当通过诉讼、仲裁、行政复议等法定途径解决的投诉请求，应通过这些途径解决，信访工作人员对其予以说明并拒绝受理。

（2）《环境信访办法》的规定。2006年国家环境保护总局制定的《环境信访办法》专门规定了公民、法人、其他组织对于环境类的问题进行投诉，提意见和建议的环境信访规章，规定了环境信访的定义、原则，环境信访的工作机构及工作人员的职责，环境信访的渠道，处理环境信访的程序以及法律责任。并特别强调了对于信访人提供的信访信息可能造成社会影响或者可能引发重大的环境事件的特别程序与特别规定。

（3）《关于创新群众工作方法解决信访突出问题的意见》与《关于依法处理涉法涉诉信访问题的意见》的规定。我国近些年在征地拆迁、医疗教育、劳动保障、环境保护等方面的信访问题突出，为了推进信访制度改革，保障公民基本权益，中央办公厅、国务院办公厅自2014年以来相继出台《关于创新群众工作方法解决信访突出问题的意见》《关于依法处理涉法涉诉信访问题的意见》。《创新群众工作方法解决信访突出问题的意见》的具体内容如下：第一，完善民生热线、视频接访、绿色邮政、信访代理等投诉渠道；第二，突出领导干部接访下访重点；第三，建立市、县两级全部联合接访制度，根据一站式接待、一条龙办理、一揽子解决的要求，减少群众信访成本，有效化解矛盾；第四，引导群众依法逐级反映诉求，不越级信访；第五，严格实行诉讼与信访分离制度。《关于依法处理涉法涉诉信访问题的意见》规定的具体措施如下：第一，实行诉讼与信访分离制度；第二，建立涉法涉诉信访事项导入司法程序制度；第三，严格落实依法按程序办理制度；第四，建立涉法涉诉信访依法终结制度；第五，健全国家司法救助制度。

2. 我国突发环境事件中的环境信访实施概况

根据 1997 年到 2015 年我国的环境年鉴的数据，显示我国环境信访实施情况如下：第一，从 1997 年至 2007 年我国环境信访的范围主要是水污染、大气污染、噪声污染，固体污染事件；第二，从 2007 年开始我国环境信访的范围有所拓宽，增加了一些新型污染事件，如危险化学品污染事件、放射性污染事件；第三，根据年鉴的数据显示从 1997~2005 年，环境信访数量在上升，其后各种污染事件的信访数量在下降；第四，2011 年后重视信访结案与督办落实信息的公布，而不再公布公民、法人及其他组织环境信访、举报的数据。从环境年鉴信息可以分析出以下情形：第一，从 1997 年至 2007 年我国发生的环境事件较为频繁，公民权益受到的影响比较直接，因此环境信访的数量在上升；第二，2011 年后国家重视环境信访的落实与执行，疏导环境信访与环境复议、环境诉讼的关系，环境信访数量在下降。当然环境年鉴记录的数据无法完全体现环境信访的实施情况，只能反映公民、法人及其他组织对于环境信访的接纳度与救济权利的信任度，不能如实反映环境信访对于我国公民权利的救济效果。

（三）我国突发环境事件中的环境行政复议现状

1. 我国突发环境事件中的公民环境行政复议的立法规定

（1）《行政复议法》《行政复议法实施条例》的规定。1999 年全国人大常委会制定了《行政复议法》，规范行政复议。2007 年国务院颁布了《行政复议法实施条例》，细化行政复议。行政复议应当遵循合法、公正、公开、及时、便民原则，保护公民、法人或者其他组织的合法权益。《行政复议法》规定了行政复议机关的基本职责、行政复议的范围、行政复议的程序、行政复议的法律责任。

（2）《环境行政复议办法》的规定。环境行政复议是解决环境行政机关与公民、法人、其他组织之间因为环境管理权所发生的行政争议，不同于行政调解与行政裁决，其解决的是民事争议，大部分情形下是司法救济的前置程序。2008 年环境保护部出台的《环境行政复议办法》，规定了环境行政复议的目的、定义，行政复议机构的职权，环境行政复议的范围、程序。

突发环境事件中主要的具体行政行为有：一是突发环境事件发生，行政机关应该给予公民提供物质、医疗等方面的帮助的行政帮助行为；二是突发环境事件发生，征收征用公民的财产的征收或征用行为；三是突发环境事件发生，实行的一系列的行政强制行为。公民认为这些具体行政行为或者不作为的行为侵犯其合法权益，都可以通过行政复议的方式救济其权益。

2. 我国突发环境事件中公民环境行政复议实施概况

根据 1997 年到 2015 年我国环境年鉴的数据显示我国的环境复议救济方式的基本情形如下：第一，环境复议的数据与环境信访的数据相比较显示，遇到环境污染权益受损的时候大部分公民选择环境信访，环境复议不是其首选；第二，我国环境复议公布的数据不规范，因此不能显现我国环境行政复议救济公民的发展趋势；第三，从记录的 1997～2010 年的环境复议案件的审结数量与维持复议的数量看，维持率较高；第四，2013 年后无环境行政复议案件的数据公布；第五，环境行政复议相较于环境信访制度而言，数量较小，最多的年份全国受理的环境复议案件仅八百多件，说明在我国通过环境复议维护自己权利的人微乎其微。

（四）我国突发环境事件中的环境行政裁决现状

环境行政裁决行为是指环境行政机关根据法律的规定，利用其专业知识，对于平等的当事人之间发生的与环境管理职权有关的环境侵权和赔偿纠纷进行审查并作出裁决的具体行政行为。[①] 环境行政裁决具有以下的特点：主体专门化、对象复杂化、程序司法化、裁决专业化等。[②] 环境行政裁决较司法救济具有一定的优势：第一，环境行政机关具有一定的专业优势，懂环境法律，掌握环境信息资源，便于处理环境民事纠纷；第二，环境行政机关处理环境民事纠纷及时快速；第三，环境行政机关裁决民事纠纷有利于当事人举证。

环境行政裁决制度虽然具有司法救济的优势，但是与行政调解难分难解，这也是我国环境纠纷解决过程中的难题。行政裁决是一种新型的行政执法行

---

① 张建伟："论环境行政裁决"，载《河南社会科学》2004 年第 9 期，第 15 页。
② 左亮：《环境行政裁决制度研究》，兰州大学 2008 年硕士论文，第 3～4 页。

为，还在探索中，没有一部统一的法律、法规或者规章对其规范，其授权分散在不同的法律之中。主要是我国的自然资源保护法有关资源权属纠纷以及赔偿纠纷明确规定适用行政裁决方式，而对于环境民事纠纷适用行政调解还是行政裁决规定得比较模糊，学界与实务界意见不同。旧的《环境保护法》和《大气污染防治法》有过规定，但是学者们理解不同，认为其条款可以理解为行政调解，也可以理解为行政裁决，新《环境保护法》和《大气污染防治法》已经取消该规定，立法趋势是把环境民事纠纷纳入司法救济渠道。对环境行政裁决这种行政救济方式在环境法领域适用，学者们一直存有疑虑，新《环境保护法》提供了解决问题的思路，避免了这些问题，但也许还有新的问题，如环境行政裁决相对于司法救济具有优势，环境权权属纠纷不同于一般的纠纷，环境行政裁决解决环境纠纷尤其是突发环境事件中的环境纠纷能及时化解矛盾，保障公民权益。

（五）我国突发环境事件中的环境行政补偿和行政赔偿现状

环境行政补偿是指公民、法人或者其他组织因为环境原因受到一定的损失，但是侵害方无力给予赔偿，而由环境行政主体通过一定的方式给予公民、法人或者其他组织一定的经济补偿。我国现行的环境行政补偿制度主要是适用流域或森林补偿，野生动物侵害行政补偿，而对一般的环境侵权没有建立补偿制度，因此一些特殊、突发环境事件虽然造成了公民、法人或其他组织的重大损害但却得不到侵害者的赔偿，也无法获得其他途径所给予的赔偿，损失只能由其自身承担，引起的环境纠纷和环境信访较多，因此在我国寻求一种方法给予受害者一定的补偿是很有必要的。

环境行政赔偿制度是指环境行政主体在进行环境执法的过程中因为执法违法或者是不当造成了公民、法人或者其他组织的权益受到损失，环境行政主体给予其一定的赔偿。环境行政赔偿与环境行政补偿的结果一样，都是给予公民、法人或其他组织一定的权益帮助和救济；它们有以下不同：第一，前提不同。环境行政补偿的前提是环境行政主体的行为的合法性和公益性；而环境行政赔偿的前提是环境行政主体的行为的不当性或违法性。第二，适用的法律依据不同。环境行政补偿适用于特别法，如野生动物致害补偿就只能根据各地的地方性法规给予补偿，如《北京市重点保护陆生野生动物造成损失补偿办法》，如森林补偿根据《森林法》等各地的地方性法规给予补偿；而环境行政赔偿则是根据《行政复议法》《行政诉讼法》《国家赔偿法》给予赔偿。第三，二者的目的不同。环境行政补偿的目的是环境行政主体根据公权力的性质给予受害人补偿，减少环境纠纷，弥补环境侵权赔偿之不足；环境行政赔偿的目的是监督行政权，保护行政相对人的合法权益。

三、我国突发环境事件中的公民权利行政保障机制优势

（一）行政救济方法的多样性

突发环境事件中涉及的公民权利是多样化与多层次的，针对不同的权利类型救济的方式是不同的，单一的方式无法救济多样的权利样态。救济方式不同，也导致救济目的不同，有对于行政主体的外部监督也有对其的内部监督；既有对于公民权利的保障，也有对于行政主体权力的制约。

（二）行政救济程序的经济性与简约性

行政救济程序中由于行政机关掌握了一定的证据与信息，公民无需自己再去寻找证据，行政救济成本低廉，程序简单，是一种经济型的救济方式，更符合突发环境事件公民权利救济的紧迫性这一特点，能够满足公民的紧迫需求。迟来的救助有时就是生命的消失，可能变成无效的救助。

（三）行政救济的及时性

我国行政救济相对司法救济具有及时救济公民权利的功能，具体表现如下：第一，规定的救济时效短，行政救济的时效一般按天计算，而司法程序按月计算；第二，救济程序期限也较短，行政复议的一般审理期限为60日，而行政诉讼的一般期限是3个月；第三，行政复议或者其他行政救济方式一般是一审终局，而我国诉讼救济方式实行两审终审制。可见行政救济能够及时快速解决权益冲突，有效化解矛盾。

（四）行政救济结果的易执行性

行政救济一般都是建立在多方协商的基础上，根据各方的具体实际情况以及全面考察而依法酌情作出的救济，快速解决公民生活方面的不便与不利，因此这种救济的结果在多种情形下易被公民接受，能够及时被执行，法律效果非常鲜明、直接，权利保障能够及时到位。

四、我国突发环境事件中的公民权利行政保障机制的成效

行政救济不失为现代社会的一种好的救济和保障公民权利的手段，在我国的法治体系里已形成一种多元的较为有效的行政救济权利体系。

（一）形成多元的行政保障体系

我国突发环境事件中的公民权利保障的行政救济体系初步形成，既包括实体的行政救济也包括程序的行政救济。我国现行实体行政救助范围广，在衣食住行、医疗、教育以及生产等方面都给予生活困境的公民一定的救助，方式多，起到了救难救急的作用。现行程序行政救济方式有行政调解、信访、行政复议、行政裁决、行政补偿以及行政赔偿等，它们能及时有效地帮助公民实现其合法权益。

（二）优化行政救济方式

我国突发环境事件中的公民权利保障的行政救济机制虽初步形成，但这些年我国不断优化突发环境事件中的环境纠纷解决方式，尤其是行政调解、行政裁决这两种行政救济方式的范围，在学界与立法中都存在争议，我国的环境保护基本法与污染防治法在这方面也不断修正，现在理论界与立法界基本达成共识，一般的环境纠纷不适用行政调解，只有较为重大的环境纠纷适用行政调解，主要是行政调解在现实中没有发挥其优势，浪费了公共资源，耽搁了公民的时间。环境行政裁决在突发环境事件中没有适用的范围，现行的突发环境事件中的公民权利行政救济保障机制主要是行政调解、信访、行政复议、行政赔偿与补偿。

（三）改善行政保障机制的条件

环境行政的实体救助属于传统的行政权的范围，而程序的行政救济则是现代社会发展的需要。但是任何公权力都需要有法律的授权，无授权则禁止。多样化的程序行政救济权力存有两面性，一方面保障了突发环境事件中公民权利，另一方面也可能侵犯其权益。为了防止权力的扩张，需要对其规范，我国近些年在环境行政调解、环境行政监察、环境信访、环境行政复议等方面都制定了法规、规章，对其基本概念、基本原则、基本制度、基本程序予以规范。把这种新型的权力放入笼中，改善行政救济保障机制的条件，是现

代行政法治的基本要求。

（四）提高行政保障机制的效率

行政保障机制具有一定的优势，但我国行政权的行使较为注重结果正义，不注重程序正义。为了弥补传统行政执法的缺陷，提高行政救济保障机制的效率，我国出台了《环境信访办法》《环境行政复议办法》等专门规章规范行政救济程序，把及时、便民作为行政救济的基本原则。如《环境信访办法》第25条规定遇到突发重大环境信访事件时，信访人员对于情况紧急的可以直接报告国家信访局或国家环境保护总局。环境保护行政主管部门对重大、紧急环境信访事项不得隐瞒、谎报、缓报，或者授意他人隐瞒、谎报、缓报。这一规定就是为了保障职能部门及时得到真实的环境信息才能快速有效地采取措施制止突发环境事件的发生，保障公民的权利。为了便于公民进行行政复议，《环境行政复议办法》规定如果申请材料不齐全或不清楚，限期在5日内补正环境行政复议相关材料，并要求复议机构一次性告知，并且这个期限不计算行政复议期限。

第三节　我国突发环境事件中的司法救济机制现状考察

我国突发环境事件中产生的公民权利争议既涉及侵权者与受害者之间的民事争议，还涉及行政主管机关与公民的行政争议，甚至涉及刑事争议，因此本节分别从民事诉讼、行政诉讼、刑事诉讼三种程序梳理、分析我国突发环境事件中的公民权利司法救济保障机制的现状。

一、司法救济的概念与特征

司法救济是现代法治体系中最主要的救济公民权利的方式，也是最具权威的方式，是指司法机关根据当事人的请求按照法律规定的权限和程序，对当事人的争议进行裁断从而达到救济公民权利目的的机制。对司法救济的理解如下：其一，司法救济的启动需要当事人的申请，其他主体无法启动；其二，司法救济的目的是解决争议，争议包括民商事争议、行政争议和宪法争议以及刑事争议；其三，司法救济有一套专门的程序对其规范；其四，司法机关是专门的裁判机关，其职能是行使裁断权。美国宪政之父汉密尔顿认为司法部门相较于立法部门与行政部门具有裁断的优势，因为"司法部门既无军权，又无财权，不能支配社会的力量与财富，不能采取任何主动的行动。故可正确断言"①。因此司法救济具有得天独厚的条件，司法救济也是传统社会唯一的救济公民权利的方式。社会的发展导致社会矛盾增加，从而产生了多渠道的救济机制。但是无论怎样发展，司法救济还是最主要的和最终的救济渠道，因为司法救济具有明显的优势。并且司法救济的范围也不断拓宽，由原来的只对私权争议进行救济到私权与公权之间的争议也能够通过司法获得救济，司法救济对公民权利保障发挥着其他救济渠道所不能替代的作用，正如我国罗马法专家周枏所言："因为权利必须有诉权的保障，否则即形同虚设。"②

司法救济具有以下特征：第一，救济机关的专业性，人民法院是审判机关，专司裁判职能，法院的专业性体现在审判权的专属性、审判权的独立性、法官的专业性上。第二，救济范围的广泛性，司法救济的范围包括民事诉讼、行政诉讼、刑事诉讼和宪法诉讼。相对于行政救济和社会救济，其救济权利范围广泛，救济内容具体周到。第三，救济程序的规范性，司法救济程序是指司法机关在审理民事、行政、刑事案件的过程中应该遵循的步骤。司法救济程序是保证司法救济公正、客观的基础，因此各国的法治建设的首要任务就是制定严格的司法程序法。第四，救济结果的终局性，司法机关作出了裁判结果后公民再无其他方式救济其权利，不可能再寻求立法或者行政等救济方式。

二、我国突发环境事件中的公民权利保障而引起的民事诉讼实践

（一）我国突发环境事件中的公民权利保障而引起的民事诉讼的概念与特征

民事诉讼是指人民法院对于平等当事人之间的人身权和财产权所产生的

---

① ［美］汉密尔顿、杰伊、麦迪逊：《联邦党人文集》，程逢如等译，商务印书馆1980年版，第391页。

② 周枏：《罗马法原论》，商务印书馆1994年版，第96页。

民事纠纷根据民事诉讼法等规则依法进行审理，在审理活动过程中而形成的各种诉讼关系的总和。民事诉讼有以下特点：第一，解决争议的特定性，解决平等主体之间的争议；第二，诉讼当事人的自由性，当事人有处分其实体权利和程序权利的自由，在民事诉讼过程中，人民法院在不违背强制性法律的前提下，尊重双方当事人的意愿，可以采用调解与和解的方式解决其纠纷。

环境民事诉讼是一种特殊的民事诉讼，因环境因素而引起的特别的民事诉讼。因对环境理解不同环境民事诉讼有不同的定义，有学者认为环境民事诉讼即环境污染诉讼，有学者认为环境民事诉讼是环境破坏诉讼，还有学者认为环境民事诉讼是环境确认诉讼，以上概念范围过于狭窄，本书研究的环境民事诉讼涉及范围较为宽泛，具体是指因环境污染或破坏行为侵害公民、法人或者其他组织的人身权、财产权以及环境权，公民、法人及其他组织提起诉讼，请求人民法院确认其民事权益和变更民事权利或义务、要求相对人履行民事义务的活动。[1] 环境民事诉讼不同于一般民事诉讼，有以下特征：第一，环境诉讼主体资格认定的特殊性；第二，环境诉讼因果关系认定的困难性；第三，环境诉讼举证责任分担的混乱性。

（二）我国突发环境事件中的公民权利保障而引起的环境民事诉讼类型

因突发环境事件既造成对公民个人的生命、健康以及财产的损害，也造成对生态系统或者某些环境因素的破坏，所以诉求的目的不同会导致三种不同诉求的环境民事诉讼：纯粹追求私益救济的环境民事私益诉讼、纯粹追求保护环境公益目的的环境民事公益诉讼、私益与环境公益诉讼混合但是可以厘清的环境民事诉讼。虽然表现形式是三种，实质上只有两种：以追求私益和环境公益而不同的两种，因为第三种类型还是根据不同的诉求给予不同的救济，不能混作一种模式对待。

1. 突发环境事件中的环境民事私益诉讼

突发环境事件中的环境民事私益诉讼是指因人为因素引发的突发环境事件造成了或者可能造成公民、法人或者其他组织人身、财产等民事权益的损

---

[1] 刘军、谢伟："浅论环境民事诉讼的概念"，载《社会科学家》2005年第10期增刊，第82页。

害，公民、法人、其他组织向人民法院以侵害主体为被告就人身、财产的损害提起赔偿的诉讼。此种诉讼有以下特点：第一，诉讼的目的是对公民本身的救济，是对公民的人身和财产所受损失的补救，无关环境与公益；第二，诉讼时机是在突发环境事件发生后。在突发环境事件发生过程中，应急处理时是无法获得司法救济的；第三，突发环境事件中的环境民事私益诉讼包括两种情形，一种情形是因为污染者长期的污染和对环境的破坏而累积所产生的突发环境事件所次生的公民的人身和财产损失，如长期的大气污染造成雾霾等重度环境事件，这类事件与普通的环境民事诉讼一样具有在原告资格的认定、因果关系的认定以及举证责任等方面的困难，我国这类案件原告胜诉的机会不多，另一种情形就是因为道路交通事故或者企业生产安全事故等人为的偶发因素造成的突发环境事件中造成的环境污染、环境破坏以及公民、法人或者其他组织人身和财产的损害，这种情形与前一情形不同，受害者清楚，事故原因清楚，侵害者也很明确，因果关系明显，此类诉讼就与普通的诉讼无异，通过司法救济能够达到目的。

2. 突发环境事件中的环境民事公益诉讼

环境民事公益诉讼是一种新型的民事诉讼的方式，是应环境问题而生的一种模式。在西方国家是 20 世纪六七十年代产生的，又称为环境公民诉讼，即环境任何人诉讼，对原告资格没有限制，任何公民都可以对已经危及或者可能危及环境公共利益的行为提起诉讼。环境民事公益诉讼是指法律规定的机关和有关组织根据我国的法律法规及其司法解释的规定对已经损害社会公共利益或可能损害社会公共利益的污染环境、破坏生态的行为向人民法院提起诉讼，人民法院根据《民事诉讼法》《侵权责任法》《环境保护法》的规定进行审理所形成的各种诉讼法律关系。

环境民事公益诉讼有以下特点：第一，环境民事公益诉讼目的的公益性，环境民事公益诉讼不是为了某个公民、法人或者其他组织，而是为了环境公益，救济的不是传统的人的权利，而是为了环境的救济；第二，环境民事公益原告的特殊性，环境民事公益诉讼的原告与诉讼请求没有直接的关联性，并且要求环境民事公益诉讼的原告在环境民事公益诉讼期间不能以此获得利益，因此诉讼的结果对其也没有拘束力，主要是对侵害者的约束力；第三，环境民事公益诉讼的判决结果内容的特殊性，如果环境民事公益诉讼的原告获胜，判决的结果主要是对环境的修复，还可以要求侵害者将生态环境修复到损害发生之前的状态，不能完全修复的，可以用替代式方案。

环境民事公益诉讼能够达到救济环境的目的，在维护环境公共利益的同时，也维护公民及组织的私权，使其享有良好的生存环境。环境民事公益诉讼也有两种情形：一种是普通的因偶然的人为因素导致的突发环境事件所造成的环境污染和环境破坏，如天津爆炸事件，事由清楚，因果关系明确；另一种是长期累积而到一定程度造成的突发环境事件，这一类诉讼具有一定的特殊性，诉讼进程较为困难。

（三）我国突发环境事件中的民事诉讼的立法规定和实践概况

我国环境民事诉讼走过了一个从普通民事诉讼到特殊民事诉讼的过程。

1. 2013 年前的环境民事诉讼中的损害赔偿救济

因原告与被告信息不对称，根据普通民事诉讼的举证规则谁主张谁举证，环境民事诉讼的原告根本无力解决这一问题，因此环境民事诉讼开展初期，原告胜诉的案件微乎其微。

最高人民法院的两个司法解释规定环境污染损害赔偿诉讼的举证责任区别于一般的民事诉讼的举证责任。《关于适用〈中华人民共和国民事诉讼法〉若干问题的意见》第 74 条规定："因环境污染引起的损害赔偿诉讼，对原告提出的侵权事实，被告否认的，由被告负责举证。"这一规定虽然要求被告承担举证责任，但还是由原告承担主要的举证责任。《关于民事诉讼证据的若干规定》第 4 条第（3）项规定："因环境污染引起的损害赔偿诉讼，由加害人就法律规定的免责事由及其行为与损害结果之间不存在因果关系承担举证责任。"这一条款区分了原告与被告的举证责任的范围，但原告仍需承担一定的举证责任。

2009 年颁布的《侵权责任法》确立了无过失责任和举证责任倒置责任规则，保证受害人诉权的实现。环境民事诉讼的主要立法目的是把环境民事诉讼作为一种特殊诉讼，适用无过错以及举证责任倒置规则，救济的权利主要限于环境污染类的权益赔偿，是一种传统救济模式。

2. 2013 年后环境民事公益诉讼救济

2013 年新《民事诉讼法》规定，因公共利益受损，可以通过民事诉讼寻求救济。新《民事诉讼法》第 15 条规定："机关、社会团体、企业事业单位对损害国家、集体或者个人民事权益的行为，可以支持受损害的单位或者个人向人民法院起诉。"因此确立了民事公益诉讼制度。

2014 年最高人民法院宣布内设环境资源审判庭，并出台了《最高人民法院关于全面加强环境资源审判工作为推进生态文明建设提供有力司法保障的意见》，该意见以环境资源审判专门化、环境民事公益诉讼等为重点，第四篇的内容专门规定环境民事公益诉讼。

2015 年新《环境保护法》确立环境民事公益诉讼，第 58 条规定符合法律规定的社会组织可以对破坏生态、污染环境，损害社会公共利益的行为提起诉讼，提起诉讼的目的是维护环境公共利益，而不能为本组织谋求利益。2015 年最高人民法院《关于适用〈中华人民共和国民事诉讼法〉的解释》《关于审理环境民事公益诉讼案件适用法律若干问题的解释》规范了环境民事公益诉讼制度。

3. 我国环境民事公益诉讼实践概况

（1）2013 年前我国环境民事公益诉讼实践概况。我国 2013 年之前《民事诉讼法》未明确规定民事公益诉讼，但是司法实践中存在一些环境公益诉讼，根据最高人民法院裁判文书网论文及网络列表如下。

表 3 - 1　2013 年前的主要典型的民事公益诉讼案例

案由	原告	案情	案件处理结果
鲟鳇鱼、松花江、太阳岛、汪劲、贺卫方等诉中国石油天然气集团公司、中国石油天然气股份有限公司、中国石油天然气股份有限公司、吉林石化分公司三公司松花江污染案	鲟鳇鱼、松花江、太阳岛、汪劲、贺卫方、甘培忠等	2005 年 11 月 13 日，中石油吉林石化公司双苯厂发生爆炸事故，造成大量苯类污染物进入松花江水体，引发重大水环境污染事件，北京大学的老师和学生六人分别以自己和鲟鳇鱼、松花江、太阳岛名义起诉中国石油天然气集团公司等三公司赔偿 100 亿元人民币用于设立松花江流域污染治理基金，以恢复	法院以"本案与你们无关、目前本案不属于人民法院的受案范围以及一切听从国务院决定"等为由拒绝接受本案

案由	原告	案情	案件处理结果
		松花江生态环境,保障鲟鳇鱼的生存权利、松花江和太阳岛的环境清洁的权利以及自然人原告旅游、欣赏美景和美好想象的权利等,这是我国第一起以环境或者自然物为原告,并以对于环境救济和自然物的生存环境为诉讼请求的案例	
无锡市锡山区人民检察院诉李某荣、刘某密破坏道路交通环境公共安全案	无锡市锡山区人民检察院	2008年12月,李某荣、刘某密等人至沪宁高速公路无锡锡山段的道路旁,采用锯树方式,盗伐高速公路防护林内意杨树19棵(树龄10年)。因侵犯对象是种植在高速公路旁的防护林,其行为构成民事侵权,造成该路段防护林缺口,破坏了防护林的完整性,并对环境造成严重破坏,容易使高速公路路面产生横向风流,给在高速公路行驶的车辆带来安全隐患。因此检察院把李某荣、刘某密诉至法院,请求法院判令李某荣、刘某密补种树木	判决内容:判决生效后被告一个月内在无锡市锡山区农林局指定范围内共同补种意杨树19棵(相同树龄),并从植树之日起管护一年六个月。补种树木及管护期间,由无锡市锡山区农林局负责监督
平湖市检察院诉嘉兴市绿谊环保服务有限公司等五公司因环境污染造成的直接经济损失54.1万元案(浙江公益诉讼第一案)	平湖市检察院并由浙江省嘉兴市检察院指导、协调办理	2010年9月至10月,嘉兴市绿谊环保服务有限公司在未依法取得危险废物处置经营许可证的情况下,接受海宁蒙努集团有限公司等四家制革公司委托,将制革过程中产生的5000余吨含铬污泥倾倒在平湖市当湖街道大胜村林角圩桥西南侧的池塘内,含铬废物被列入《国家危险废物名录》,而该区域为平湖市饮用水水源二级保护区	参加诉讼的原告和两被告均愿意庭外自行协商,法庭予以准许,未当庭作出判决,其他三被告未到庭。庭审中原告资格是争议焦点

续表

案由	原告	案情	案件处理结果
昆明市环境保护局诉昆明羊甫联合牧业有限公司、昆明三农农牧有限公司环境污染案	昆明市环境保护局，昆明市检察院	2012年12月，昆明市环保局认为，三农农牧有限公司未获环境主管部门行政许可，擅自实施生猪养殖小区项目建设，且在污水处理等环境设施未建成投入使用前就允许养殖户进入生猪养殖小区养猪，随意向周边环境排放养殖污水，昆明市环保局把三农农牧有限公司诉至法院，要求其为污染"埋单"，赔偿恢复治理费432万余元	原告胜诉，判决如下：立即停止对环境的侵害；向昆明市环境公益诉讼救济专项资金支付人民币417.21万元；向昆明市环境公益诉讼救济专项资金支付评估费人民币132 520元此案经历了一审和二审，二审维持原判
中华环保联合会、贵阳公众环境教育中心起诉贵阳市乌当区定扒造纸厂水污染侵权纠纷环境公益诉讼案	中华环保联合会、贵阳公众环境教育中心	贵阳市乌当区定扒造纸厂从2003年开始就因为违法排污被环境保护主管部门多次处罚并限期治理，但是屡禁不止，白天存污，晚上集中排污，被当地公民举报至中华环保联合会，中华环保联合会、贵阳公众环境教育中心共同把其告上法庭，要求其停止排污和消除污染	贵阳清镇市人民法院环保法庭判决被告立即停止向南明河排放工业污水，消除对南明河的危害，并支付原告为搜集证据而支付的合理费用及承担案件中的分析检测费、诉讼费

　　从表3-1的五个典型的民事公益诉讼案例的基本情况来看，其有以下特点：第一，提起诉讼的原告主体的多样性，既有国家机关，主要是检察机关，也有非政府组织，还有公民个人，甚至包括自然物。尤其是检察机关在我国环境民事公益诉讼中担当起保护国家环境利益的原告具有一定的优势，它具有侦查能力，具有取证的优势，因为一些民事公益诉讼的被告已经是被检察机关起诉的刑事犯罪人，检察机关掌握了大量的刑事证据，这些证据与民事公益诉讼有直接相关性。第二，环境民事公益诉讼受案率较高，只有在特殊情形下，法院才不予受理，松花江污染案例突破了我国现有法学理论，自然物还未纳入我国法律主体资格范畴，法院未受理也符合我国目前的法学理念，但是提出来，

也说明我国法学理论的发展；第三，环境民事公益诉讼的诉讼请求都是对于环境的救济，对被污染和破坏的环境给予修复。

（2）2013 年后我国环境民事公益诉讼实践概况。随着新《民事诉讼法》的实施，新《环境保护法》的出台，环境民事公益诉讼正式确立，学术界、实务界都认为是环境民事公益诉讼的春天的到来，各地会井喷式地起诉，其实在各地法院并没有出现这种现象，只有少量环境民事公益诉讼出现，表 3 - 2 是根据最高人民法院裁判文书网及其他网络资源获取。

表 3 - 2　2013 年后我国的环境民事公益诉讼的典型案例

案由	原告	案情	案件处理结果
中华环保联合会诉无锡市蠡湖惠山景区管理委员会生态环境侵权案 本案在民事责任的承担方式具有开创性	中华环保联合会	无锡动物园、太湖欢乐园（下称欢乐园）系由无锡市蠡湖惠山景区管理委员会（下称景区管委会）承建的市重点生态环境工程和"为民办实事"项目。在该项目建设过程中，景区管委会未经批准改变部分林地用途，其中 3677 平方米被建设成为观光电梯和消防水池。中华环保联合会把景区管委会诉至法院，请求生态损害赔偿	判决：建设工程未经批准占用并改变林地用途对生态环境造成损害的，建设单位应当承担相应的民事责任。因无法量化评估由于树木面积减少导致的生态损害赔偿数额，而原地恢复原状可能会造成较大社会财富浪费，判决建设单位通过异地补植的方式来恢复生态容量
泰州市环保联合会诉江苏常隆农化有限公司等 6 家企业环境生态修复案	泰州市环保联合会，泰州市检察院	2012 年 1 月至 2013 年 2 月，江苏常隆农化有限公司等 6 家企业在泰兴市经济开发区内从事化工产品生产，将危险废物提供给没有处置资格的 4 家公司，致使两万多吨危险废物被偷偷倒入河流并流入长江，泰州市环保联合会把这 6 家公司诉至法院，要求其支付环境生态修复费用 1.6 亿元	案件经历一审二审，判决 6 家公司赔偿环境修复费用合计人民币 1.6 亿余元，用于泰兴地区环境修复

续表

案由	原告	案情	案件处理结果
"自然之友"与福建省绿家园环境友好中心诉南平生态破坏案	"自然之友"与福建省绿家园环境友好中心	2008年7月，谢某、倪某、郑某等四人未经批准，从李某手中购得南平市延平区葫芦山砂基洋恒兴石材厂矿山的采矿权，未办理采矿许可延期手续和未取得占用林地许可证情况下，开采矿石并扩大塘口，将弃土和废石向山下倾倒，共造成19.44亩林地原有植被严重破坏，谢某、倪某、郑某承担刑事责任，但对于被毁的山林没有采取任何措施予以修复，于是"自然之友"与福建省绿家园环境友好中心共同把谢某、倪某、郑某等四人诉至法院，要求他们承担修复被毁山林的民事责任	被诉毁林的四名被告被判赔127万元并修复生态环境。法院判令四被告五个月内清除矿山工棚、机械设备、石料和弃石，恢复被破坏的28.33亩林地功能，在该林地上补种林木并抚育管护三年，如不能在指定期限内恢复林地植被，则共同赔偿生态环境修复费用110.19万元；共同赔偿生态环境受到损害至恢复原状期间服务功能损失127万元，用于原地生态修复或异地公共生态修复；共同支付原告自然之友、福建绿家园支出的评估费、律师费、为诉讼支出的其他合理费用16.5万余元
中华环保联合会诉山东省德州晶华集团振华有限公司长期超标排污污染大气案	中华环保联合会	德州晶华集团振华有限公司是一家主要生产玻璃的企业，多次被罚，是德州大气污染大户，因此中华环保联合会把德州晶华集团振华有限公司诉至法院，要求其立即停止超标排放大气污染物，增设大气污染防治设施，在省级及以上媒体公开赔礼道歉	判决振华公司赔偿超标排放污染物造成损失2198.36万元，用于大气环境质量修复；振华公司在省级以上媒体向社会公开赔礼道歉

　　表3-2所列的这些典型案例，相较于2013年前的案例，显示出以下特点：第一，原告的单一性，不再像2013年以前的民事公益诉讼的原告显示出多样性，原告只有社会组织有条件担任，且社会组织需符合四个条件，

表 3-2 所列案例的原告都是环境保护的公益社会组织；第二，只要是符合条件的环境保护社会公益组织起诉，法院就应该立案受理，这是基于我国司法体制改革的初步成果，为了解决立案难、受理难的问题，我国已经把环境民事公益诉讼纳入诉讼体系，社会组织起诉是名正言顺，法院不能推诿；第三，法院对于环境民事公益诉讼的判决内容具有开创性，因为环境民事公益诉讼主要是对于环境的救济，因此承担民事责任的方式与对人的救济方式不同，各地法院根据案情作出了一些具有创新意义的修复环境的责任承担方式，达到了保护环境公共利益的目的；第四，一部分环境民事公益诉讼是因为突发环境事件而导致的环境侵权诉讼，突发环境事件发生后的救济重在对公民传统权益的救济和惩罚犯罪行为，但是对于环境破坏和污染行为的后期修复关注少，没有形成有效的机制。

三、我国突发环境事件中行政诉讼救济机制现状考察

（一）环境行政诉讼的概念与特征

行政诉讼具体是指行政相对人对于行政主体所作出的行政行为不服，向人民法院提起诉讼，人民法院根据法律与事实对于行政相对人与行政主体之间的争议进行审理而形成的各种诉讼法律关系。行政诉讼有如下特征：第一，行政诉讼解决行政争议，行政争议是指行政主体在行使行政职权的过程中与行政相对人所形成的各种争议，目前阶段我国行政诉讼并不解决所有争议，如行政立法所产生的争议、人事争议、外交行为而产生的争议、军事行为产生的争议都不在行政诉讼的受案范围；第二，行政诉讼当事人地位的稳定性与特殊性，在行政诉讼中只有行政相对人才能成为行政诉讼的原告，行使行政权力的行政主体在行政诉讼第一审中只能做被告，二者在第一审中位置固定，不能互换；第三，在行政诉讼过程中，行政主体与行政相对人不能够自由处分权力，一般对于行政行为之诉不适用和解与调解程序。

环境行政执法是行政权运行的一部分，环境行政执法主体在行使行政权力的过程中也可能与行政相对人发生分歧，产生冲突。环境行政诉讼是指环境行政相对人认为环境行政主体作出的行政行为侵犯其合法权益，将其行为诉至法院，法院根据其请求对其审查而裁判的行为。环境行政诉讼有以下特征：第一，环境行政诉讼涉及的被告范围的广泛性，只要是与环境有关的执

法主体都可能成为环境行政诉讼的被告，如环境资源管理与生态保护部门，国土、海洋、农业部门都可能成为环境行政诉讼的被告；第二，环境行政诉讼涉及的利益的复杂性，大部分环境行政诉讼既关涉私人利益也关涉公共利益，因此环境行政诉讼的潜在原告具有多样性，从而决定环境行政诉讼目的既有公益性也有私益性，分离出环境行政私益诉讼和环境行政公益诉讼两种诉讼模式；第三，环境行政诉讼的标的的风险性决定环境行政诉讼的措施的特殊性，由于环境行政诉讼诉讼标的是环境，环境的污染和破坏都具有危害性、不可逆转性，为了防范这种风险的发生，在环境行政诉讼的过程中必须采取一定的预防性措施，防止风险的发生。

（二）我国突发环境事件中的公民权利保障而引起的行政诉讼类型

行政诉讼因为所诉求的利益的不同分为行政私益诉讼和行政公益诉讼。行政私益诉讼是指公民、法人、其他组织认为行政执法机关作出的行为侵犯其合法权益向人民法院提起诉讼，法院根据其请求对其裁判的诉讼。行政私益诉讼的原告与诉讼请求具有利害关系。行政公益诉讼是指公民、法人或者其他组织及国家机关认为行政主体的行政行为侵害了公共利益或者有可能侵害公共利益，虽然这一行为与其没有利害关系，但是为了维护公共利益，向人民法院提起诉讼。这种诉讼在英国、美国、法国、德国、日本等国家均已确立，但是在我国立法中尚未明确确立这一制度，但是在司法实践中，已有案例先行。行政公益诉讼主要维护环境公共利益、公共秩序与公共财产等。司法实践中所涉及的主要是环境行政公益诉讼和不作为以及违法行政行为的行政公益诉讼。我国因突发环境事件中的公民权利保障而引起的行政诉讼类型有如下几种：

1. 对突发环境事件中行政强制措施不服而引起的行政私益诉讼

突发环境事件发生过程中，行政应急主体必须采取一系列的对于公民的人身、财产、场所，以及环境行政强制措施，这是行政机关的一种典型的行政强制措施行为，保证公民的人身和财产安全，防治更大的危害发生。这类行为虽然有法律、法规的规定，要求行政机关依法而行，但是由于紧迫性和时效性等原因，行政机关可能侵犯公民的权利。公民根据《行政复议法》《行政诉讼法》对于此一类的行为可以通过行政复议和行政诉讼的方式救济其权利，通过行政复议的方式就是前文所研究的行政救济方式，对行政救济方式不服的可以寻求行政诉讼的方式申张自己的权利，也可以不通过行政复议这种行政救济方式直接起诉到法院，通过司法方式救济自己的权利。这是突发环境事件中最典型的行政诉讼模式。

2. 突发环境事件中因对行政救助行为不服的行政私益诉讼和行政公益诉讼

突发环境事件发生后基于公共利益的原因，行政机关应该给予受困的公民提供物质上的帮助，这是我国宪法赋予公民的权利，无论是天灾人祸，国家行政机关都应该立即给予受困公民物质、医疗和精神等方面的救助，国家行政机关不能怠惰，必须公平、公正地给予因为突发环境事件发生而使其生活陷于困境的公民给予最低的生活保障，国家行政机关有义务让其公民有尊严地生活在其国土之上。如果灾区所在的人民政府或者民政部门对于应该救助而没有给予救助或者违法发放行政救助资金，公民认为侵犯其权益，对于国家行政机关的不作为或者作为行为公民都可以依法通过行政复议或行政诉讼救济其基本权利，公民可以选择先行政复议后行政诉讼，也可以直接起诉到人民法院通过行政诉讼的方式救济其权利。这里的行政诉讼模式涉及两种：一种是私益的行政诉讼，一种是公益的行政诉讼。私益的行政诉讼就是受灾的灾民对灾区所在的县级以上人民政府及民政部门就个人没有获得社会救助提起的行政诉讼。行政公益诉讼是公民、法人、其他组织或者国家机关对于灾区所在的县级以上人民政府及民政部门提起的因其不作为或其他行为造成社会公共利益的损害提起的诉讼。

3. 自然灾害引发的突发环境事件中对于环境的救济而引发的行政公益诉讼

因自然灾害引发的公民与环境的损失应该由谁来承担责任，如果公民没有得到救助又该如何救济自己的权益？这里存在两个层面的法律救济的问题：第一层面就是因自然灾害而引发的突发环境事件中受到损害的公民根据我国《社会救济暂行办法》的规定有权获得最基本的生活、医疗、住所等方面的救助，第二层面就是因自然灾害而引起了环境的损害，此种环境损害是一种环境公共利益，灾区所在的县级以上人民政府及其职能部门应该采取一定的措施预防环境的污染或者破坏以及采取措施修复环境。无论是公民的损害还是环境的污染与破坏都是因为自然的原因而形成，没有直接的侵害者，那么公共利益的维护者就应该承担这种责任，公共利益的维护者是各级人民政府及其职能部门，因此当因自然灾害引起的突发环境事件引发损失，则灾区所在的人民政府应该担当起对于灾民的救助和环境的修复，如果政府及其职能部门没有担当责任，任何公民、法人、其他组织以及检察机关都有权利提起行政公益诉讼，要求灾区人民政府及其职能部门救助灾民、修复环境，维持当地灾民的最基本的生活条件。

（三）我国突发环境事件中的公民权利保障而引起的行政诉讼概况

1. 我国突发环境事件中的公民权利保障引起的行政诉讼立法概况

（1）因行政强制措施和行政救助行为引起的行政诉讼行为立法概况。2015 年修改的《行政诉讼法》对于行政诉讼的受案范围作出了新规定，拓宽了受案范围，把行政强制措施与行政救助行为都明确纳入了行政诉讼的受案范围。新《行政诉讼法》第 12 条规定了行政诉讼可以受理的范围，列举了12 种情形，其中第（2）项对限制人身自由或者对财产的查封、扣押、冻结等行政强制措施和行政强制执行不服的和第（10）项认为行政机关没有依法支付抚恤金、最低生活保障待遇或者社会保险待遇的这两种情形就把突发环境事件中行政机关所采取的行政强制措施和行政救助行为纳入了行政诉讼的受案范围。公民在突发环境事件中认为行政机关的行为侵犯其权益的，根据新《行政诉讼法》和最高人民法院对于新《行政诉讼法》的司法解释可以向人民法院提起诉讼，保障其权益。

（2）我国环境公益诉讼的立法规定。2015 年全国人民代表大会常务委员会通过了《关于授权最高人民检察院在部分地区开展公益诉讼试点工作的决定》，该决定授权最高人民检察院在生态环境和资源保护、国有资产保护、国有土地使用权出让、食品药品安全等领域开展提起公益诉讼的试点工作。首批试点地区确定为 13 个省、自治区、直辖市：北京、内蒙古、吉林、江苏、安徽、福建、山东、湖北、广东、贵州、云南、陕西、甘肃。根据全国人大常务委员会的授权，最高人民检察院 2015 年出台了《人民检察院提起公益诉讼试点工作实施办法》，该办法规定检察院提起公益民事诉讼和公益行政诉讼的案件范围、管辖权限、条件等内容。这是我国首次对行政公益诉讼作出明确规定。

2. 我国近些年环境行政诉讼实施概况

（1）我国近年一般环境行政诉讼实施概况。

表3-3　2010年前我国的行政诉讼案件的基本情况

年份	当年结案的行政诉讼案件数（起）		环保局胜诉案件数	诉讼案件标的总金额（万元）	行政赔偿案件数（起）	赔偿金额总数（万元）
	受理	审结				
1997	90	64	62		44	
1998		621	579		42	
1999		427	405		71	
2000		580	549		56	
2001		696	684	1130.1	48	28.3
2002		993	953	308.0	62	27.9
2003		579	551	564.9	18	191.9
2004		616	512	1442.2	17	20.2
2005		399	384	723.5	10	87.7
2006		353	342	424.0	15	37.7
2007	242	199				
2008	207	146				
2009	249	249				
2010	228	168				

　　2011年后的环境年鉴中没有关于环境行政诉讼的数据，1997～2010年环境年鉴记载的环境行政诉讼数据呈现出以下几个特点：第一，被告胜诉率高，从另一个方面来讲原告败诉率高，原告与被告的诉讼能力方面存有较大的差异；第二，在1998年行政诉讼案件突增，而在2005年环境行政诉讼案件下降较多，这个现象既不能说明环境行政执法水平的提升也不能说明环境状况的好转，可能是有更深次的原因导致这样的现象；第三，行政赔偿案件数量也在2003年、2004年下降，从一年有62件行政赔偿案件下降到18件、17件；第四，环境行政诉讼案件数无论是增加还是下降，与我国的环境民事诉

讼状况是不相匹配的，全国每年环境行政执法行为上亿次，而被诉的最多一年也就993起，不足一千，这能够说明我国的环境行政执法状况很好吗？实践告诉我们，其实不然。

（2）我国行政公益诉讼实践情况。

第一，2015年检察机关提起公益诉讼试点以前概况。

表3－4　我国2015年以前的行政公益诉讼案例

案由	原告	基本案情	案件处理结果
严某和某广告公司诉浙江台州市椒江区文化馆和椒江区文体局不作为案	台州市画家严某和所在的现代广告公司	2000年，严某因多次向椒江区文体局实名举报椒江区文化馆在中山路小学门口经营"娱乐总汇桑拿中心KTV包厢"及低俗表演，但文体局与文化宫不管不问，告文化馆与文体局不作为	庭审认为原告与本案没有直接利害关系，驳回原告起诉
300个市民诉青岛市规划局批准行为违法案	青岛市市民300人	2000年12月，青岛市规划局批准在音乐广场北侧建立住宅区，此行为破坏了广场景观，侵害市民的优美环境享受权，300个市民将市规划局作为被告起诉至法院，请求判决撤销市规划局的批准行为	法院认可了300个市民的原告资格，认为批准行为合法，驳回原告诉讼请求
沈某诉浙江省桐乡市国税局行政不作为案	沈某	2001年，沈某获悉浙江省桐乡市某建材厂存在严重的偷逃税款行为，便署名向当地国税局举报，但国税局在三四个月内没有给沈某任何答复，其后，沈某就把当地国税局诉至人民法院	裁定被告国税局是否履行税务稽查的行为对原告不产生实际影响，驳回原告起诉
两教师诉南京市规划局在对紫金山观景台的规划许可中未依法行政	东南大学两位教师	2001年，南京市两位大学老师认为南京市规划局对紫金山观景台的规划许可不合法，致使观景台建设破坏紫金山自然风景为由提起诉讼	法院认为不属于行政诉讼受案范围，驳回起诉。诉后行政机关最终停止修建观景台

续表

案由	原告	基本案情	案件处理结果
陈某诉杭州市余杭区环保局不作为案	杭州农民陈某	2002～2003年，杭州农民陈某认为环保局没有对制造粉尘、噪声的石矿企业作出处理，分别把杭州市余杭区环保局以及浙江省人民政府和浙江省环保局告上法庭	法院分别作出判决驳回起诉和裁定不予受理
金某诉杭州市规划局案	杭州市民金某	2003年，杭州市民金某认为杭州市规划局根据《杭州西湖风景名胜区保护管理条例》的规定，不应该为浙江老年大学颁发规划许可证，一纸诉状把杭州市规划局诉至法院，要求法院撤销杭州市规划局为浙江省老年大学所颁发的项目许可证，依法保护社会公共利益，依法保护杭州西湖风景名胜区	法院认为金某与许可行为没有直接关系，不具有原告资格，不予立案
陈某诉北京市园林局就华清嘉园小区绿化工程竣工验收行政诉讼案	律师陈某	2005年，北京律师陈某起诉北京市园林局，要求其根据我国《城市绿化条例》第16条的规定和相关强制性国家标准履行对华清嘉园绿化工程进行验收，并出具绿化工程竣工验收单的法定职责的行政诉讼案	原告撤诉，原告与被告诉后达成和解，北京市园林局依法作出了对于小区绿化工程的验收
中华环保联合会诉清镇市国土局收回土地使用权及全部建筑物和附属物案	中华环保联合会	2009年，因贵州省清镇市百花湖风景区内一烂尾楼对该区域的生态环境构成威胁，因此中华环保联合会向清镇市国土局发送律师函，建议其收回该宗土地使用权及地块上全部建筑物和附属物，但该局未作任何回应，中华环保联合会遂把清镇市国土局诉至法院	开庭后，原告撤诉，法院依法准许。原告撤诉的原因是被告应诉后主动作出收回决定

案由	原告	基本案情	案件处理结果
北京市丰台区源头爱好者环境研究所诉福建省林业厅向福建归真堂药业股份有限公司活熊取胆违法颁发许可证案	北京市丰台区源头爱好者环境研究所	2013年2月，北京市丰台区源头爱好者环境研究所认为福建林业厅分别于2009年和2008年向归真堂颁发了《野生动物驯养繁殖许可证》和《野生动物经营加工许可证》，使归真堂具有合法经营权，违反了《野生动物保护法》等相关法律，把福建省林业厅诉至法院	法院裁定不予受理，理由是原告主体资格的法律依据不足
中华环保联合会诉国家海洋局批准康菲石油公司复产违法案	中华环保联合会	2013年8月，中华环保联合会认为国家海洋局批复康菲石油公司恢复生产相关作业违法，因为康菲石油公司下辖的油田于2011年6月先后发生几起重大海洋溢油污染责任事故，把国家海洋局诉至法院，认为批准行为违法，要求予以撤销，重新审批	法院裁定不予受理，理由是原告非直接利害关系人
金沙县检察院诉金沙环保局怠于处罚逾期不缴纳排污费的企业案	金沙县检察院	2014年10月20日，贵州省毕节市金沙县检察院以金沙县环保局怠于处罚逾期不缴纳排污费的企业为由把金沙县环保局告上了集中管辖赤水河流域环境案件的遵义仁怀市法院	法院受理此案期间，环保局对违法企业进行了处罚，检察院认为达到起诉目的后撤诉

　　表3-4所收集的资料来源于最高人民法院的裁判文书网以及其他网络。

　　从表3-4所收集的行政公益诉讼的案例情况来看，没有环境民事公益诉讼的实践所获得成效的记载。无论是公民、社会组织、国家机关还是各地的人民法院都在试探之中，而无突破性的进展，因为行政公益诉讼与民事公益诉讼有实质的区别：民事公益诉讼仅仅涉及司法权，司法权对于私主体侵犯公共利益，危及社会安全本身的管辖在现有的法律框架范围内，虽然没有法律的明确授权，它也不会触及其他公权力的界限，因此即使在2013年前我国立法中没有明确建立环境民事公益诉讼，各地法院也有受理且成功判决侵害环境的企业承担法律责任的案例，但是行政公益诉讼则不同，如果法律中没有明确规定行政公益诉讼，它不仅涉及司法权的扩展，而且涉及对于行政权的监督和审查，这是涉及我国宪政框架的，因此应该由宪法明确界定，如果没有规定，人民法院不能随意扩展，到目前为止我国对于行政公益诉讼，立法几乎没有涉及，只有 2014 年 7 月 3 日出台《最高人民法院关于全面加强环境资源审判工作为推进生态文明建设提供有力司法保障的意见》在第 3 篇第（9）项规定依法审理环境资源行政案件，但并未明确提出环境行政公益诉讼。

表 3 - 4 所列案例呈现出以下特点：第一，法院处理行政公益诉讼的结案方式有三种：一是不予立案；二是驳回起诉；三是撤诉。理由基本大同小异，即原告的资格问题，但是结果都是一致的，大多数法院不予认可这类案件，因为法律没有给予人民法院明确授权。第二，行政公益诉讼的原告多样化，公民个人起诉占比高，社会组织参与少，国家机关还未涉足，这是由我国传统的法治文化决定的，需要打破这种怕官，护官的思想禁锢，环境保护主管部门要真正肩负起管理职责；第三，公民、社会组织主要是针对行政主体的不作为行为与违法行为提起行政公益诉讼，说明行政主体的不作为行为给社会公共利益和环境公共利益带来的不利与违法行为带来的不利是一样的，产生的影响和效果也是相同的。第四，虽然行政公益诉讼诉至法院没有被受理或被驳回起诉，但是其中有些案件促使行政主体在诉后履行了该履行的义务和采取了积极防治危害发生的措施，达到了保护社会公共利益和环境公共利益的目的，产生了较好的社会效益。上述案例中因突发环境事件引发的环境公益诉讼不多，但是很多突发环境事件的引发与环境行政管理主体的不作为和违法批准许可等前期行为是紧密相关的。环境主管部门没有履行管理的职责是导致突发环境事件的根本原因，因此突发环境事件中的环境行政公益诉讼的建立能够达到对于环境行政主体的源头监督，起到预防和减少突发环境事件发生的作用。

第二，2015 年检察机关公益诉讼试点后的环境行政公益诉讼实施概况。

自 2015 年全国人大常委会授权检察机关在 13 个省份开展提起公益诉讼的试点工作后，全国检察机关在 13 个省、自治区、直辖市开展了公益诉讼。2015 年 7 月 1 日至 2016 年 12 月 31 日，全国法院共受理检察机关提起的环境公益诉讼一审案件 77 件。其中环境民事公益诉讼案件 25 件，审结 5 件；环境行政公益诉讼案件 51 件，审结 14 件；环境行政附带民事公益诉讼案件 1 件，审结 1 件。

2017 年最高人民法院公布了十大典型环境公益诉讼案例，其中有两起环境公益行政诉讼案例：一是贵州省六盘水市六枝特区人民检察院诉贵州省镇宁布依族苗族自治县丁旗镇人民政府环境行政公益诉讼案，这是我国首起实行跨行政区划管辖的环境行政公益诉讼案件，这种跨行政区划的裁判结果打破了地方保护主义，督促行政机关依法履行职责，防止了环境污染事件发生；二是吉林省白山市人民检察院诉白山市江源区卫生和计划生育局、白山市江源区中医院环境行政附带民事公益诉讼案，这是我国首起环境行政附带民事公益诉讼案，本案的审结促使行政机关依法履行其职责，监督环境污染责任主体依法履行环境保护义务，并责令停止违法排放医疗污水，防止重大污染事件的发生。

环境行政公益诉讼从 2015 年试点以来全国只有 50 多起，但毕竟情况已发生改变，从法院不受理、驳回起诉到受理并快速审结，不断推动环境公益行政诉讼的发展。

四、我国突发环境事件中的刑事诉讼救济机制现状考察

（一）环境刑事诉讼的概念与特征

刑事诉讼是指我国的司法机关依照法定的程序在刑事诉讼参加人的参与下追究犯罪嫌疑人的刑事责任的程序。其特征如下：第一，主动性，刑事诉讼是由公安机关、检察机关与人民法院共同进行的，因此具有主动性，但人民法院的裁判权是被动的，只有当事人和检察机关起诉或公诉至法院，法院才能够行使审判权；第二，程序的严格性，从侦查到裁判整个程序严格，因刑事诉讼的目的是给予当事人刑事制裁，是最严厉的制裁方式，关涉当事人的生命、自由和财产等基本权利，因此刑事诉讼的每一个程序环节都非常严格，确保公民权利不受公权力的侵犯。

随着人类欲望的膨胀，环境无以承载人类给予其的伤害，污染物的排放和自然资源的使用已经远远超过地球本身的容量，威胁人类的生存，环境成为犯罪的客体，因此追究环境犯罪的程序应运而生。环境刑事诉讼是指国家

的司法机关依据法律规定的程序对于环境犯罪的行为进行追究而承担环境刑事责任的过程。其特点如下：第一，环境刑事诉讼只存在由检察机关提起的公诉案件，不存在自诉案件；第二，环境刑事诉讼追诉的犯罪形态有特殊性，主要是对造成了环境污染或者破坏的行为进行追究，具有科学技术性、连续性；第三，环境刑事诉讼的刑事责任方式不同于传统的承担责任的方式，因为保护的客体不同。

（二）我国突发环境事件中的公民权利保障而引起的环境刑事诉讼类型

我国突发环境事件中的公民权利保障而引发的环境刑事诉讼主要存在以下三种类型：污染型环境刑事诉讼、破坏型环境刑事诉讼、职务型环境刑事诉讼，前两种类型主要存在于人为因素引发的突发环境事件中，而最后一种类型在因自然灾害引发的还是人为因素引发的突发环境事件中都可能存在。

1. 污染型环境刑事诉讼

污染型环境刑事诉讼是指因为污染型环境犯罪发生后司法机关依据法律规定的程序追究其刑事责任的过程。污染型环境犯罪行为是指违反国家规定，排放、倾倒或者处置有放射性的废物、含传染病原体的废物、有毒物质或者其他有害物质到土壤、水流、大气中，严重污染环境的犯罪行为。

2. 破坏型环境刑事诉讼

破坏型环境刑事诉讼是指因为破坏型环境犯罪发生后，司法机关依据法律规定的程序追究其刑事责任的过程。破坏型环境犯罪行为是指公民或者组织违反环境法律、法规，破坏环境资源，造成或者可能造成人员伤亡或者重大财产损失的犯罪行为。

3. 职务型环境刑事诉讼

职务型环境刑事诉讼是指司法机关对于职务型环境犯罪行为依据法律规定的程序追究其刑事责任的过程。职务型环境犯罪行为是指在突发环境事件发生中或者发生前，因公务行为导致突发环境事件或者在处理突发环境事件中有失职、滥用权力等行为而导致救济不力或引发其他更大的损害的行为。

（三）我国突发环境事件中的公民权利保障而引起的环境刑事诉讼概况

1. 我国突发环境事件中的环境刑事立法规定

我国突发环境事件中的环境刑事诉讼的立法规定始于刑法中首先规定环

境犯罪的内容，然后才有环境刑事诉讼的启动，正如卢梭所言："刑法在根本上与其说是一种特别的法，还不如说是其他一切法律的裁定。"① 环境刑事立法是伴随着环境灾难的产生而兴起的，因为环境刑事立法是转型深化期抗制环境风险的需要，是治理突发环境事件的最后法律手段。

将环境犯罪正式纳入刑法体系是我国 1997 年的刑法典，该刑法典第六章妨害社会管理秩序罪中设第六节专节规定破坏环境资源保护罪，规定了破坏自然资源保护和污染环境的犯罪，单位成为环境犯罪的主体，规定了负有特定环境资源保护义务的国家机关工作人员玩忽职守、滥用职权的环境监管失职罪。具体包括以下罪名：重大环境污染事故罪，非法处置进口的固体废物罪，擅自进口固体废物罪，非法捕捞水产品罪，非法狩猎罪，非法占用耕地罪，破坏性采矿罪，非法采伐、毁坏珍贵树木罪，非法收购盗伐、滥伐的林木罪等。2011 年 2 月《中华人民共和国刑法修正案（八）》（以下简称《刑法修正案（八）》）对环境资源犯罪做了修正，降低了环境污染犯罪的标准，拓宽了环境污染犯罪适用的范围，《刑法修正案（八）》规定："违反国家规定，排放、倾倒或者处置有放射性的废物、含传染病病原体的废物、有毒物质或者其他有害物质，严重污染环境的，处三年以下有期徒刑或者拘役，并处或者单处罚金；后果特别严重的，处三年以上七年以下有期徒刑，并处罚金。"这一规定加大了对于环境污染的打击力度。把重大环境污染事故罪改为污染环境罪的是 2011 年由最高人民法院、最高人民检察院发布的《关于执行〈中华人民共和国刑法〉确定罪名的补充规定（五）》。2013 年最高人民法院、最高人民检察院发布的《关于办理环境污染刑事案件适用法律若干问题的解释》为公安机关、检察机关、审判机关对污染环境罪等其他环境犯罪行为的侦查、公诉、审判提供了可操作的标准，为严厉打击环境犯罪提供了法律依据。为我国的环境刑事诉讼提供了可操作的实体法依据。

2014 年最高人民法院出台了《关于全面加强环境资源审判工作为推进生态文明建设提供有力司法保障的意见》，推进环境司法，第七节专门规定了依法严惩污染环境、破坏资源犯罪，合理设立环境资源专门审判机构，探索环境资源刑事、民事、行政案件归口审理制度，为推进生态文明建设提供有

① ［法］卢梭：《社会契约论》，何兆武译，商务印书馆 2003 年版，第 70 页。

力的司法保障。

2016 年最高人民法院与最高人民检察院发布新的《关于办理环境污染刑事案件适用法律若干问题的解释》，具体规定了以下内容：污染环境罪定罪量刑的具体标准；非法处置进口的固体废物罪、擅自进口固体废物罪、环境监管失职罪定罪量刑的具体标准；环境污染共同犯罪的处理规则，从源头上追究污染环境犯罪的责任人；把"从一重罪处断原则"作为处理环境污染犯罪竞合犯的原则；环境影响评价造假的刑事责任；破坏环境质量监测系统的定罪定性；单位实施环境污染相关犯罪的定罪量刑标准；"有毒物质"的范围和认定；监测数据的证据效力；环境犯罪的从重从轻的刑事政策的适用。[①]

2. 我国突发环境事件中的环境刑事诉讼实践概况

（1）2010 年以前我国环境犯罪的基本情况。

表 3 - 5　我国的环境年鉴中记录的 2010 年以前环境犯罪的基本情况

年份	突发环境事件数（起）			当年结案的环境犯罪案件数（起）		重大环境污染犯罪案件数（起）	环境监管失职犯罪案件数（起）
	总数	特大	重大	受理	审结		
2001	1842	32	52		5	4	1
2002	1921	27	31		4	2	2
2003	1843	20	30		1	1	
2004	1441	25	29		2	2	
2005	1406	15	22		2	0	2
2006	842	4	13		4	4	0
2007	462	1	9	6	3		
2008	474	0	12	4	2		
2009	418	2	2	5	3		
2010	420	0	3	11	8		

环境犯罪案件的受理与审结的基本情况统计从 2001 年开始，到 2010 年

[①] 参见中华人民共和国最高人民法院网站：http：//www. court. gov. cn/zixun – xiangqing – 33681. html。浏览日期：2017 年 5 月 19 日。

止，从表 3 - 5 数据显示我国从 2001 年至 2010 年十年间我国环境犯罪的屈指可数，其实突发环境事件发生的数量不少，但是由于突发环境事件对于环境或者公民的影响还不大，刑法中规定的环境犯罪的罪数少、标准低，因此承担刑事责任的较少。

（2）我国 1997 ~ 2013 年我国的重大突发环境事件中的刑事案件。我国 1997 年的刑法专节规定破坏环境资源保护后，为环境刑事诉讼实践提供了实体法上的依据，我国有关环境刑事诉讼发端于 1998 年山西运城杨某的重大环境污染事故犯罪。

表 3 - 6　2013 年前我国重大突发环境事件中的刑事处理案件

突发环境事件名称	时间	案情	刑事责任承担方式
天马纸厂重大环境污染事故犯罪	1997 年	1997 年 10 月 14 日，天马纸厂厂长杨某安排工人修理闸门时，提起闸门，使造纸废水进入引黄干渠，废水随后通过引黄干渠流入樊村水库，致使 41 万立方米饮用水体污染，北城供水公司中断供水 3 天，造成直接经济损失 42.9095 万元	杨某被以"重大环境污染事故罪"作出刑事判决，这是我国第一起重大环境污染事故罪案件
沱江流域特大污染事故	2004 年	2004 年 2 月 28 日开始，四川沱江简阳段出现水污染导致零星死鱼现象，到 3 月 2 日沱江流域简阳至资中段的水污染已致使 20 万公斤鱼死亡，直接经济损失达 160 余万元	何某、吴某、李某等人因犯重大环境污染事故罪，被分别判处有期徒刑并处以罚金；宋某、张某、张某某等人犯环境监管失职罪
广东北江镉污染事故	2005 年	韶关冶炼厂废水处理系统 2005 年 11 月至 12 月约 1000 立方米镉浓度 197 毫克/升的废水排入北江，排入北江的镉总量约为 3.63 吨，造成北江韶关段镉严重超标。	3 人严重渎职，对这次事故负有直接责任，涉嫌刑事责任

突发环境事件名称	时间	案情	刑事责任承担方式
云南澄江锦业工贸有限责任公司阳宗海重大环境污染事故案	2008 年	云南澄江锦业工贸有限责任公司将含砷固体废物磷石膏倾倒于厂区外未采取防渗漏、防流失措施的堆场露天堆放；雨季降水量大时直接将天然水池内的含砷废水抽排至厂外东北侧邻近阳宗海的磷石膏渣场放任自流。致使含砷废水通过地表径流和随地下水进入阳宗海，造成阳宗海水体受砷污染，水质从 Ⅱ 类下降到劣 Ⅴ 类，饮用、水产品养殖等功能丧失，县级以上城镇水源地取水中断，公私财产遭受百万元以上损失的特别严重后果	以重大环境污染事故罪判处被告单位云南澄江锦业工贸有限责任公司罚金人民币 1600 万元；被告人李某被判处有期徒刑四年，并处罚金人民币 30 万元；被告人李某某被判处有期徒刑三年，并处罚金人民币 15 万元；被告人金某被判处有期徒刑三年，并处罚金人民币 15 万元
江苏东海倾倒有毒物质，造成重大环境污染事故	2009 年	江苏省东海县响水亿达化工有限公司，在生产医药中间体过程中产生有毒化学废弃物，在未经任何处理的情况下将该批化工废弃物抛撒在东海县曲阳乡、安峰镇及沭阳县茆圩乡境内桥底、村交界处等不易被人发现的地方	5 人违反国家规定，向土地、水体倾倒有毒物质，造成重大污染事故，致使公私财产遭受重大损失。依法判处 5 人犯重大污染事故罪，分别处以拘役、并处罚金；违法所得，予以没收，上缴国库
江苏盐城投放危险物质案	2009 年	盐城市标新化工有限公司负责人胡某、丁某在明知该公司生产过程中所产生的废水含有苯、酚类有毒物质的情况下，仍将大量废水排放至该公司北侧的五支河内，任其流经蟒蛇河。污染盐城市区城西、越河自来水厂取水口，致盐城市区 20 多万居民饮用水停水长达 66 小时 40 分钟，造成直接经济损失人民币 543.21 万元	胡某犯投放危险物质罪，被判处有期徒刑十年，与其前罪所判处的刑罚并罚，决定执行有期徒刑十一年；丁某犯投放危险物质罪，被判处有期徒刑六年

突发环境事件名称	时间	案情	刑事责任承担方式
紫金山金铜矿重大环境污染事故案	2010 年	2010 年 6 月中下旬，紫金山金铜矿所属铜矿湿法厂污水池 HDPE 防渗膜破裂造成含铜酸性废水渗漏，泄漏含铜酸性废水 9176 立法米，造成下游水体污染和养殖鱼类大量死亡的重大环境污染事故，上杭县城区部分自来水厂停止供水 1 天。2010 年 7 月 16 日，用于抢险的 3 号应急中转污水池又发生泄漏，泄漏含铜酸性废水 500 立方米，再次对汀江水质造成污染。致使汀江河局部水域受到铜、锌、铁、镉、铅、砷等的污染，造成养殖鱼类死亡达 370.1 万斤，经鉴定鱼类损失价值人民币 2220.6 万元	以重大环境污染事故罪判处被告单位紫金山金铜矿罚金人民币三千万元；被告人林某有期徒刑三年，并处罚金人民币三十万元；被告人王某有期徒刑三年，并处罚金人民币三十万元；被告人刘某有期徒刑三年六个月，并处罚金人民币三十万元。对被告人陈某、黄某宣告缓刑
云南省曲靖市铬渣造成环境污染	2011 年	曲靖市麒麟区越州镇有总量 5000 余吨的重毒化工废料铬渣，经雨水冲刷和渗透，逐渐把容量 20 万立方米的水库变成恐怖的"毒源"；有 75 只山羊、一匹马、一头牛因为喝了大堆铬渣下的高浓度剧毒水死亡；靠近堆废渣的地方有一些松树已经烧死了，堆过废渣的地方寸草不生、满目疮痍	7 人因犯污染环境罪而获刑
重庆云光化工有限公司等污染环境案	2011 年	2011 年 6 月 12 日，张某联系一辆罐车在长风公司装载 28 吨多工业废水，准备运往兴文县共乐镇境内的黄水沱倾倒。后因车辆太大而道路窄小，不能驶入黄水沱，周某、胡某、张某等人临时决定将工业废水倾倒在大坳口公路边的荒坡处，致使当地环境受到严重污染	以污染环境罪分别判处被告重庆云光化工有限公司罚金五十万元；被告人夏某有期徒刑两年，并处罚金两万元；张某有期徒刑一年六个月，并处罚金两万元。对蒋某、周某、胡某宣告缓刑

续表

突发环境事件名称	时间	案情	刑事责任承担方式
江苏泰州环境污染事件	2012~2013年	2012年1月至2013年2月，江苏常隆农化有限公司等6家企业在泰兴市经济开发区内从事化工产品生产，将危险废物提供给没有处置资格的四家公司，致使两万多吨危险废物被偷偷倒入河流并流入长江	14名犯罪嫌疑人被以环境污染罪判刑
青岛"11·22"中石化东黄输油管道泄漏爆炸特别重大事故	2013年11月22日秦皇岛路和斋堂岛街交汇处，中石化管道公司输油管线破裂，造成原油泄漏。共致63人死亡，165人伤亡，原油流入海口，污染海面		中国石油化工股份有限公司管道储运分公司及其下属单位的相关负责人员8人犯重大责任事故罪，分别被判处有期徒刑三年至五年不等的刑罚；当地政府相关职能部门的负责人员6人犯玩忽职守罪，分别被判处有期徒刑三年至三年六个月不等的刑罚

表3-6是笔者从网络上收集的发生在2013年年底之前且影响较大的经过刑事责任处理突发环境事件的典型案例，因为在2014年之前我国没有要求各级人民法院将其裁判文书上网，因而也无法全面查阅，只能从其他来源找到当年产生影响的突发环境事件的后续新闻报道，因此不具有代表性，但是从以上所列举的材料还是能够看出以下几个特点：第一，沱江流域特大污染事故中排污企业人员和环境管理人员首次同时被追究刑事责任；第二，污染环境案例少，尤其是2011年之前，只有重大环境污染事故发生后才构成犯罪，其他突发环境污染事件不构成犯罪。像2005年松花江特别重大突发环境事件发生后，在国内国外都造成了严重的环境污染和不良影响，只追究了部分人的行政责任，对12名事故责任人作出党纪、政纪处理，原国家环保总局局长解振华为此辞职，无法查到对相关人员刑事责任的追究。第三，污染环境类造成的危害大，影响面广，承担的刑事责任轻。如紫金山金铜矿重大环境污染事故案，此污染造成的

环境影响是深远的，但是最后的刑事责任与其对于公民、社会和环境的危害是不一致的。第四，污染环境罪承担刑事责任的方式是主刑和附加刑并处。

（3）2013 年后我国突发环境事件中的刑事制裁概况。自 2013 年 6 月最高人民法院、最高人民检察院颁布《关于办理环境污染刑事案件适用法律若干问题的解释》后，2013 年全国公安机关共立案侦查环境污染犯罪案件 779 起，抓获犯罪嫌疑人 1265 人。2013 年污染环境案例在上升，但是查不到裁判文书，公安机关的立案情况基本反映我国污染环境案例的上升。2013 年 6 月最高人民法院公布了四起环境污染犯罪典型案例，但是这四起案件都不是 2013 年发生的，而是 2013 年之前在我国发生的重大突发环境事件中追究刑事责任的典型案例，这四起案件是紫金矿业集团股份有限公司紫金山金铜矿重大环境污染事故案，云南澄江锦业工贸有限责任公司重大环境污染事故案，重庆云光化工有限公司等污染环境案，胡某、丁某投放危险物质案，这四个案件的基本案情和处理结果在表 3 - 5 中都——列举。

笔者在中国裁判文书网上查阅到从 2014 年 1 月 1 日至 2015 年 12 月 4 日，各地人民法院审结 117 个环境污染案件，其中有 4 起与污染环境有关的环境监管失职罪、贪污罪等，以经济发达地区污染环境案件偏高，西北、东北污染环境案件较少，中部地区其次。这些案件处理结果与之前的审判结果相比有以下特点：第一，刑期短，缓刑多，大部分案件都并处罚金；第二，污染环境犯罪的面较广，定罪量刑的标准低；第三，判决书的内容更加翔实专业。① 虽然前面的各级法院的裁判文书不能上网查阅，但从各地的数据了解，污染环境犯罪的案例偏低，近几年有上升趋势，有以下原因：第一，立法上降低了污染环境犯罪的标准。从 1997 年刑法典的第一次规定破坏环境资源保护罪中规定重大环境污染事故罪到《刑法修正案八》的污染环境犯罪再到最高人民法院和最高人民检察院《关于办理环境污染刑事案件适用法律若干问题的解释》污染犯罪的适用范围、定罪的标准都在降低；第二，污染环境犯罪率慢慢提高，我国已进入环境风险高发阶段，企业和公民把环境资本尽量违法转嫁于社会的现象多了起来；第三，加强了环境司法的力度，配备专业的技术人员，追究这些特殊犯罪行为。

---

① 参见中国裁判文书网网站：http：//wenshu. court. gov. cn/。浏览日期：2015 年 12 月 4 日。

2013 年最高人民法院与最高人民检察院根据《刑法修正案（八）》共同发布《关于办理环境污染刑事案件适用法律若干问题的解释》，该司法解释实施以来，各级公检法机关和环保部门依法查处环境污染犯罪，从 2013 年 7 月至 2016 年 10 月，全国各级人民法院新立污染环境、非法处置进口的固体废物、环境监管失职刑事案件 4 636 件，审结 4 250 件，判决 6 439 人。污染环境刑事案件数量相较于过去的每年的二三十件有明显增长。①

第四节　我国突发环境事件中的公民权利
自力与社会保障机制概况

现代社会形成了以公力救济和保障公民权利为主的体系，因为公力救济具有优势，优势体现在以下方面：一是公力救济的中立性，公正客观地解决公民权利纠纷；二是公力救济的法定性，无论是立法救济、行政救济还是司法救济都需要有法律的明确规定，严格根据法律规定的权限救济公民权利；三是公力救济的严格程序性，只有正当程序的保障才有实体正义的实现；四是公力救济后果的强制性。虽然公力救济成为现代文明的标志，随着社会矛盾的增加，面对越来越多的冲突，公力救济呈现出明显的局限性，其局限性如下：一是公力救济资源的有限性与公民权利救济范围的广泛性之间存在矛盾；二是公力救济的程序的烦琐性与公民权利救济及时性之间存在矛盾；三是公力救济成本的高昂性与公民权利救济主体贫弱性之间存在矛盾。因此为了弥补公力救济之不足，私力救济这匹野马，② 慢慢也被纳入秩序社会中，与其他的一些社会救济方式共同构成我国权利救济和保障的多元体系。社会救济是基于公力救济与私力救济之间的一种救济方式，也是现代社会发展的一种新型的救济方式，他弥补了公力救济与私力救济的不足。前文分析了突发环境事件发生中公民权利保障的立法、行政、司法等公权力救济体系中存在的问题，发现我国公民权利在很多情形下无法完全予以救济，

---

① 中华人民共和国最高人民法院网站：《"两高"发布办理环境污染刑事案件司法解释》，http：//www. court. gov. cn/zixun – xiangqing –33681. html。浏览日期：2017 年 5 月 12 日。

② 徐昕：《论私力救济》，中国政法大学出版社 2005 年版，第 5 页。

得不到完全的保障，因此还需要依靠公民自身和社会之力量，补充其权利救济的不足。

一、自力救济与社会救济的界定

（一）自力救济与环保自力救济的内涵

1. 自力救济的概念

自力救济又称私力救济，[①] 也有学者认为二者有别，如学者范愉认为自力救济相对于他力救济而言，无第三方的介入，而私力救济相对于公力救济和社会救济而言，救济主体和方式具有私人性和民间性。[②] 但是范愉虽然认为二者有一定的区别，但是制度化的私力救济已经包含自力救济，二者的区别可以忽略不计。自力救济具体是指通过公民个人之间、共同体内部和其他民间力量实现公民个人权利、解决权益纷争的非正式机制。[③] 依法律性质，自力救济可分为法定的自力救济和法外的自力救济，前者指正当防卫、紧急避险和法律规定的自助/自救行为，后者指法无明文规定和法律禁止的情形。[④] 主要的自力救济的方式有：谈判协商、自助救济、调解、临时仲裁、私人或民间组织机构的斡旋、说和、黑社会背景的私力救济。

2. 自力救济的特征

自力救济游走在法律边缘，矛盾纠纷复杂多样，公力救济垄断公民权利救济无法回应社会问题，自力救济方式回复其本性，补充公力救济无法达到公民权利无缝隙保障的状况。作为权利受到侵害伊始的"本能"反应，自力救济具有一定自生自发的规律，[⑤] 相对于公力救济来说具有一定的优势。[⑥] 其

---

① 吕忠梅：《理想与现实：中国环境侵权纠纷现状及救济机制构建》，法律出版社 2011 年版，第 84 页。"自力救济又称私力救济，是指纠纷主体依靠自己力量解决纠纷，没有第三者协助或者主持解决纠纷"。同时参见徐昕：《论私力救济》，中国政法大学出版社 2005 年版，第 90 页关于"私力救济与自力救济是一个等同的概念"的论断。

② 范愉："私力救济考"，载《江苏社会科学》2007 年第 6 期，第 86 页。

③ 范愉："私力救济考"，载《江苏社会科学》2007 年第 6 期，第 86 页。

④ 徐昕："私力救济的性质"，载《河北法学》2007 年第 7 期，第 13 页。

⑤ 沃耕："民事私力救济的边界及其制度重建"，载《中国法学》2013 年第 5 期，第 179 页。

⑥ 范愉："私力救济考"，载《江苏社会科学》2007 年第 6 期，第 87 页。

明显特点表现如下：①

（1）自力救济的自主性、自治性和非官方性。自力救济是由公民自身来决定采取什么方式救济其权利的模式，由公民自主选择实现权利的方式，这是最本能的反应，无须借助公共资源，也不依赖公共权力机关，具有一定的自主性和非官方性。在权利救济过程中，基于权利多方的自由意志而不是基于法律或者国家的意志来实现权利，以自治的方式达成，因此自力救济是建立在自治基础上的，一般能够让公民接受。

（2）自力救济的方式、程序、手段的多样性和灵活性。自力救济是公民自主选择的实现权利的方式，因不同地域、文化传统等方面的差异，自力救济方式呈现多样性，如谈判协商、调解、斡旋，有自我救助还有中间机构的调解等，这些救济方式不受时间、地点、程序等方面的拘束，只要是公民自身能够接受的程序、手段都可以，具有明显的灵活性，方便公众随时随地地化解矛盾，不受时空的限制。

（3）自力救济成本的经济性和直接性。由于自力救济方式多样，程序灵活，并且是公民的第一本能的反应，也是最直接的救济方式，其中无须其他的环节，节约了大量的救济资源，如果能够有效，应该比较经济。当然并不是所有的突发环境事件中的公民权利都能够通过自力救济方式解决，毕竟自力救济还有一定的局限性，当自力救济无力解决的时候，应尽早寻求公力救济或者社会救济。

（4）自力救济的结果效力的非强制性、及时性。自力救济是由公众之间或者民间机构之间根据公民的意愿进行的救济，没有公权力的参与，因此自力救济的结果不具有法律强制力。如果公民之间对于自力救济结果不履行，不能借助公权力执行，而只能另外通过公力救济方式解决。如果自力救济结果得到公民的认可则能及时履行，快速化解矛盾。

3. 环保自力救济的概念与特征

我国最早研究环保自力救济的学者是郑少华，他认为环保自力救济是公众以自身的堵厂、街头抗议等行为方式参与环境保护，从而保护环境或者获

---

① 徐昕：《论私力救济》，中国政法大学出版社 2005 年版，第 102～119 页。

取环境污染赔偿。[①] 这一定义对自力救济的主体、方式和目的都较为广泛。较为全面研究环保自力救济的学者钱水苗提出环境自卫权，认为环保自力救济是指公民为了保护自身的合法权益，在遭受环境污染和破坏，情况紧急又不能及时请求公力救济或得不到及时公力救济的状况下，采取对侵害者的人身或者致污设备等予以强制力迫使其停止污染或破坏的行为。[②] 这一界定范围过于狭窄，主要是环境自卫权，是一种紧急情况下的强制力实施的自力救济行为，而没有包括其他非强力实施的自救行为。学者王灿发将环境侵权自力救济归纳为环境权益救济途径之一并将其称为"环境保护自卫权"，具体是指在环境污染和破坏情况下，公众的"过激行为"——街头抗议、围堵工厂、打砸等。[③] 这一概念的范围也太窄，仅仅包括暴力性的自力救济而没有包括最主要的温和有效的自力救济。我国台湾学者叶俊荣将环境自力救济现象看成将民众对环境的关切导向公益的契机，民众以自力救济手段参与环境管制，分为制度内的参与和制度外的参与，制度内的参与主要包括陈情、请愿、听证、提供意见、诉讼及公民投票，叶先生认为我国台湾地区的制度内的环境自力救济很少，民众主要是以制度外的参与方式实现自力救济，制度外的公众参与则包括示威、抗议、静坐、堵厂等暴力行动，[④] 这一概念外延更为宽泛，将环境自力救济纳入了公众参与制度之中，当然参与是救济的基础，救济是参与权利的实现，自力救济只是参与的一个方面。叶俊荣和郑少华都是根据我国台湾地区的环境保护情况而研究的环保自力救济，虽然表达有不同，但是二者所表达的实质内容是一致的，是一种广义的环保自力救济。上述的三个概念由于其外延要么太窄，要么太宽，基于本研究的出发点，环保自力救济范围应该介于二者之间，具体是指公民的生存环境受到污染或者破坏或者可能受到污染与破坏，不能请求公力救济或得不到公力救济的状况下而通过公民之间、公民与法人之间、共同体内部和其他民间力量实现公民

---

① 郑少华："环保自力救济：台湾民众参与环保运动的途径"，载《宁夏社会科学》1994 年第 4 期，第 73 页。

② 钱水苗："论环保自力救济"，载《浙江大学学报（人文社会科学版）》2001 年第 5 期，第 146 页。

③ 王灿发："污染受害与救济"，中国人民大学出版社 2010 年版。

④ 叶俊荣："环保自力救济的制度因应：'解决纠纷'或'强化参与'"，载叶俊荣：《环境政策与法律》，中国政法大学出版社 2003 年版，第 298 页。

个人权利、解决权益纷争的非正式机制。环保自力救济应该包括在情况紧急情形下的公民自力救济和非紧急情况下的自力救济，我国台湾地区学者所研究的主要是法外的非紧急情况下的环保自力救济，而我国大陆学者所研究的主要是制度内的紧急状况下的环保自力救济。其实随着社会发展，环境问题的增加，环境污染和破坏的面越来越广，有因突发性的环境事件引发的污染与破坏，也有长期性的合法行为引发的环境污染和破坏。环保自力救济具有以下特点：第一，环保自力救济的非官方性，它不是公权力主体根据正式程序实施的救济；第二，环保自力救济的主动性与灵活性，环保自力救济是公民的一种本能的反应，主动自我保护的体现，具有一定的灵活性；第三，环保自力救济的界限性，环保自力救济应该控制在一定的范围内，不能逾越界限。

（二）社会救济内涵

1. 社会救济概念

社会救济是国家机关和公民之外的非政府组织、企业等为权利受害者提供的帮助，是因权利冲突或者权利损害进行恢复和补救的制度，是补充公力救济与自力救济之不足，社会救济既包括实体救济也包括程序救济。社会救济实际上是从公力救济中分割出来的部分权力和私力救济的制度化。[①] 社会救济的实施者是国家机关和公民之外的非政府组织、企业等，是介于国家机关与公民之间的得到国家认可行使一部分公共职能的社会组织，这类组织是社会发展的结果。现代社会从国家、公民二元社会向国家、社会、公民三元甚至是多元社会发展。公共权力的配置发生了根本转变，由国家机关垄断公共权力转向由更多社会组织承担一定的公共权力，尤其是社会风险的承担慢慢分散，由国家、社会、公民共同承担，这样社会救济就应运而生。

2. 社会救济与社会救助的区别

社会救助概念没有统一的界定，且称谓也有差异，有称行政救助的，也有沿袭中华人民共和国成立前的概念称为社会救济的，国家为了统一称谓，2014 年国务院颁布行政法规《社会救助暂行办法》，规定了社会救助的目的、原则、主体、社会救助的范围等内容，但没有统一概念，这也说明其概念的伸展性，为了区别于本研究的社会救济制度，本研究认为社会救助具体是指

---

① 范愉："私力救济考"，载《江苏社会科学》2007 年第 6 期，第 86 页。

国务院民政、卫生计生、教育、住房城乡建设、人力资源、社会保障等部门对共同生活的家庭成员人均收入低于当地最低生活保障标准的公民，无劳动能力、无生活来源且无法定赡养、抚养、扶养义务人，或者其法定赡养、抚养、扶养义务人无赡养、抚养、扶养能力的老年人，残疾人以及未满16周岁的未成年人，基本生活受到自然灾害严重影响的人员等提供最低生活保障金、生活救助、住房救助、就业救助、教育等方面的救助。

社会救济与社会救助有以下共同点：第一，二者的目的具有一致性，保障公民的基本生存权利，实现社会正义；第二，二者的原则具有同一性，坚持最低保障原则，公平、公正、公开、及时等原则。社会救助是社会之根本，社会救济是社会救助之补充。

社会救济与社会救助有以下不同点：第一，实施救济的主体不同，社会救助的主体是国家行政机关，国家行政机关给予受困、受穷等生活遇到困境的公民提供最基本的生活保障是其职责，而社会救济的主体是国家机关和公民个人之外的非政府组织、企业等其他组织，其进行社会救济完全是出于自愿，是基于社会道德责任，没有法律的要求。第二，实施救济的范围不同，社会救济的范围比社会救助的范围广，社会救助的范围包括最低生活保障救助，对于特困人员的生活救助，对于受灾的灾民的救助以及住房救助、就业救助和教育救助等方面，而非政府组织、企业等其他组织根据社会的情况，哪里需要救济就根据组织的财务状况给予救济，没有法律的明确规定，国家鼓励非政府组织在国家规定的社会救助的范围内也可以在其范围外给予公民救济；第三，实施主体承担的责任方式不同，社会救助是国家行政机关的职责，而社会救济是非政府组织、企业等其他组织建立在自愿基础上的，没有法律上的义务，是一种鼓励的道德行为；第四，二者救济内容不同，社会救助主要是给予贫弱的公民的物质、住房、就业、医疗上的帮助，使其过有尊严的生活，社会救济包括两个方面，既可以帮助有困难的公民摆脱困难，也可以作为第三方对公民之间的纠纷予以调解、斡旋等修复、矫正，社会救济包括实体如物质、住房、医疗、诉讼费用等方面的救助也包括程序救济。

3. 社会救济的特征

（1）社会救济的民间性与非官方性。社会救济主体是非官方性的，其成立运行都是根据法律、法规的规定，而不是根据宪法、组织法的规定，它成立是为了公共利益，但不具有行使国家公共权力的能力；社会救济进行物质帮助等活动的资金来源非国家财政或者其他收入，而是国家机关和公民个人之外的非政府组织、企业等其他组织积极筹捐而来。

（2）社会救济的自愿性与自主性。非政府组织对于社会中哪些需要帮助的公民有选择权，具有自主性，而不像社会救助是根据法规的规定由公民申请进行，社会救济是根据其自身的规则选择救济的对象，通过救济达到保障公民权利的目的。

（3）社会救济的公益性与补偿性。社会救济是非政府组织为了公共利益的目的对社会中的暂时经受物质上、精神上的困难的人提供实体上和程序上的救济。这一救济不同于公力救济与自力救济，受害者的受难不是个别现象，而是社会发展出现的新型问题在制度设计上的原因而引发的，是社会发展的弊端转化成个人来承担，个人无力承担时由社会救济，因此这种救济具有公益性。由于法律的滞后性，这种救济本身应该由国家行政机关进行，这时社会就承担了这样的救助工作。

（4）社会救济的灵活性与经济性。非政府组织可以作为第三方对于公民之间或者公民与组织之间的纠纷进行修复、补救、矫正，这种救济方式程序灵活，建立在平等、自愿、开放的基础上。纠纷双方基于信任、友好的态度而达成的经济方案具有较高的可接受度，节约成本，纠纷解决较为彻底。

二、我国突发环境事件中的公民自力救济的类型与必要性

（一）我国突发环境事件中自力救济的类型

借鉴周林彬教授的观点，本研究根据法律依据将突发环境事件中公民的自力救济分为三种类型：[①] 第一种类型是规范的突发环境事件中的自力救济，由法律明确规定的自力救济，即正当防卫行为和紧急避险行为；第二种类型是准规范的突发环境事件中的自力救济，即法律无明确规定而以民间非正式规范为依据的救济，包括自助行为和环境私了行为；第三种类型是失范的突发环境事件中的自力救济，即违法救济。

---

① 周林彬、王烨："私力救济的经济分析"，载《中山大学法学评论》2001 年版，第 57 页。

1. 突发环境事件中的正当防卫行为

突发环境事件中的正当防卫行为是指在突发环境事件发生时，公民为避免自己或他人遭受现时的人身或财产等合法权益的侵害而在紧急状态下对于侵害人或者物采取的必要损害行为。这种正当行为是一种自救行为，是法律保护的行为，但此种行为必须符合法律规定的条件，因其易与民事侵权行为混淆。此种行为需要符合以下要件：第一，突发环境事件引发的公民权益或者公共利益受到威胁或者面临危险，这是正当防卫的起因条件；第二，突发环境事件正在发生或者即将发生，这是正当防卫的时间要素，如果突发环境事件发生后，紧急状态已经消失，则公民正当防卫的时间条件也消失；第三，正当防卫只能针对引发突发环境事件的主体或者进行生产的设备或者其他工具进行防卫，不能对无关的主体或者其他工具进行防卫，这是正当防卫的客体要素；第四，正当防卫不能超过必要的限度，正当防卫的利益不能超过突发环境事件引发的利益损害的范围。

2. 突发环境事件中的紧急避险行为

突发环境事件中的紧急避险行为是指在突发环境事件中为了使公民自身或他人的环境权益或者其他权益免受正在发生的侵害，不得已而采取的损害他人权益的行为。突发环境事件中的紧急避险的适用条件如下：第一，突发环境事件正在发生或者将要发生，危险正在存在或者将要存在，而不是假想的危险；第二，危险正在发生或者将要发生，但是得不到有效的方式的救济；第三，是公民自身的合法权益或者公共利益正在受到威胁，可能造成损害；第三，避险不能超过必要的限度，造成不应有的损害，需要对其受到威胁的利益与第三人的利益予以衡量，二者基本均衡，不能超过其本身利益的限度。与正当防卫行为有以下不同：第一，二者损害的对象不同，突发环境事件中的正当防卫行为针对的损害对象是突发环境事件的引发者，包括引发突发环境事件的自然人和法人以及法人进行生产的设备或者其他工具，而突发环境事件中的紧急避险行为针对的是第三人，非事件的引发者；第二，紧急避险比正当防卫的条件更苛刻，必须是在迫不得已的情形下才能对第三人的财产实施损害行为，迫不得已是指公民正在受到威胁，没有任何其他救济的方式使其摆脱危险的情形。

3. 突发环境事件中的自助行为

突发环境事件中的自助行为是指在突发环境事件发生后，在紧急情况下，得不到及时、有效的公力救济或者是无法请求到公力救济，为了保护自身合法权益，公民个人或者请求他人协助其采取对侵害者的人身或者致污设备等予以强制力迫使其停止污染或破坏的行为。在我国现行法律中只承认正当防卫和紧急避险行为的合法性，而自助行为没有纳入法律的范围内，而其他国家和地区在各自的民法典中对此作出了规定，如德国民法典、泰国民法典。突发环境事件中的自助行为应该满足一定的条件才能得到法律认可。需要满足以下四个条件：第一，公民的自助行为的目的是保护其自身的合法权益，不涉及他人利益与公共利益；第二，公民的自助行为发生在情况紧急但又无法寻求公力救济或者是在寻求公力救济后，公力救济不及时或者不作为从而无法获得有效及时的公力救济的情形下；第三，环境自助的手段必须符合一定的限度，如对于造成污染的生产工具进行扣押或者强留，如对于造成污染的自然人当其要逃离现场时予以限制等；第四，环境侵权自助行为必须适当，不能超过明显的限度。突发环境事件中的自助行为与突发环境事件中的正当防卫与紧急避险的自卫行为有共同点，都是自力救济的方式，无需借助公共权力。它们也有明显的不同：第一，救济节点不同，自卫行为是对于正在发生的危险或者将要发生的危险的预防性的救济，防止危险的发生，而自助救济是危险已经发生，寻求权利的补救，是事后的救济，是权利的实现；第二，救济关涉的利益不同，自卫行为的发生既要保护公民自身的利益同时也保护一定的公共利益，而自助行为的发生是为了保护自身的合法权益；第三，救济方式不同，自卫行为的救济方式具有多样性，而自助行为只能是对财产的扣留、损毁和对人身的拘束。

4. 突发环境事件中的谈判行为

突发环境事件中的谈判行为具体是指突发环境事件发生后，公民与引发突发环境事件的侵害者通过双方谈判、协商等方式解决二者之间的纠纷，形成一定的协议，各自履行其义务。突发环境事件中的谈判行为是一种典型的私了行为，没有得到法律的认可，但是它在中国有深厚的社会基础，建立在民间规范的基础上，依据社会风俗、习惯，在自生自发的秩序下，突发环境事件中的侵害者与受害者双方在自愿、平等基础上进行谈判协商而形成的协议一般能够得到双方的认同，自觉履行义务，从而消解矛盾。

5. 突发环境事件中的违法的自力救济行为

突发环境事件中的自力救济弥补了公力救济的不足，但有一定的局限性。自力救济毕竟是一种最原始的救济方式，它带有一定的野性，运用不当，超过必要的限度，则如脱缰的野马，易引发暴力性事件。我国近几年来因在突发环境事件发生后公民通过自助救济不当而引发了不少群体性事件，由合法行为走向侵权或者犯罪行为，如在紧急避险时随意毁坏财物，超过一定限度可能构成"故意毁坏财物罪"；在自助行为时，冲击工厂，扰乱企业生产经营秩序，可能构成"破坏生产经营罪"。

（二）我国突发环境事件中的公民自力救济的必要性

1. 突发环境事件造成的环境污染和环境破坏的突发性、不可逆转性和危害性

中国环境年鉴对 1989 年到 2014 年的突发环境事件进行梳理，发现我国突发环境事件的发生对环境的影响不同于对其他权益的损害，具有突发性、不可逆性和极大的危害性，突发环境事件发生时公共权力机关一般不在事发现场，也不能及时赶到，在这种危急关头，公民不可能坐等公共权力机关提供救济，而需要公民自身采取可能的措施救助自己，保护自己的各种权益。

2. 突发环境事件中公民权利公力救济的局限性和不及时性

突发环境事件中公民权利公力救济体系在立法与实践中存在问题，阻碍公民救济自己的权益，即使根据公力救济能够获得救济，也需要花费更多的时间和精力，迟来的救济已经失去救济的目的，因为不该发生的危险已经发生，有时公民的生命都已经消失。

3. 环境行政机关的行政不作为

突发环境事件中的环境行政机关的不作为有以下主要类型：第一，对于跨地域跨流域或者大型企业等污染事件处理的怠惰行为的累积引发突发环境事件。由于我国环境管理机构之间缺乏协作性，环境纠纷非常复杂，主管部门经常推卸责任，对于纠纷相互推诿，根本不利于纠纷的解决，导致环境危害的扩大和蔓延。第二，突发环境事件发生后环境主管部门救济环境不积极，导致环境污染和破坏的加剧；突发环境事件发生后也不主动采取措施修复环境，环境危害不断扩大。第三，突发环境事件发生后，政府及其他

部门的干预，导致环境行政机关不能作为，无法作为，导致环境危害扩大。环境行政机关是我国环境管理权的主要行使者，是我国环境公共利益的保护者，它们不作为，更加速了环境污染和环境破坏的发生。

三、我国突发环境事件中公民权利社会救济的类型、形式与必要性

（一）我国突发环境事件中公民权利社会救济的类型

1. 我国突发环境事件发生中的社会救济

突发环境事件发生对于环境造成污染和破坏，公民的生存环境受到极大威胁，公共权力机关和公民自身在情况危急的情况进行救济的能力是非常有限的，具备一定救济能力的非政府组织可以组织人力、物力等给予现场的救济，积极采取措施防止危害的发生或者扩大，尽量防止环境风险的延伸，保障公民权利。

2. 我国突发环境事件中侵权损害的社会救济

因人为因素造成的突发环境事件所引起的环境侵权所造成的危害大，面积广，根据我国民事侵权赔偿和国家赔偿等救济方式无法及时、充分有效地救济受害人的损失，对私法救济和国家赔偿救济不能的部分，由侵权人之外的社会组织承担填补性赔偿责任，[①] 如一些保险机构为突发环境事件中的公民提供保险等。

3. 我国突发环境事件后诉讼中的社会救济

环境侵权纠纷的原告在诉讼中由于突发环境事件的特殊性，诉讼成本高、举证难，原告本身是受害人，经受了生活、经济、精神等方面的挫折，要进行侵权诉讼特别艰难，因此一些非政府组织给予公民提供诉讼中的社会救济，使其摆脱生活和精神的困境，实现其权利。

4. 我国突发环境事件中程序上的社会救济

突发环境事件发生后，公民之间、公民与企业之间，公民与行政机关之间产生民事、行政纠纷，寻求公力救济不力、不及、不能的情形下，可以借助社会组织的力量，抱着客观、公正、中立的态度解决其纠纷，实现其权利。

---

① 肖海军：“论环境侵权之公共赔偿救济制度的构建”，载《法学论坛》2004 年第 3 期。

（二）突发环境事件中公民权利社会救济形式

由于环境风险的增加，环境损害非政府、侵害人、受害人所能承受，环境风险需要分散于社会，于是社会救济应运而生，现在环境风险主要的社会救济方式有以下几种：

1. 环境基金

环境基金是指为了环境保护的公益目的，自然人、法人或者其他组织捐赠一定的财产，成立一个非营利性的组织，从而达到保护环境或者帮助因为环境污染和破坏而遭受损害的公民、法人或者其他组织的目的。是各种用于以环境保护与环境治理为目的而筹建的公益性的财产组织，而非狭义的全球环境基金或者中国的环境基金。根据基金资金来源及基金运作特点，将基金分为民间性质的环境损害救济基金和行政介入性质的环境损害救济基金。因其资金来源的不同，用途不一，用于补偿突发环境事件中的受害人的损失是大部分环境基金的用途之一，也有专门用于补偿受害人的，如船舶油污损害赔偿基金。

2. 环境责任保险

环境责任保险在我国起步较晚，1991 年人保分公司在沈阳、大连、长春等地实施环境责任保险的试点工作。[①] 石剑荣提出环境风险责任保险具有保障公民环境安全的功能，对于可以防范的环境灾害予以保险，保险对象是可能造成环境灾害的所有企事业单位的危险源，保险方式既可以包括强制性的也可以包括自愿性的。[②] 日本环境学者南方哲也认为环境污染的风险管理已成为人类生存发展的重要问题，在全世界应该通过保险制度防范这种环境污染。[③] 2000 年我国学界对其研究开始热起来，较为全面地研究环境污染责任保险的学者是安树民、曹静，认为环境污染责任保险是随着我国环境事件的频繁发生而产生的，是责任保险之一，属于财产责任险，是第三者责任险，

---

① 陈冬梅、段白鸽："环境责任保险风险评估与定价方法研究评述"，载《保险研究》2014 年第 1 期，第 55 页。

② 石剑荣："试论环境安全与环境风险责任保险在我国的实施"，载 1998 年 12 月"中国 21 世纪安全减灾与可持续发展战略"高级研讨会论文集，第 121 ~ 125 页。

③ ［日］南方哲也："环境污染和保险者的风险"，载《华侨大学学报（哲社版）》1999 年增刊，第 33 ~ 37 页。

属于无形的、非实体的财产险。构成第三人财产险需要满足四个要件：属于法律责任、民事行为、过失行为、直接关系。[①] 王干认为环境责任保险指以被保险人因污染环境而应当承担的环境赔偿或治理责任为标的责任保险。[②] 他认为环境责任保险是一种法定责任。环境责任保险是污染企业投保，保险公司承担因污染企业给个体利益或者公共利益受到损害的第三人提供保障的责任，既不同于环境基金，是由污染企业自己承交保费，风险由保险公司承担；也不同于环境财务保证制度，污染企业交纳保费，一旦缴纳则不予退还，而环境财务担保制度是担保费用缴纳后，如期完成，没有产生突发环境事件，则担保费用予以返还。

3. 环境财务保证

环境财务保证制度是指由潜在的环境侵权责任人在事前提供限定的资金专门用于对环境污染事件的受害人进行及时、有效的帮助的制度，如提存金制度或者保证制度。[③] 环境财务保证制度需具备三要素：第一，环境财务保证的目的是保证突发环境事件中受害人的权利；第二，环境财务保证制度的机构要独立于潜在的环境污染者；第三，环境财务保证制度的保证人代履行潜在污染者的环境侵权债务，而非其他债务。具有保证人的特定性、保证标的特定性的特征。[④] 环境财务保证制度在日本矿产开采中实施非常成功。我国主要用于船舶油污污染财产保证制度以及地方环境治理恢复保证金。

4. 环境公共补偿金制度

有的学者称环境公共补偿金为行政补偿，[⑤] 有的称为赔偿，笔者认为这两种观点都不妥，其一，在传统意义上此种补偿金的资金来源主要是行政拨

---

① 安树民、曹静："试论环境污染责任保险"，载《中国环境管理》2000 年第 3 期，第 17～19 页。

② 王干、鄢斌："论环境责任保险"，载《华中科技大学学报（社会科学版）》2001 年第 3 期，第 33 页。

③ 王明远："环境侵权损害赔偿中的财务保证与责任保险制度研究"，载 2001 年 5 月第二届环境保护市场化暨资本运营与环保产业发展高级研讨会论文汇编。

④ 余少锋："环境侵权损害赔偿中的财务保证制度研究"，载《时代法学》2006 年第 6 期，第 76 页。

⑤ 周珂、杨子蛟："论环境侵权损害填补综合协调机制"，载《法学评论》2003 年第 6 期；王明远：《环境侵权救济法律制度》，中国法制出版社 2001 年版，第 152 页。

款，但是随着社会的发展，资金的来源多元化，不仅来源于一定的行政经费，而且也有其他社会资金，因此不能局限于行政补偿，而是基于公共利益实施救济，此种经费不宜称为行政补偿，而应该拓宽其范围称为公共补偿金；其二，此资金不是代替突发环境事件的引发者的责任，而是由于各种原因弥补引发者责任的不足，这一资金是基于社会利益共同体的可持续发展，均衡社会发展不平衡，利用公共资金承担社会的负效应，因此不宜称为赔偿，而应称为补偿。环境公共补偿金包括生态补偿与环境侵权补偿两种。生态补偿是指在综合考虑生态保护成本、发展机会成本和生态服务价值的基础上，采用行政、市场等方式，由生态保护受益者或生态损害加害者通过向生态保护者或因生态损害而受损者以支付金钱、物质或提供其他非物质利益等方式，弥补其成本支出以及其他相关损失的行为。[①] 生态补偿又分为生态修复补偿和生态建设补偿。环境侵权公共补偿是指因环境侵权造成受害人一定的损失，而侵权人没有能力承担损害时，通过政府、企业或者社会等筹集一定的资金，形成专门的资金管理机构，通过一定的程序，设定一定的条件，给予环境侵权的受害人及时有效的补偿的机制。[②] 其特点如下：其一是无需要侵害人事先交付一定的费用，公共补偿金的来源都是公共资金；其二公共补偿机构享有事后的追偿权；其三及时有效地给予受害人个人权益和环境公共利益的保障。生态补偿主要用于环境修复与治理，而环境侵权补偿主要用于环境受害人的公共补偿。

5. 其他类型的环境社会救济方式

随着社会的发展，社会多元化的出现，我国除了以上几种环境基金、环境责任保险、环境财务保证、环境补偿金的救济方式外，在社会上不断创新社会机制，发展新型社会救济方式，将弥补前四种社会救济的不足，或者适应社会发展的新需要。

（三）我国突发环境事件中社会救济的必要性

1. 我国"小政府大社会"社会体制改革的需求

我国国务院在行政体制改革的过程中提出简政放权政策，以建构"小政

---

① 汪劲："中国生态补偿制度建设历程及展望"，载《环境保护》2017 年第 1 期。
② 贾爱玲："环境侵权损害赔偿的社会化制度研究"，知识产权出版社 2011 年版，第 225 页。

府大社会"的新型社会结构，一改传统的"大政府小社会"的全能政府模式，控制政府权力，释放社会力量。简政放权体现在两个方面：一是纵向放权，从中央向地方放权，从上级向下级放权，做到权、事、责的一致性，避免权力的集中；二是横向放权，从行政机关分权给社会，使行政机关有能力管好职权范围内的事，而不是错位管理，还权于社会，发挥社会组织的自治、自主的能力。非政府组织在现代社会可以承担传统社会中政府的部分职能，如环境公共利益的维护，慈善事业的推进，教育卫生等，政府只需把持社会公正的底线，将其他为社会排忧解难、增砖加瓦的事业交付给社会，释放社会的活力。

2. 突发环境事件中的公民权利公力救济与自力救济的不能

因为突发环境事件的复杂性、特殊性等特征，导致公民权利救济非常复杂：一是承担责任主体不明，有时环境受害者也是环境污染的制造者；二是引发环境事件的是合法行为或者不可抗力，造成的巨大损失是国家的经济无以承担的，而国家只能提供最低生活保障时，受害者的生活质量大大下降；三是引发突发环境事件的责任主体确定，但是由于突发环境事件所引发的巨大损害是其能力无法承担的；四是突发环境事件发生后事件与损害后果的因果关系的证明与损害后果的计算都非常复杂且含有科技成分；五是突发环境事件所造成的环境污染和环境破坏的修复非常复杂。因突发环境事件的特殊性导致公民权利救济非常困难，甚至无法获得救济，但公民因突发环境事件的发生导致生活陷入困境，因此需要寻求新的救济方式，此时社会救济应运而生，帮助公民在责任主体不明、公力救济不能等情形下也能够获得救济。

四、我国突发环境事件中的公民自力救济的实践

（一）我国突发环境事件中公民自力救济的法律规范

为了保护公民在遇到紧急情况下无公力救济时的合法权益，我国刑法典明确规定了正当防卫和紧急避险制度。刑法典第 20 条规定："为了使国家、公共利益、本人或者他人的人身、财产和其他权利免受正在进行的不法侵害，而采取的制止不法侵害的行为，对不法侵害人造成损害的，属于正当防卫，不负刑事责任。"刑法典第 21 条规定："为了使国家、公共利益、本人或者他人的人身、财产和其他权利免受正在发生的危险，不得已采取的紧急避险

行为，造成损害的，不负刑事责任。"

我国民法中规定了正当防卫和紧急避险制度，保护在紧急情况下公民自力救济的权利。《侵权责任法》第 30 条规定："因正当防卫造成损害的，不承担责任。正当防卫超过必要的限度，造成不应有的损害的，正当防卫人应当承担适当的责任。"《侵权责任法》第 31 条规定："因紧急避险造成损害的，由引起险情发生的人承担责任。如果危险是由自然原因引起的，紧急避险人不承担责任或者给予适当补偿。紧急避险采取措施不当或者超过必要的限度，造成不应有的损害的，紧急避险人应当承担适当的责任。"引起突发环境事件发生的原因有自然灾害因素和人为因素两方面，自然因素引起的紧急避险行为由国家给予补偿，人为因素引起的紧急避险行为应该由引起危险的主体承担民事责任，而采取紧急避险的公民无需承担民事责任。

德国、瑞典的民法典中规定了自助行为，我国民法和其他法律没有规定自助行为，因此在我国自力救济行为中，正当防卫和紧急避险行为被纳入法律规定中，而其他自力救济方式游离在法律之外。2010 年国务院颁布的《自然灾害救助条例》第 6 条规定："各级人民政府应当加强防灾减灾宣传教育，提高公民的防灾避险意识和自救互救能力。"这里只做了概括性规定。

（二）我国突发环境事件中的公民自力救济现状

我国突发环境事件中主要有以下自力救济方式：第一，温和型自力救济，如公民自觉与企业方协商、谈判，向行政机关寻求救济，向新闻媒体寻求帮助等；第二，暴力型自力救济，如围堵、冲击企业和工厂，拦截公务车辆，非法集会、游行、示威，堵塞、阻断公路交通，聚众闹事等暴力行为，严重影响社会公共秩序和企业、国家机关的生产、工作秩序，远远超出自力救济的范围。① 这种无序的自力救济引发了暴力，激化了冲突，不能救济公民个人的权利，造成了更多更大的伤害。如较早的 2001 年浙江发生的东阳事件，较为著名的 2007 年厦门的 PX 事件，2009 年湖南浏阳市镇头镇千人抗议长沙湘和化工厂镉污染事件，2010 年的广西玉林市博白银亿科技矿业有限公司排放废水而引发的群体性事件和 2011 年浙江台州市新事业工贸有限公司酸洗废水泄漏引发

---

① 童志锋、黄家亮："通过法律的环境治理：'双重困境'与'双管齐下'"，载《湖南社会科学》2008 年第 3 期，第 88 页。

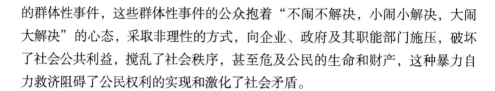

的群体性事件，这些群体性事件的公众抱着"不闹不解决，小闹小解决，大闹大解决"的心态，采取非理性的方式，向企业、政府及其职能部门施压，破坏了社会公共利益，搅乱了社会秩序，甚至危及公民的生命和财产，这种暴力自力救济阻碍了公民权利的实现和激化了社会矛盾。

五、我国突发环境事件中公民权利社会救济保障机制现状考察

（一）我国突发环境事件中的公民权利的社会救济立法概况

从 20 世纪 90 年代始至今无专门的社会救济立法，国家分散立法鼓励公民捐赠进行社会救济。

1. 国家有关社会救济的法律规定

1999 年颁布的《公益事业捐赠法》专门规范公民个人、法人或者其他组织捐助社会公益事业的行为。2007 年颁布的《突发事件应对法》第 6 条规定："国家建立有效的社会动员机制，增强全民的公共安全和防范风险的意识，提高全社会的避险救助能力。"2010 年国务院颁布的《自然灾害救助条例》第 5 条规定："村民委员会、居民委员会以及红十字会、慈善会和公募基金会等社会组织，依法协助人民政府开展自然灾害救助工作。国家鼓励和引导单位和个人参与自然灾害救助捐赠、志愿服务等活动。"2014 年国务院颁布的《社会救助暂行办法》第 7 条规定："国家鼓励、支持社会力量参与社会救助。"2014 年新的《环境保护法》第 52 条规定："国家鼓励投保环境污染责任保险。"国家在应对突发事件和环境问题对仅依靠国家机关和公民个人的力量是不够的，需要社会组织的广泛参与，国家鼓励和支持社会组织积极参与到应对突发环境事件中去。

2. 专项社会救济的相关立法规定

（1）环境基金制度立法发展概况。1988 年国务院颁布了《污染源治理专项基金有偿使用暂行办法》，这种基金属于国家行政机关出资建立的，而不是社会组织或者其他民间组织出资建立的，具有官方性。该办法规定基金由省（自治区、直辖市）、市、县环境保护部门设立，分级管理，独立核算，可以拆借使用，基金来源主要是超标排污费用，根据不同地方提取 20% ~ 30% 不等，其后各地相继根据该暂行办法出台实施细则性规定，如《四川省污染源治理专项基金有偿使用实施办法》《安徽省关于提取折旧基金治理污

染实施办法》《武汉市环境保护基金管理办法》《沈阳市环境保护基金管理办法》等。因不适应时代需求，这些办法与实施细则相继被废止。

2010 年昆明市人民政府出台了《昆明市环境公益诉讼救济专项资金管理办法》，资金来源既包括财政拨款，也包括社会捐助，因此这一救济非纯粹的社会救济，而是政府与社会的共同救济。2012 年交通部与财政部联合颁布了《船舶油污损害赔偿基金征收和使用管理办法》。2015 年 2 月由中央政法委、财政部、最高人民法院、最高人民检察院、公安部、司法部六部门印发了《关于建立完善国家司法救助制度的意见（试行）》的文件。

（2）环境污染责任保险立法概况。第一，中央环境污染责任保险立法概况。2006 年的《国务院关于保险业改革发展的若干意见》提出环境污染责任保险。2007 年国家环境保护总局与保监会共同发布了《关于环境污染责任保险工作的指导意见》。2013 年环境保护部与保监会共同印发了文件《关于开展环境污染强制责任保险试点工作的指导意见》。2015 年新《环境保护法》第 52 条规定，国家鼓励投保环境污染责任保险。2015 年中共中央、国务院联合公布了《生态文明体制改革总体方案》，规定在环境高风险领域建立环境污染强制责任保险制度。

第二，地方环境污染责任保险立法概况。2010 年印发了《中共江苏省委江苏省人民政府关于推进生态文明建设全面提升生态文明水平的意见》，2015 江苏省政府的各职能部门相继联合发布了《关于推进环境污染责任保险试点工作的意见》《关于印发推进环境污染责任保险试点工作实施方案的通知》《关于建立环境污染责任保险联席会议机制的通知》等文件，确立了开展环境污染责任保险。南京等地以市政府名义颁发了《环境污染强制责任保险实施办法》。湖南省 2012 年出台的《湖南湘江保护条例》规定，鼓励湘江流域重点排污单位购买环境污染责任保险。2014 年湖南省政府发布的《关于贯彻落实〈关于开展环境污染强制责任保险试点工作的指导意见〉的通知》规定，涉重金属企业强制投保，其他行业如石化行业、危险化学品经营企业鼓励投保，并且建立重特大环境污染公害的救助机制。2012 年内蒙古自治区环保厅与保监局、自治区政府金融工作办公室联合出台了《内蒙古自治区关于开展环境污染责任保险试点工作的意见》，为内蒙古的企业购买环境责任保险提供试点指导。

（3）环境财产保证制度立法概况。我国环境财产保证制度主要适用于船舶污染领域。2009 年国务院颁布了《防治船舶污染海洋环境管理条例》，确立了财产保证制度。2011 年最高人民法院出台了《关于审理船舶油污损害赔偿纠纷案件若干问题的规定》，对油污损害赔偿责任限制基金、财产保证制度作出了更详细的规定。

1989 年江苏省人民政府颁布了《江苏省集体矿山企业和个人采矿收费试行办法》，确立了环境财产保证制度。2007 年山西省政府出台了《山西省矿山环境恢复治理保证金提取使用管理办法（试行）》规范环境恢复治理保证金制度。2010 年的《江苏省矿山地质环境恢复治理保证金收缴及使用管理办法》具体规范了矿山地质环境治理保证金制度。2013 年浙江省新《浙江省矿产资源管理条例》规定了矿山生态环境治理备用金制度。31 个省市相继建立了矿山环境恢复治理保证金制度。湖南省于 2012 年出台的《湖南湘江保护条例》建立了环境财产保证制度，鼓励湘江流域重点排污单位缴纳环境污染治理保证金。

3. 环境公共补偿制度立法概况

我国的环境公共补偿立法主要是生态补偿制度的立法，环境侵权补偿制度还在学界讨论中，未进入立法阶段。

1998 年修改的《森林法》规定了森林生态效益补偿制度，由国家设立森林生态效益补偿基金。2002 年出台的《退耕还林条例》细化了森林生态效益补偿制度。2008 年修订的《水污染防治法》首次规定了水环境生态保护补偿机制，国家通过财政转移支付等方式，明确在饮用水水源保护区区域和江河、湖泊、水库上游地区建立健全水环境生态保护补偿机制。2010 年修订的《水土保持法》对水环境生态保护补偿机制作了补充规定。2016 年国务院印发了《关于健全生态保护补偿机制的意见》，建立生态环境损害赔偿、生态产品市场交易与生态保护补偿协同推进生态环境保护的多元化补偿新机制。2012 年广东省政府出台了《广东省生态保护补偿办法》，规定广东省生态补偿制度。苏州市 2014 年颁布的《苏州市生态补偿条例》是我国第一部地方生态补偿法规。

（二）我国突发环境事件中的公民权利的社会救济实施概况

1. 环境基金实施概况

环境基金主要是民间的自然人、法人和其他组织为了一定的环境公共利益而形成的社会组织，我国曾经不承认其合法性。2004 年国务院出台了《基金会管理条例》，民间组织才慢慢成长起来。我国现行环境基金组织较为零散，主要有以下几种环境基金：中华环境保护基金会，是环境保护部主管、民政部登记注册的第一家专门从事环境保护事业的全国性公募基金会，第一笔基金捐款来自 1992 年曲格平在巴西里约热内卢的世界环境保护大会给予的奖金 10 万美元；无主溢油应急基金会，是 2007 年由大连海事局作为发起人，全国成立的首个无主溢油应急基金会；① 中国海油海洋环境与生态保护公益基金，2011 年中国海洋石油总公司申请成立，主要用于海洋环境与生态保护，资助扶贫济困、赈灾救助等公益慈善项目，资助海洋环境生态科学研究与技术开发以及自然灾害遭受损害的海洋环境和生态修复项目等；环境公益诉讼支持基金，2014 年自然之友建立的环境公益诉讼支持基金制度，为拟提起环境公益诉讼案件的前期调研、取证等活动提供相应的资金。

2. 环境责任保险实施概况

我国环境责任保险实施经历了三个阶段。② 第一阶段 1991～1995 年是试验阶段，我国人保分公司在东北的沈阳、大连、长春等地进行试验，试验以失败而告终；第二阶段 1995～2006 年沉寂阶段，环境责任保险基本停止执行，第三阶段 2006 年至今，环境责任保险发展阶段，经过近十年的环境责任保险的试点与推进，2015 年环境责任保险制度基本建成。2007 年始我国在 29 个省（自治区、直辖市）开展了环境责任保险试点环境责任保险制度，主要参与环境责任保险试点的企业类型主要包括危险化学品、重金属、危险废物处置、印染、石油化工、医药、电力等企业。环境保护部从 2014 年公布该年度全国环境责任保险投保企业名单，共有 22 个省、自治区、新疆建设兵团等地企业投保，共 4556 家，其中江苏 1932 家，占全国总数的 42.4%。环境保护部于 2015 年第二次公布年度环境风险企业投保环境责任保险情况，其中全国共有 19 个省、自治区、新疆建设兵团等地的企业投保，共 3780 家企业，其中江苏 2213 家，占全国投保总数的 58.55%。

3. 环境财产保证制度实施概况

山西是煤矿开采大省，2006～2011 年山西省总共提取矿山生态环境恢复

① 王晓辉："日本公害补偿制度评析与借鉴"，载《环境保护》2011 年第 16 期，第 68 页。

② 陈冬梅、段白鸽："环境责任保险风险评估与定价方法研究评述"，载《保险研究》2014 年第 1 期，第 55～56 页。

治理保证金 103 亿元，使用 33 亿元，主要用于实施重点煤矿采煤沉陷区治理和所有矿区历史遗留的矸石山治理。① 根据山西省财政厅的 2014 年的文件《山西省暂停提取矿山环境恢复治理保证金和煤矿转产发展资金》，从 2013 年至国家开征煤炭资源税止，不再提取生态环境恢复治理保证金。由于矿山企业资金短缺，为了保证矿山企业的可持续发展，辽宁省国土资源厅 2015 年 4 月发布文件，从发布文件之日起辽宁全省范围的矿山企业暂停提取全省暂缓收缴矿山地质环境恢复治理保证金 2 年。

4. 环境公共补偿制度实施概况

自 2005 年在党的十六届五中全会提出建立生态补偿机制以来，我国实施了退耕还林、退牧还草、天然林保护等领域的生态补偿机制，同时还开展京津风沙源治理、西南熔岩地区石漠化治理、青海三江源自然保护区、甘肃甘南黄河重要水源补给区等区域环境的生态补偿性质的重大生态建设。自国务院批复《西部大开发"十二五"规划》以来，我国在森林、草原、湿地、流域与水源、矿产资源开发、海洋以及重点生态功能区的生态补偿制度的推进较为成功。由于我国侵权补偿制度的理论研究与立法尚处在初步阶段，因此其实践也没有展开，但是随着社会的发展，环境侵权补偿制度利用社会力量是很有必要的。

（三）我国突发环境事件中的公民权利社会救济保障机制的特点

1. 我国公民权利社会救济保障机制处在初步发展阶段

公民权利社会救济保障机制尚处在初步发展阶段。主要体现如下：第一，我国公民权利社会救济无统一的立法，现有立法是《社会救助管理办法》《自然灾害救助条例》，这两个立法虽然也称为社会救助，但是实为政府救助，并且救助的范围较窄，不是本章所要讨论的集社会力量承担社会风险的社会救助。第二，公民权利救济的方式试验较早，但是没有推行下去，止步于试验，没有形成共识。如环境责任保险制度、矿山地质环境恢复治理保证金。第三，有些公民权利社会救济方式有立法而无实践，有些有实践无立法，如《湖南湘江保护条例》规定了环境财产保证制度，有关实施环境财产保证

---

① 参见中华人民共和国国土资源部网站：http://www.mlr.gov.cn/kczygl/ksdzhj/201102/t20110218_817775.htm 浏览日期：2017 年 1 月 10 日。

的基本情况缺乏，而我国环境基金制度在我国相对其他社会救济制度较早，但一直停步于实践阶段，无政策无法律。

2. 我国初步形成了多元的社会救济保障机制

我国社会救济方式呈现出多样化的特点。主要体现如下：第一，资金来源的多样性。社会救济的资金来源主要有政府出资，企业集资，个人、企业的捐赠。第二，性质的多样性，由于资金来源的不同就决定了社会救济性质的差异，如果资金来源于财政，这类社会救济主要是官方的，其实施严格按照法律规定的范围、方式、程序予以征收与使用，缺乏灵活性，救济则会延缓，如果资金来源于民间，其资金的使用较为灵活，但是资金的持续性不足。第三，出处的多样性。各种社会救济产生的依据的差异，有的是基于法律而产生，有的是基于实践的需要而产生。我国突发环境事件中的公民权利社会救济保障机制经过多年的发展已基本形成多元的社会救济体系。

3. 我国形成了以政府为主导、多渠道筹集资金的社会救济保障模式

环境社会救济的模式有以下几种：第一，财政拨款，政府自上而下的组织实施的社会救济方式；第二，政府提取企业一定的资金，资金的所有权还是企业，但是资金主要用于由政府主导的规划、治理与修复；第三，资金来源于企业，公民权利救济与环境治理也由企业实施，政府在企业、企业与公民之间起着主导作用，主导着哪些企业应该缴纳费用，哪些企业不予缴纳；第四，资金来源于民间个人、企业自愿捐献，属于半政府管理模式。从上述我国的四种环境社会救济模式来看，不管资金来源还是社会救济保障的方式，我国政府在其中都起着主导作用。政府主导保障公民权利，有其优势，主要体现在统筹安排办大事，集中力量攻难关。但是现代社会是风险性社会，险象环生，尤其是环境风险一旦发生则不可逆转，仅仅依赖政府的力量难以为继，无论是从管理能力、资金能力、人力资源等方面，政府都无法承受环境风险之重，政府主导的环境社会救济模式需要改革。

总之，我国经过近三十年的发展基本形成了多元的社会救济资金筹措渠道，弥补了突发环境事件中公民权益保障不足，但这些资金筹措渠道较为单一，筹措的资金较为有限，并且大部分资金来源是通过强制征缴，非出于自愿，没有真正发挥社会救济的潜能。

第四章 我国突发环境事件中的公民权利保障机制的审视

第一节 我国突发环境事件中的公民权利立法保障机制的审视

一、我国突发环境事件中公民权利立法保障存在问题的缘起

从应有权利转化为法定权利有一定的距离。权利永远不能超出社会的经济结构以及由经济结构所制约的社会文化发展。[①] 把应有权利制度化、法律化的过程需要符合本国宪政、经济、文化等条件。突发环境事件中公民的应有权利到法定权利距离有多远？我国突发环境事件中的应有权利包括生命权、人身安全权、人身自由权、财产权、社会救助权、环境权、公民知情权、参与权和监督权、公民行政补偿权和赔偿权、公民救济权等。根据现行立法，我国突发环境事件中的公民享有的法定权利有公民的征用财产要求返还权、征用财产补偿权，突发事件发生前后的受救助权、补偿权，在突发环境事件发生后的基本生活救助权、医疗救助权等。而对公民环境权没有明确规定，只有在《国家突发环境事件应急预案》中规定国家应急管理部门应该对于污染源采取应急措施，减少对于环境的破坏。我国突发环境事件中的公民权利立法中明确规定对公民的财产与人身给予保护，对于因突发环境事件的发生所造成的环境影响、环境损害以及对于公民权利都没有法律规定，仅在《国家突发环境事件应急预案》中提到对于环境的处置，而无公民环境权的相关

---

① 马克思、恩格斯:《马克思恩格斯全集》(第 19 卷), 人民出版社 1956 年版。

规定，这是突发环境事件与其他突发事件的不同点，是传统立法所欠缺的。虽然在突发环境事件的权利立法中没有明确规定我国公民享有知情权、监督权、参与权以及救济权等程序权利，但是这些权利在其他的一般立法中作出了规定，作为一般法的内容也适用在各种特殊情形下，因此公民在突发环境事件中也应该享有对于突发环境事件的知情权，有权利参与到突发环境事件的应急处置以及事后救助中，同样也有权利监督国家机关的各项应急救助的活动，更好地促使国家机关依法行使权力，真正保障公民的权利，当公民权利与其他权利发生冲突，或遇阻无力实现时，也享有救济权，这是我国法律体系赋予公民的必然权利。

从上述突发环境事件中的公民应有权利到法定权利的分析来看，公民传统型应有权利与第二性程序权利都在我国的突发环境事件的权利立法中得以体现，有的有明确规定，而有的在一般法中予以规定，可能这些规定还存在一定的问题，但在现行的法律体系里都已经有所体现，实现了应有权利的初步转化。而环境权以及环境导致的损害的补救则呈现为法律真空。主要原因有三：一是我国社会主义法律体系刚刚形成，主要是对于传统权利的规范，而很少涉及新型的权利；其二，我国处在经济发展阶段，主要保障公民的人身、财产安全，至于环境安全不是立法保护的重点；其三，环境问题具有潜伏期，环境危害处在初发期，公民环境权以及对于环境损害应该给予赔偿等内容制度化、法律化的步伐滞后于实践。

宪法是公民权利的来源。当宪法把立法权授予立法机关后，立法机关有义务与责任把宪法所规定的权利具体化、制度化，这样才能使权利得到实现。但是在现实生活中立法机关可能存在对于自己的义务出现懈怠而导致立法上的不作为。大家知道我国属于大陆法系，基本权利的内容、权限、救济等都需要有法律的依据，如果立法机关不立法，公民的权利也就无法实现。立法不作为是指有权的立法机关不适时地制定相关的法律或者不及时地清理相关立法，导致公民基本权利处于虚置状态的行为。[1] 立法不作为主要有两种形态：第一种形态是没有根据宪法的授权及时制定符合时代需要的立法；第二种形态就是没有及时清理已经不适应时代发展的立法。导致立法机关权利不

---

[1] 刘志刚："立法缺位状态下的基本权利"，载《法学评论》2011 年第 6 期，第 25 页。

作为有以下原因：一是立法机关的运行机制与立法权的裁量性导致立法不作为，因为立法机关的运行机制都是多数制的运行规则，立法的内容与期限由立法机关自由裁量，宪法授权是一种概括性的授权，因此多数制的运行规则与立法理想不相一致的情形下则被搁置下来，多数制也无法承担不作为的后果，立法机关宁愿少立法也不愿乱立法；二是立法的实用主义倾向以及立法体制国家化导致公民权利立法偏离了立法的基本点，我国就是围绕经济发展，围绕社会问题立法，而不是以保障公民权利为出发点，由国家主导，而不是根据立法的基本规律立法，对公民环境权的保护就是如此，它是与我国社会经济发展状况不相匹配的，立法机关本该立法但是由于制定相关公民环境权利立法，关注环境损害的赔偿会阻碍经济的发展，这是我国立法机关迟迟不立法的根本原因。在西方宪政民主体制下对于立法不作为的情形有四种救济形式：宪法诉愿、法规审查、联邦总统的制衡、直接适用基本权利等，[①] 但是在我国还没有建立这些制度，只能通过学术研究以及实务中其他机关的督促促使立法机关在合适的时机制定相应的法律来保障公民权利。

立法权实际运行过程中除了立法不作为外，还存在一种非常普遍的瑕疵行为即立法漏洞行为。立法漏洞行为是指法律体系上违反计划而导致的立法不圆满性状态，它具有违反计划性和不圆满性的特征。[②] 这一概念较为宽泛，杨解君教授指出由于各种主客观原因使立法在内容上出现欠缺或不周密。[③] 立法漏洞具有三个特征：第一，与立法目的的相悖性；第二，立法内容的欠缺性；第三，法律适用上的困惑性。立法漏洞根据不同标准有不同分类：根据立法漏洞出现的时间划分为自始漏洞和嗣后漏洞，自始漏洞是立法时就存在漏洞。嗣后漏洞是法律制定后，由于社会变化等原因，立法者在立法时没有预见从而没有纳入法律规范中而形成法律的欠缺。根据法律漏洞的内容划分为部门漏洞与部门间的漏洞。部门漏洞是一个法律部门的欠缺与不周全。部门间的漏洞则是法律部门与法律部门之间存在冲突与欠缺。[④] 有的学者提

---

① 陈新民：《德国公法学基础理论》（下册），山东人民出版社 2001 年版，第 164 ~ 169 页。

② 黄建辉：《法律漏洞·类推适用》，蔚理法律出版社 1988 年版，第 21 ~ 22 页。

③ 杨解君："法律漏洞略论"，载《法律科学（西北政法大学学报）》1997 年第 3 期，第 12 页。

④ 杨解君："法律漏洞略论"，载《法律科学（西北政法大学学报）》1997 年第 3 期，第 12 ~ 15 页。

出补充法律漏洞的方法主要是类推适用、目的性限缩、目的性扩张、反对解释四种方法。① 这些补充方法不适用于法律制定，主要还是适用于司法过程或者行政执法过程中。本书所指的漏洞弥补主要是立法机关根据情况注重立法质量、及时立改废法律。

由于主客观原因，立法机关对我国突发环境事件中的公民权利立法存在两种瑕疵行为，一是立法机关应该适时制定法律，但没有制定相应法律；二是制定的法律因立法时没有预见到的原因，存在一定的缺陷和漏洞。

二、立法不作为是我国突发环境事件中公民权利立法保障的首要问题

（一）环境权的立法缺失

环境权是一种新型的权利形态，在我的宪法中没有明确规定这种权利，但是随着社会的发展，这种权利是一种现代公民不可或缺的应有权利，已经有 50 多个国家把这种权利纳入宪法，还有其他一些国家虽然没有将其纳入宪法，但在其他法律中作出规定。在我国 2014 年新修订《环境保护法》时，有很多学者呼吁将环境权予以法律化，但是终究立法者没有采纳这一建议，没有规定公民的环境权。《环境保护法》第 6 条仅规定，一切单位和个人都有保护环境的义务，这一条款仅是宣誓性条款，因没有相应责任规定，有如道德规范，只对单位和个人有内心约束，而无法律约束力。当因为突发环境事件的发生或者其他原因导致公民无法生存时，在现行法律体系下，公民很难寻求到法律上的救济，因只有法律规定的权利受到威胁或者侵犯时才能寻求法律的救济。一些突发环境事件发生后由于寻求法律救济无门，只好诉诸暴力，从而引发群体性事件，引发更深层次的社会矛盾。环境权的缺失是我国立法机关的立法不作为，当然这种不作为是国家出于实用主义的立法指导所导致的，新《环境保护法》虽然提出了环境优先原则，但在立法内容上还没有完全体现环境优先的理念，并且还脱离不了国家主义环境治理模式，而不是以尊重公民权利基础的环境保护与环境治理模式，因此最终没有把环境权纳入《环境保护法》中。

---

① 刘士国："法律漏洞及其补充方法"，载《人大法学评论》2010 年卷，第 212～218 页。

（二）生态环境损害立法的缺失

梳理我国突发环境事件中的公民权利立法发现，我国现有立法体制主要重在保护公民的财产利益、人身利益以及极少的人格利益，而公民的环境利益保护没有纳入现行立法中。一部分突发环境事件发生后导致的是生态环境破坏，这种破坏对于人的现有或者将来的生存造成难以估计的伤害，而现行法律体系以及救助体系主要是对于财产、人身等传统权益的初步救济，而无对于环境的救济体系，从而造成二次、三次甚至多次的伤害，从而酿成癌症村等恶性环境事件。由于缺乏环境损害赔偿立法，我国现行突发环境事件中对公民权利的保障出现以下难题：第一，因突发环境事件引发的环境纠纷行政救济、司法救济都较困难，受害公民得不到及时的经济救助，环境权益得不到保护，环境得不到及时修复，环境事件事态有扩大的趋势；第二，因突发环境事件产生的环境损害责任承担无法律规定，在实践中形成由各级政府出面承担治理污染、修复环境的费用以及公众的各种赔偿费用，而作为污染者的企业很少承担污染治理费用与公众的损害赔偿费用的局面。

三、立法漏洞是我国突发环境事件中公民权利立法保障的次要问题

我国对突发环境事件中的公民权利从 20 世纪 80 年代开始有所规定，但无专门立法，从 2006 年开始才专门立法对于突发环境事件予以规范，其中也包含了一些公民权利保障的条款，基本形成了突发环境事件中的公民权利保障体系。对于我国突发环境事件中对公民权利保障发挥了重要作用，由于立法的局限性，立法必然存在一定的漏洞。梳理我国突发环境事件中公民权利立法的内容，发现存在以下缺陷：

（一）立法指导思想落后

1. 重突发环境事件的应对，轻公民权利的保护

从 20 世纪 80 年代的突发环境事件的相关立法到 21 世纪的专门对突发环境事件的立法，其中主要条款是有关政府及其职能部门预防、处理突发环境事件的内容，而对突发环境事件中公民权利的保护规定极少，明确规定条文更少，我国现行立法重行政权规范而轻公民权利保护。

2. 重突发环境事件中权利的限制，轻突发环境事件中权利的保护

突发环境事件的发生事关公民的各种权利，为了保障公民权利授予了各

级政府及其职能部门行政权，同时规定限制公民权利的条款，这些限制内容远超出公民权利保障的内容，这种立法理念是沿袭我国传统的以公民义务为本位、权利限制为主导的理念，不适应现代以保障公民权利为本位的立法理念。

3. 重突发环境事件中的公民财产、人身权的保护，轻公民环境权益的保护

现行立法中没有明确规定环境权的内容，也无环境损害赔偿机制，只在《突发环境事件应急预案》中规定了应急机关应该对于可能或者已经发生的环境采取措施，并无规定公民面临不良环境应该有什么权利和如何救济的内容，我国现行突发环境事件中的公民权利保障体系主要保护公民人身权、财产权，还没有把环境权与利益纳入其保障体系。

4. 重突发环境事件中的应急处理与权利保障，轻突发环境事件后的后续评估与权利救助

突发环境事件发生时，由于情况紧急，应该予以及时处理与权利救助。虽然《自然灾害救助条例》规定了对公民事后救助的规定，但是对于因人为因素引起的突发环境事件的事后评估与救助在我国现行立法中规定不到位，使公民权益保障很难得到实现，如天津爆炸案后，环境损害评估与赔偿以及公民权利救助实施起来较为困难。

（二）立法保障体系存在问题

1. 多元位阶立法主体的立法权合法性存在问题

国务院颁布的《国家突发环境事件应急预案》是指导我国各类突发环境事件应对与公民权利保障的最主要的法律文件，但是这一文件的法律性质与立法内容值得商榷，其理由如下：首先，根据《宪法》规定国务院享有一定范围的立法权，但是根据立法程序、立法内容来看《国家突发环境事件应急预案》不属于行政法规的范围，只是国务院根据程序与权限制定的规范性文件，那么对于规范性文件的权限可以设定的内容，现行立法法没有规定，但是现行的立法法规定了规范性文件不能设定的内容；其次，从《国家突发环境事件应急预案》设定的内容来看，主要是在突发环境事件发生后，环境应急机关对于环境及生产与经营企业的资格的限制、对于公民自由的限制、对于公民财产的限制，这是属于行政强制措施的范畴，根据我国《行政强制

法》第 10 条规定，法律、法规以外的规范性文件不能设定任何行政强制措施。最后根据我国《立法法》第 8 条规定，对于我国公民人身自由的限制措施和处罚以及非国有财产的征收、征用的立法权应该由全国人大及其常务委员会予以保留，不应该授权给行政机关及地方立法机关。从以上几点推出《突发环境事件应急预案》的立法权与《宪法》《立法法》《行政强制法》所规定的立法权限不符，因此其对于公民权利的限制有待商榷。

2. 多元位阶立法之间的冲突与衔接问题

我国对现行突发环境事件中的公民权利立法存有四种立法位阶：一是全国人大及其常务委员会制定的《环境保护法》《水污染防治法》《侵权责任法》等权利的救济条款；二是国务院制定的《自然灾害救助条例》《社会救助暂行办法》等行政法规；三是环境保护部制定的行政规章，对于公民权利的保障的内容无明确规定；四是国务院以及其他部委制定的专门性规范性文件如《国家突发环境事件应急预案》。我国现行突发环境事件中的公民权利保障的不同位阶立法中存在冲突与越权：第一，国务院制定的《国家突发环境事件应急预案》有待商榷；第二，上位法的内容不到位，导致下位法的低效率，如《突发事件应对法》对于公民权利的规定与限制，《侵权责任法》对于环境侵权的规定不具体，还需要进一步的细化，下位法的重复与冲突会导致立法的低效率。

3. 特别法与一般法的协调问题

我国突发环境事件中的公民权利保障立法体系非常复杂，存在着三种一般法与特别法的领域：第一，我国各种污染防治法与环境侵权法的规定，有的污染法规定环境侵权责任很详细，而有的比较简单，有的没有规定。如《水污染防治法》虽没有专章专节规定水污染损害赔偿，但在法律责任篇中用五个条文规定其内容，内容规定详尽、专业，能保证水污染事件的受害人有效实现其权利。2013 年修改的《固体废物污染环境防治法》也做了与《水污染防治法》近似的规定。而《大气污染防治法》则只有一条内容：排放大气污染物造成损害的，应当依法承担侵权责任，内容非常概括，不具有可操作性。《放射性污染防治法》中没有规定污染侵权责任。《侵权责任法》规定了专章环境污染侵权责任，规定了环境污染侵权责任的举证原则，规定了共同污染与第三方污染追责的方式，较为详细，但是内容还是不够详尽，对于普通的环境损害侵权赔偿具有指导作用。各污染防治法中对于特殊环境侵权规定不统一，有些特殊环境侵权适用一般环境侵权规则难于解决，如大气污染或者放射性污染中的受害人取证困难，是否能够要求环境监测部门提供监测数据，这是一般环境侵权制度中没有规定的。第二，突发事件的权利保障与突发环境事件的权利保障之间的衔接，突发事件的权利保障范围与突发环境事件的权利保障范围是不同的，如何体现出来，现有立法规定太简单，财产的征用有补偿救济权，其他权利领域都没有规定；第三，突发环境事件中的自然灾害的权利保障与人为因素引起的突发环境事件的公民权利保障规定不同，现有立法体系中规定了自然灾害引发的事件对于公民权利的救助，主要是对于衣、食、住、医疗、生产给予救助，而对于环境没有提出救助的规定，没有涉及对非自然灾害引起的环境突发事件的救助。

（三）立法保障的具体内容存在漏洞

我国现行突发环境事件立法的模式与应急模式都是行政为主导，行政效率为先导，在此模式驱动下的有关权利保障行政主导的，立法范式都是行政应急机关应当怎么样，而公民或其他社会组织有什么权利以及义务都没有涉及。公民权利立法保障基本应该符合两个条件，一是符合宪法及上位法的规定，二是应该明确权利的具体内容、限制、救济程序等。

1. 公民权利保障的立法原则缺乏

立法原则是指导立法的基本准绳，是立法的基本理念在立法中的基本体现，是每一个法律规范不可或缺的内容。由于我国对于突发环境事件的公民权利保障立法是在不同时段，由不同的立法主体所立，并且立法内容比较分散，更因为我国现行突发环境事件的立法具有应景性，重在应对，公民权利保障内容规定较少，导致我国突发环境事件中的权利立法分散，没有形成统一的有机的权利保障立法体系，并且权利保障的规定内容与宪法规定的理念相去甚远。导致我国现行突发环境事件中的公民权利保障立法体系缺陷的主要原因是缺乏基本原则的引领与指导。

2. 突发环境事件中公民权利保障体系中法律明确规定权利的条款较少

我国现行突发环境事件中的权利保障立法体系中明确规定的公民权利类型如下：第一类是公民在突发事件中财产被征用有权获得补偿或者赔偿，第二类是公民因为水污染事件、大气污染事件被侵权有获得救济的权利，第三类是自然灾害发生后公民有获取衣、食、住、行、医疗等方面救助的权利。其实我国公民面临突发环境事件应该享有的权利主要有生命权、人身安全权、人身自由权、财产权、社会救助权、新型的环境权、公民知情权、参与权、监督权、申请复议权、行政诉讼权以及行政补偿与赔偿权等。法律明确规定的权利只是这些应该规定权利的一小部分，大部分的应有权利没有转化为法律权利，因此也就无法保障公民权利的实现。当然不是每一种公民应享有的权利必须在每一部法律中都予以规定，我国现有的传统法律体系对于公民的传统型的权利如生命权、人身安全权、人身自由权、财产权规定形成了周密的体系，有效保障公民的权利。对于社会救助权、环境权以及公民的一系列的程序权利则规定的不到位，主要表现在以下几个方面：一是法律中明确规定三种权利类型，其他基本权利没有规定，如环境权、公民的部分程序权利；二是法律明确规定的三种权利类型内容不具体；三是公民的权利救济没有规定，权利救济无法实现，如《突发事件应对法》规定了对于财产征收予以补偿，但是对于公民的人身限制则无补偿，也无其他救济制度的规定。

总体上我国立法中重突发环境事件的应急管理轻突发环境事件中公民权利的保障，其中公民权利保障的条款较少。

3. 突发环境事件中的公民权利限制条款较多

（1）突发环境事件中的公民权利限制的立法主体与立法内容不合法。为了公共利益可以限制公民权利，但是限制公民权利的立法规定应该符合宪法及上位法规定，如果不符合这些规定其合法性就值得商榷。我国突发环境事件中的公民权利限制条款主要集中于《突发事件应对法》《国家突发环境事件应急预案》中。《突发事件应对法》中对公民的人身自由权、财产权实行限制，《突发事件应对法》是由全国人大制定的，立法权合法，内容也符合宪法。《国家突发环境事件应急预案》也规定了对于公民的人身、财产的限制，其立法权超越其权限，立法的内容与《宪法》《立法法》《行政强制法》不符，因此这种立法权限与内容是不合法的。

（2）突发环境事件中的公民权利限制立法过于简约。《突发事件应对法》对于公民救济权、人身自由权和财产权进行限制，《国家突发环境事件应急预案》对于企业实行资格限制、对于公民人身、财产进行限制，这些规定主要是规定应急主体可以采取哪些措施，在突发事件的现场对公民的权利可以实行哪些限制。如果法律只规定限制公民权利的权力，而无规范权力的内容，则会导致权力滥用，损害公民权利。《突发事件应对法》《国家突发环境事件应急预案》中存在如下不足：一是无公民权利限制原则规定，这是权利限制的首要问题，什么权利应该限制，限制界限及限制公民权利条款的基本内容等应该遵循的基本理念缺乏；二是实施限制权利的主体规定比较模糊，不明确，行政权力的行使事关公共利益的安全、国家的荣誉以及公民的权益，任何一项公权力在授权时都应该明确授权主体，尤其对于突发事件这种紧急状态更应该明确，避免在现场应急处理时的混乱，从而侵犯公民权益；三是没有规定公民限制的程序内容，在两个法律文件中都只规定了限制公民权利的措施，缺乏程序规定，这种因为情况紧急而不顾及程序的设定违背了程序正义原则，公民权利难于在制度上予以保障；四是没有规定公民的程序权利内容，现代社会为了限制公权力，在立法中赋予公民一定的程序权利来控制公权力，突发环境事件中限制公民实体权利则应该赋予公民一系列的程序权利保障其实体权利不被侵犯，两个法律文件中没有赋予公民知情权、参与权、监督权、救济权等一系列的程序权利。

对于公民权利的限制必须严格遵守《宪法》《立法法》及其他法律的规定，从立法主体权限、立法内容都应遵循立法的最基本精神，真正保障公民的权利与自由。而突发环境事件中的公民权利限制无论从立法主体、立法权限、立法内容哪个方面都不符合上位法的规定，对限制的原则、限制的限度、限制的程序、权利的救济的规定几乎都是空白，不仅不能维护公共利益，而且只会深深伤害公民权利。

4. 我国突发环境事件中的社会救助权立法存在的不足

（1）我国公民行政救助权的救助范围不宽泛。我国现在行政救助的范围是因自然灾害造成公民权利的不利时，国家行政机关给予生活、医疗、住处和工作等方面的救助，《社会救助暂行办法》之外的公民遇到生活、工作等困难，国家行政机关很难提供行政救助，因为行政救助行为是一种具体行政行为，需要有法律授权且需要由国家财政支付各种费用，而行政机关无权给予公民经济上的帮助。自然灾害是引发突发环境事件的一种原因，且一旦自然灾害发生所引发的环境污染或者环境破坏以及给公民所造成的损失也是特别严重的，有比较完整的救助体系，但因非自然灾害因素所导致的突发环境事件对公民权利影响越来越大，如 2015 年天津所发生的爆炸事件中受损的公民权利根据现行法律体系无法得到行政救助，有些市民生活受到很大的威胁，如何化解？侵害者无力给予受害者完全赔偿，受害人根据现行法律规定也无法获得行政救助，生活暂时处于困难中，如何处理？

（2）我国行政救助范围是公民衣食住行，未及于环境救助。现在我国进入突发环境事件频发阶段，造成了环境污染和破坏，人类的最基本的生存环境已经受到挑战。突发环境事件发生后不仅只给予公民财产、人身等方面的救助，更重要的是使已经被污染的环境净化、修复与自愈，而不是还依然背负着满身的疮痍继续被人类践踏与摧残，最后不堪重负。鲁迅过去说关心关心我们的孩子，我希望大学关心关心我们的环境，给予环境一定的救助，这种救助不是停留在道德层面的救助，而是要上升为法律，加以制度确认。

（3）我国公民行政救助权的内容、限制的条件以及救济程序规定不详细。行政救助制度是福利行政的体现，由于与金钱有着直接的关系，福利行政本身是给予公民一种基本福利和提供最基本的尊严生活，体现社会的人文关怀，保证国家的权威与诚信，如果福利发放不当，则会激化社会矛盾，使弱者更弱，强者更强，人的基本尊严丧失，国家的诚信遭到质疑。在自然灾害的救助过程中由于我国行政救助的裁量权的空间太大，对其制约机制缺乏，行政救助没有救助该被救助的人。我国现行救助法律体系规定较为概括，不具体，其救助标准、条件、程序等内容都没有规定，行政救助裁量空间较大，行政救助权被滥用，异化了行政救助功能。

第二节　我国突发环境事件中的公民权利行政保障机制的审视

我国虽已形成了突发环境事件中的公民权利保障体系，在行政应急过程中对公民权利保障发挥了重要的作用，但我国行政法治处在初步阶段，尤其是应急法制刚刚起步，对于应急权力的制约和公民权利的保障基本处在摸索阶段，我国突发环境事件中的公民权利行政保障机制必然还不成熟。

一、我国突发环境事件中的行政保障立法中存在的问题

（一）我国突发环境事件中的行政保障机制总体存在的不足

1. 多元性的行政程序救济渠道之间缺乏兼容性

我国行政法治来源有二，其一是我国本土丰富的法治资源，是以人情社会与官本位作为法治发展的社会基础和权力建构基础；其二是拿来主义，现代行政的基本概念与制度体系是西方舶来品。我国突发环境事件中的公民权利行政程序救济保障机制源于本土与西方，因此存在一个传统与现代如何融合与配置的问题。信访是典型的中国传统救济渠道，是建立在人情与官员的威信的基础之上，而不是建构在法律基础之上。而行政裁决、行政复议是从西方借过来的，其概念、制度建构都是西方化的，完全根据规则、程序办事，不会因人而异。行政调解介于二者之间，利用我国本土的人情通过调解方式达到解决纠纷的目的，同时利用法律的威信，通过调解方式化解环境矛盾。从最近的立法看，环境调解的效果并不佳，如我国旧《环境保护法》第41条规定了行政调解，但2015年新《环境保护法》就没有规定，2015年修改的《大气污染防治法》也取消了相关规定。所以从以上分析我国的公民权利的行政程序救济方式虽然是多样化的，但是由于其产生的背景的差异，在近三十年中没有形成一个相互补充的有机体系，而是一个互不干涉，不相兼容的体系，行政救济的优势是方便、快捷、经济，有的时候反而使这种行政救济拖沓，烦琐，不经济，是一种资源的浪费，建立一个有机兼容的行政救济体系才能够真正定纷止争，保障公民的权利。

虽然《环境行政复议办法》《环境信访办法》对环境行政复议与环境信访作出了规定，但是没有解决二者的衔接问题，规定的内容过于简单，不具有操作性。如《环境行政复议办法》第3条规定，环境保护行政主管部门对信访事项作出的处理意见，当事人不服的，依照信访条例和环境信访办法规定的复查、复核程序办理，不适用环境行政复议。《环境信访办法》第16条规定了相关内容，其第1款规定的环境信访的范围有三类，第一类是检举、揭发违反法律、法规和侵害公民、法人或者其他组织合法环境权益的行为；第二类是对环境保护工作提出意见、建议和要求；第三类是对公务人员提出批评、建议和要求。从这一规定可见环境信访包含的范围非常宽泛，这一范

围包括了行政复议的一定对象范围。《环境信访办法》第 16 条第 2 款规定应当通过诉讼、仲裁、行政复议等法定途径解决的投诉请求，信访人应当依照有关法律、行政法规规定的程序向有关机关提出。从《环境信访办法》第 16 条第 1 款与第 2 款看出是有重合的，主要是环境行政复议与环境信访之间的重合，如何衔接，这两个办法的规定都没有解决这一问题。

2. 与行政救济穷尽原则和司法最终原则相背离

行政救济穷尽原则与司法最终原则是法律救济的最基本原则。行政救济穷尽原则是指对于因为行政争议引起的纠纷，当事人在寻求救济的时候应该首先选择行政救济的方式，并且要在通过各种行政救济方式救济之后还达不到救济的目的时才能选择其他救济方式。行政救济穷尽原则是基于经济因素而规定的。行政争议是行政主体与行政相对人之间因行政权行使过程中产生的纠纷，对这种纠纷，行政主体具有一定的优先权，因为行政主体掌控行政证据，由行政主体处理行政争议节约救济成本，上级行政机关能够对下级行政机关有效监督。行政救济可以减轻司法机关的负担，毕竟我国司法救济的资源非常有限，而通过行政救济的筛选后仅少量的纠纷通过司法救济其权利，实现社会正义的资本的有效配置，最大化地保障公民权利。

司法最终原则是法治社会的标志，是指法治社会中的所有法律关系的主体因为自己的权利受到不公正对待或被侵犯，不管前期选择了何种救济方式，都应赋予其有通过司法救济权利的权利。司法是社会公正的最后一道防线，是公民权利保障的最后希望，是公民权利的守护神。

突发环境事件中的公民权利行政救济立法规定违背以上原则，如《行政复议法》并没有规定所有的行政争议必须复议后才能够行政诉讼，而只是在一些特别法中规定了行政复议是前置程序，我国对于资源类的权属纠纷必须先行政裁决，行政裁决后可以直接起诉到法院，没有要求行政复议，也就是无需穷尽行政救济方式。有些行政救济程序就是最终程序，选择了行政救济就不能通过司法救济方式救济，如环境信访。以上立法严重背离了行政穷尽原则和司法最终原则，公民权利无法得到有效救济。我国公民重复救济的现象特别严重，因立法中没有厘清行政救济与司法救济之间的关系。

3. 部分环境行政救济方式缺乏程序性的规定

《环境行政复议办法》《环境信访办法》专门规定了环境行政复议和环境

信访的基本制度和程序，规范两种环境行政救济程序，而其他的环境行政救济程序无专门的法律、法规或者规章对其规范，只有散见于其他法律中的零散规定，如行政调解、行政裁决就只有在《水污染防治法》《土地管理法》等法律中作出规定，实践部门根据其规定进行实践，裁量权空间大，无具体可操作的法律、法规、规章对其基本制度、程序进行规范，因此环境行政主体在进行这些行政救济程序时，随意性较大，行政救济的积极性不强，行政救济的效果不佳。

（二）我国突发环境事件中的单行行政保障机制中立法存在问题

1. 环境行政调解的尴尬境地

环境行政调解是我国传统的解决环境行政争议的方式之一，具有经济性，能够快速有效化解环境纠纷。随着法治社会的推进，这些传统上具有优势的解决纠纷的方式也受到一定的挑战，由于行政调解的结果不具有法律强制力，环境行政调解与环境行政处罚的纠葛，导致环境行政调解的实际效力不断下降，公民、行政机关对于环境行政调解不是特别信任，这样导致环境行政调解的不经济。我国在环境立法中，环境行政调解的立法内容有减少的趋势，现仅限于《环境保护法》规定跨区域的环境纠纷以及《水污染防治法》《固体污染防治法》《噪声污染防治法》规定了污染纠纷可以由环境主管部门对其予以行政调解。环境行政调解在实践中一方面能够及时化解突发环境事件的引发者与受害者之间的纠纷，具有一定的优势，另一方面在近些年的立法中不断缩小环境行政调解的处理范围，形成了环境行政调解的尴尬境地。

2.《环境信访办法》存在的问题

近些年环境问题凸显，在"信访不信法"的错误理念指导下，环境信访的数量不断增加。为加强环境信访化解纠纷的作用和能力，制定了《环境信访办法》。该办法确实规范了环境信访行为，有效化解了部分纠纷，但还存在以下问题：第一，环境信访的目的含糊，环境信访的目的是化解纠纷？是诉说冤情？还是为环境行政机关提建议？我国信访与其他救济方式救济目的模糊，从而导致重复救济，国家机关信用丧失。第二，《信访条例》《环境信访办法》没有规定公民的基本权利，主要规定信访机构的权力，在环境信访中公民无法有尊严地维护自己的权利，它们明显是以权力为本位的立法的产物。第三，环境信访、环境行政复议、行政调解、行政裁决等其他行政保障方式的界限不明确。第四，环境信访的范围过宽，范围不明确。

3. 环境裁决、环境行政补偿与赔偿立法不完善

环境裁决、环境行政补偿与赔偿是我国法治化进程中从西方国家引进的制度，而非我国传统的解决纠纷的制度，其解决结果具有法律的约束力与执行力，但目前立法处在徘徊阶段，比较游离，没有专门的立法，分散在其他的法律之中。如环境裁决主要用于环境资源的权属纠纷，而环境侵权纠纷立法中很少规定。环境裁决相较于环境调解具有一定的优势，如裁决结果具有法律约束力，而行政调解结果不具有法律约束力，行政机关在调解过程中不会尽心尽力，而行政裁决则不同，其作出裁决结果后需要对其结果负责，公民可以对其结果引起行政诉讼，行政机关如不依法裁判，法院可以推翻其裁决结果，行政机关则需承担不利的后果，因此行政裁决机关则需尽职尽责。而行政调解则不一样，如公民对其调解结果不服，公民只需另行提起民事诉讼，与行政调解的结果无关，因此在这种模式下行政机关常常走过场进行调解。环境裁决适用范围是现行体制下需要解决的问题，它是解决特殊的环境纠纷的法治方式，可以缓解司法压力。环境行政补偿与赔偿是环境纠纷解决后的结果，是实质性地解决公民权利的手段，由于环境问题的特殊性，环境行政补偿与赔偿不同于传统的补偿与赔偿问题，应该予以特别立法，但是我国目前还没有专门的环境补偿与赔偿的立法，只在某些特殊领域予以规定，因此我国突发环境事件中的公民权利纠纷的权益解决后，有关环境补偿与赔偿不到位，这对于公民权利的救济就大打折扣，因此需要制定专门环境补偿与赔偿的立法保障公民权利。

二、我国突发环境事件中的行政保障机制实践中存在的问题

1. 环境信访数量的高频率与执行效果的无力感的冲突

环境信访是目前公民最为信赖的方式，因此也是运用最频繁的行政救济方式。虽然环境信访数量大，但公民通过环境信访救济权利的执行力不高，权利救济效果不佳。环境信访权利救济实施过程中存在的主要问题如下：第一，环境信访缺乏结案标准，信访机构处理信访案件较为随意，很难帮助公

民实质性解决纠纷；第二，环境信访案件的解决依赖多部门的合作与配合，但缺乏多部门协调机制，导致环境信访机构查处力度不够，导致集体访、越级访、重复访的现象，环境问题多数为基层环境问题，环境信访答复落实督办不力；第三，环境信访的处理机制中的能力建设不足，主要是环境信访的经费保障不足，环境信访的工作人员队伍不稳定、不专业，环境信访的工作人员的业务素质不适应解决环境问题的需要。

2. 环境行政复议总数少，维持率高

根据我国从 1997 年到 2013 年的环境年鉴数据显示，我国每年有数据可查的全国环境行政复议案件数量最高 800 多件，对于一个十多亿人口的国家，我国行政执法尚处在初级阶段，一年几百件环境行政复议案件说明公民没有意识到环境行政复议制度的重要性，行政复议还没发挥救济权利的作用，环境行政复议案件中，维持决定的比例较高，使公民更加不信任环境行政复议的维权作用。

3. 环境行政救济方式的不平衡性

我国环境行政救济公民的方式多样，有环境信访、环境裁决、环境调解、环境复议、环境行政补偿与赔偿等方式，但这些救济方式在实践中被公民接受和实施的程度及其悬殊，如信访就是公民最为常见的救济权利的方式，环境调解次之，环境裁决、环境复议等方式则较少被公民使用。原因有三：一是环境信访是中国式的权利救济方式，是中国法律文化的一部分，广泛为公民所接受；二是环境信访门槛低，不需收费，无文书要求，形式随意，程序随意，结果因人而异；三是其他行政救济方式门槛相对较高，其他行政救济方式形式有一定的要求，程序较为规范，救济结果范围较窄，如环境行政复议只能对行为的合法与合理与否作出判断，不能直接给予公民权利的保障，而环境信访可以直接救济公民权利。

4. 环境行政救济与环境司法救济的衔接存在问题，重复救济现象严重

由于我国没有建立一套协调的环境行政复议与环境行政信访、环境行政诉讼机制，在实践中当公民遇到权利阻碍时像无头苍蝇般寻求救济，信访部门、复议机构、人民法院也没有形成共识，相互推诿或者都予以立案，重复救济现象严重。公民该行政复议、行政诉讼的案件去信访机构，该到信访机构举报的却去了复议机构或法院；有的信访完了又去行政复议、行政诉讼，

有的行政复议、行政诉讼结束后又去向信访部门反映。重复救济造成了严重危害：第一，国家公信力严重下降，国家公权力机关失去权威；第二，重复救济浪费了国家的公共资源，重复救济挤占了其他公民的救济资源；第三，重复救济打破了法律秩序，扰乱了法律程序。重复救济的主要原因如下：第一，信访制度与行政复议、行政诉讼等方式的界限不明确，尤其是信访制度的界限模糊，立法目的不明确；第二，行政复议的高维持率，公民救济权利的无力感，复议机构的不作为导致公民不信任行政复议；第三，行政诉讼的执行难以及司法审查的有限性决定公民救济权利不直接，赢了行政诉讼官司，未必真能救济自己的权利；第四，信访救济的成本低、容易冲破关系网的束缚，信访的门槛低；① 第五，我国的传统对于法不尊重，对法的威性缺乏是导致公民、国家公权力机关重复救济的社会原因。

第三节　我国突发环境事件中的司法救济机制的审视

一、我国突发环境事件中的公民权利保障而引起的民事诉讼的审视

（一）环境民事诉讼中制度层面存在的问题

1. 环境侵权纠纷的原告范围较窄

环境私益诉讼和环境公益诉讼的原告规定存在不足。环境私益诉讼的原告资格是需与本案有直接利害关系的公民、法人和其他组织。这一要求表明我国民事诉讼的原告必须与诉讼有直接的利害关系，如果存在间接的利害关系都不具备原告资格。但是随着社会发展，一些新型的权利类型出现，如环境权，它与传统的人身权、财产权不同，既具有一定的私益性，也具有一定的公益性，我们生活的环境与每个公民都有密切的关联性，突发环境事件发生后造成的损害既有直接的损害，也有间接的损害，而民事诉讼法规定的直接利害关系条件太苛刻，很多新兴的侵权纠纷的公民、法人或其他组织权益无法得以救济。根据《民事诉讼法》《环境保护法》以及《关于审理环境民

---

① 应星：“作为特殊行政救济的信访救济”，载《法学研究》2004 年第 3 期，第 67~68 页。

事公益诉讼案件适用法律若干问题的解释》规定，我国符合环境公益诉讼原告的条件的环境公益组织根据 2014 年第三季度民政部民间组织管理局统计共有 700 家。① 符合原告条件的这些环境公益组织是否乐于参与环境公益诉讼呢？以上法律、司法解释出台后中华环保联合会对这些符合条件的组织进行问卷调查，结果是 30% 的环保组织愿意提供环境公益诉讼方式维权，57% 则表示首先不会选择环境公益诉讼，态度比较慎重，11% 则表示不会选择环境公益诉讼。② 从这些调查可见，我国环境公益诉讼的原告资格限制太多，符合条件愿意进行环境公益诉讼的原告范围太窄。

2. 环境民事诉讼救济的损害范围有限

环境侵权不同于传统的民事侵权，传统的民事侵权是单一的侵权行为造成单一的损害后果，而环境侵权则是多因多果行为，情形较为复杂。多果情形表现如下：一是环境侵权可能造成公民、法人或其他组织的财产或者人身损害，还可能造成环境污染或者生态破坏；二是环境侵权可能没有造成公民的人身或者财产的直接损害，仅仅造成环境的污染或者生态的破坏，从而间接影响公民的健康。③ 我国传统的民事侵权只对公民、法人或其他组织的人身或者财产以及精神损害给予救济，而对于环境本身的损害或者对于生态整体的破坏无救济的法律依据。虽然有案例如"天价"的泰州环境公益诉讼案例作出了环境修复费用的判决，但是这样的判决无法复制，因为我们是成文法系国家，必须依法办事。

《环境保护法》第 64 条规定："因污染环境和破坏生态造成损害的，应当依照《中华人民共和国侵权责任法》的有关规定承担侵权责任。"但是我国《侵权责任法》中只规定了环境污染责任，而无生态破坏责任的规定。

环境保护部为了解决环境污染损害的赔偿，2011 年颁布了第一版的《环境污染损害数额计算推荐方法》，2014 年颁布了第二版并更名为《环境污染损害鉴定评估推荐方法》，该方法适用的范围包括破坏生态行为或者污染环

---

① 吕忠梅："环境司法理性不能止于'天价'赔偿：泰州环境公益诉讼案评析"，载《中国法学》2016 年第 3 期，第 248 页。

② 王灿发、程多威："新环境保护法下环境公益诉讼面临的困境及其破解"，载《法律适用》2014 年第 8 期，第 46～51 页。

③ 吕忠梅：《侵害与救济：环境友好型社会中法治基础》，法律出版社 2012 年版，第 10～18 页。

境（包括突发环境事件）导致人身、财产、生态环境损害、应急处置费用以及其他事务性费用的评估鉴定。该方法中界定了生态环境损害是指因为破坏生态行为或污染环境直接或间接导致生态环境的物理、化学或生物特性的可观察的或可测量的不利改变，以及提供生态系统服务能力的破坏或损伤。2013 年环境保护部出台了《突发环境事件应急处置阶段污染损害评估工作程序规定》、2014 年环境保护部发布了规范性文件《突发环境事件应急处置阶段环境损害评估推荐方法》。环境保护部的这些规范性文件为民事侵权提出了评估的推荐方法，并没有成为民事侵权的标准和依据。

综上，我国环境侵权的救济范围还非常有限，只是传统的对人身、财产的救济，对环境、生态救济的非常少，这种有限的救济范围已经不适应现代社会的发展，应该拓宽环境侵权纠纷的救济范围。

3. 环境民事诉讼归责的单一化

2009 年的《侵权责任法》专章规定了环境侵权，专门规定了环境污染侵权责任的基本原则、举证责任、责任担当的内容等条款，这些规定起到了救济公民的权利、威慑潜在的环境危害行为人的作用，一定程度上达到了减少环境侵权的目的。但是这些规定还远远不能解决现实中的环境问题。现实中因生态破坏而引起的侵权诉讼无法归入现行的《侵权责任法》规定的环境污染侵权，从而引发的纠纷，对公民救济的可能性不大。

4. 环境民事责任方式不适应

《侵权责任法》规定了八种类型的侵权责任承担方式：停止侵害、排除妨碍、消除危险、返还财产、恢复原状、赔偿损失、赔礼道歉、消除影响、恢复名誉。不同的责任方式适用不同的条件。《固体废物污染环境防治法》第 85 条规定："造成固体废物污染环境的，应当排除危害，依法赔偿损失，并采取措施恢复环境原状。"2015 年颁布的《最高人民法院关于审理环境民事公益诉讼案件适用法律若干问题的解释》第 18 条规定："对污染环境、破坏生态，已经损害社会公共利益或者具有损害社会公共利益重大风险的行为，原告可以请求被告承担停止侵害、排除妨碍、消除危险、恢复原状、赔偿损失、赔礼道歉等民事责任。"我国不论是一般法还是特别法规定的侵权责任承担的方式都是针对传统的对人的责任承担方式，这些方式不适合于较为复杂、动态的环境侵权的责任承担。如环境污染或者生态破坏后很难恢复原状，即使恢复原状，也可能恢复不到原来的生态系统。如尽管停止侵害，但是可能环境污染或者生态破坏的情况继续恶化。传统的侵权责任承担方式是以损害填补为理念，以"得利禁止"为原则，即该责任机制的实施预期实现将实际状态恢复到没有损害性事件发生的状态。① 因此现有的侵权责任的方式对于环境侵权而言存在不足，需要创新责任承担方式。

（二）环境民事诉讼实践中存在的主要问题

1. 环境民事诉讼的原告能力不足

环境民事诉讼的原告能力不足主要表现在以下几个方面：一是原告信息渠道不畅，原告无法了解侵权者的基本信息，虽要求企业公开其环境信息，但是环境信息公开程度较低，原告处在信息不对称的状态；二是诉讼过程中承担的经济费用过高，这些费用包括诉讼费用，鉴定费用，无论是公民个人还是出于公共利益的目的进行环境公益诉讼的社会组织都难于承担；三是在诉讼过程中具备专门知识的法律人才的缺乏导致环境民事诉讼中的原告无法承担诉讼。

2. 环境侵权的认定标准不统一，全国不同地域不同级别的法院同案不同判

根据本书收集的环境民事私益诉讼和环境公益诉讼的案例来看，全国各地相同案件但是判决结果不同的情况比较常见，我国环境侵权的认定标准不统一。2013 年前的环境公益诉讼虽然构成侵权，但是判决内容主要是停止侵害，赔偿有关评估等费用，而没有涉及环境修复费用。2013 年后的环境公益诉讼，判决构成侵权，并且承担修复费用，但是修复费用的差距较大，高的达到 1.6 亿元，少的只有 100 多万元，还有判决异地植树达到恢复生态容量目的的。可见判决是多样性的，没有形成同案同判，损害了法律的权威性。

3. 环境侵权纠纷中环境损害鉴定问题多

2015 年司法部、环境保护部联合发布 118 号文件《关于规范环境损害司

---

① 李超："环境修复审视下我国环境法律责任形式之利弊检讨——基于条文解析与判例研读"，载《中国地质大学学报（社会科学版）》2016 年第 3 期，第 1 页。

法鉴定管理工作》的规范性文件，这一文件是我国专门规范环境损害司法鉴定的文件，其文件规定环境损害司法鉴定是指在诉讼活动中鉴定人运用环境科学的技术或者专门知识，采用监测、检测、现场勘察、实验模拟或者综合分析等技术方法，对环境污染或者生态破坏诉讼诉涉及的专门性问题进行鉴别和判断并提供鉴定意见的活动。环境诉讼中需要确定的专业性问题主要包括：一是确定污染物的性质；二是确定生态环境遭受损害的性质、范围和程度；三是评定因果关系；四是评定污染治理与运行成本以及防止损害扩大、修复生态环境的措施或方案等。我国目前环境评估鉴定的资质、技术、设备、职权等方面参差不齐，没有统一标准，也无统一法律依据，人民法院对环境鉴定评估主体的选择、鉴定人员的资格问题、鉴定结果的认定采纳、鉴定人员的出庭与否、专家的参与与否等都存在问题。

4. 环境裁判的执行难

执行难是我国司法领域的一个长期的痼疾。实务部门的法官认为执行难的根本原因是"地缘关系"和"人缘关系"的干扰。解决的办法是高级法院辖区内对不同的案件采取委托执行、异地执行、交叉执行、提级执行和统一执行，打破司法地方化的倾向。[①] 学者们认为导致执行难的原因是多方面的，但是根本原因是执行体制不顺。[②] 笔者认为地缘关系、人缘关系的干扰是我国目前执行难的主要原因。环境裁判执行难除了以上原因之外，还有特殊原因：一是环境裁判的判决责任方式的特别性与执行的模糊性；二是环境裁判的判决赔偿数额较大，企业的执行能力存在问题。由于环境民事诉讼的侵权方不履行裁判，采用"拖"和"磨"的方式，造成公民失去对于司法权威的信任，反而通过信访或者暴力的方式解决环境侵权纠纷，从而从突发环境事件转化为社会暴力事件，造成环境污染与破坏的二次污染以及社会冲突。只有树立司法权威，解决执行难问题，才能让公民"信法不信访"。

---

① 景汉朝、卢子娟："'执行难'及其对策"，载《法学研究》2000 年第 5 期，第 124～130 页。
② 汤伟建："执行体制的统一化构建——以解决民事'执行难'为出发点"，载《现代法学》2004 年第 10 期，第 22 页。

二、我国突发环境事件中的行政诉讼救济机制的审视

我国行政诉讼法于 2013 年修改，2014 年实施，这次修改纠正了我国实施 20 多年的行政诉讼制度中的问题，并且通过一些规范性文件和司法解释弥补了我国环境行政诉讼的不足，但是还是在制度设计上存在不足，不能满足现实的需要。我国环境行政诉讼实践中案件少，行政相对人胜诉难，行政相对人不愿意提起环境行政私益诉讼或者公益诉讼等现象较为突出。这些现象的深层次原因较为复杂，制度本身是原因之一，但是还涉及其他原因，如深层次文化的影响、社会影响等，本书主要探讨司法制度方面的原因，主要体现如下：

（一）环境行政公益诉讼的缺位

很多突发环境事件追责时，都可以追查到环境管理部门的管理不作为或者是违法作为。环境行政主管部门与公民、法人与其他组织共同侵犯社会公共利益，从而导致企业违法经营，非法排污，引发突发环境事件。真正对于突发环境事件的管理应该是源头管理，而不是事后的权利保障，因此应该赋予更多的主体为了社会公共利益和环境公共利益对行政主体的行为进行监督，赋予公民和一定范围的社会组织基于公共利益的需要对行政主体的行为提起诉讼。我们目前的这种末端救济的方式对于公民和环境的救济是非常有限的，从源头控制环境管理事权，才能起到宏观管理的目的。全国人大常委会虽然在 2015 年授权人民检察院可以在 13 个省、自治区、直辖市进行公益诉讼的试点，最高人民检察院也出台了《人民检察院提起公益诉讼试点工作实施办法》，并且在实践中自 2015 年试点以来全国人民法院受理了 77 件公益诉讼案件，但都是在摸着石头过河，没有明确的法律依据，尤其是环境行政公益诉讼。我国在 2015 年之前也有环境公益组织提起行政公益诉讼，但是法院都是以不受理、驳回起诉等方式处理，在 2014 年我国首起人民检察院提起的环境行政公益诉讼也是以撤诉而告终，之所以如此就是因为缺乏法律制度，没有明确的依据。

（二）环境行政诉讼原告资格的限制

无论是环境行政公益诉讼还是环境行政私益诉讼，原告资格都是一个难点问题。2014 年修改后的《行政诉讼法》第 25 条明确规定，行政行为的相

对人以及其他与行政行为有利害关系的公民、法人或者其他组织，可以作为原告。从 1989 年的行政诉讼法到最高人民法院的行政诉讼法的司法解释，我国行政诉讼原告资格的表述发生了变化，从行政相对人、法律上的利害关系人到利害关系人三种不同的表达，这三种不同表达其实说明我国行政诉讼原告资格的发展历程，此历程呈现出行政诉讼原告范围逐步扩大的趋势。[①] 虽然范围在扩大，但在实践中，对利害关系人的理解不同导致的结果不同。如 2003 年金某诉杭州市规划局案中，法院认为金某与杭州市规划局的行为没有利害关系，没有受理该案。在环境公益行政诉讼方面，法律没有明确规定，在实践中主要有两种类型的原告提出环境公益行政诉讼并且法院予以受理，一是环境公益组织，根据《环境保护法》以及《民事诉讼法》的规定提起环境行政公益诉讼；二是人民检察院，根据全国人大常委会的授权而在 13 个省、自治区、直辖市提起环境行政公益诉讼。我国目前的环境公益诉讼的主体只限于这两类，公民是排除在外的。法院一般认为公民与行政机关涉及的公共利益没有利害关系，而把公民个人排除在环境公益行政诉讼的原告之外。

（三）环境行政诉讼受案范围的限制

2014 年新《行政诉讼法》的受案范围，还是把抽象行政行为排除在行政诉讼之外。环境管理领域，一个具体的行政行为对于环境的影响是局部的，而一个环境抽象行政行为对环境的影响则是整体的、全面的、持续的，很多具体的环境影响都是因重大的环境决策行为而引发的，环境决策行为导致的环境影响是不可逆转的，危及未来人类的，因此环境行政公益诉讼应该把抽象行政行为纳入诉讼范围，通过对其监督达到减少决策层面带来的损失。如 2016 年修改的《环境影响评价法》和 2009 年国务院出台的《规划环境影响评价条例》为了从源头上预防环境污染和生态破坏，促进经济、环境、社会全面的协调的可持续发展，为了提高规划的科学性，对于规划实行环境影响评价。主要参与环境影响评价的规划范围包括：第一类是国务院有关部门、设区的市级以上地方人民政府及其有关部门，对其组织编制的土地利用的有

---

① 张扩振："论行政诉讼原告资格发展之历程与理念转换"，载《政治与法律》2015 年第8 期。

关规划和区域、流域、海域的建设、开发利用的综合性规划；第二类是国务院有关部门、设区的市级以上地方人民政府及其有关部门有关工业、农业、畜牧业、林业、能源、水利、交通、城市建设、旅游、自然资源开发的专项规划。这些地方政府或者职能部门编制的规划的法律性质在理论界还存在争议，传统的行政法理论认为行政规划是单一行为，有四种行为形式。① 随着行政规划的蓬勃发展，我国学者也开始认为不能简单认为行政规划是一种单一的行为形式，而应该根据不同类型而进行划分，有对行政相对人不产生法律效果的行政事实行为，也有对相对人产生法律效果的行政行为，在行政行为中有抽象的行政规划行为，也有具体的行政规划行为。② 从理论上区分较为困难，在实践中区分抽象与具体的行政规划更难。对于《规划环境影响评价条例》中规定的规划行政主体如果没有进行环境影响评价，或者环境影响评价不准确、不科学、程序不合法等是否能够起诉？如不能够起诉，如何保证规划的科学性？规划涉及我国的环境保护的各个领域的未来计划，计划科学则能够预防污染和生态破坏，反之则将严重影响我国的生态环境建设。

三、我国突发环境事件中的公民权利保障中的环境刑事诉讼的审视

我国近些年在环境刑事立法方面有以下两个突破：其一，刑法典中从零散立法到开辟专节立法；其二，降低了环境犯罪的标准，拓宽了环境犯罪的范围；最后，细化了环境犯罪的标准。不管刑法如何修改，我国现行环境刑事立法都囿于传统刑法的模式与理念，因此其环境犯罪所设计的罪名与刑罚也沿袭传统的刑法罪名与刑罚的方式，但这些传统的罪名与刑罚方式与环境保护的目的不是很契合，所以导致立法热闹，而司法依然如故，环境问题愈演愈烈，环境犯罪不断攀升，但刑事司法率还是很低，没有起到环境刑事立法的效果，究其原因，主要存在以下两个方面的原因：一是环境刑事立法的缺陷，二是环境刑事司法的低效。

---

① ［日］南博方：《日本行政法》，杨建顺、周作彩译，中国人民大学出版社1988年版，第62页。
② 郭庆珠："行政规划的法律性质研究——与王青斌先生商榷"，载《现代法学》2008年第8期。

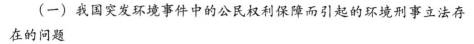

（一）我国突发环境事件中的公民权利保障而引起的环境刑事立法存在的问题

1. 环境刑事立法理念的滞后性

任何立法脱离不了一定的理念指导，刑法立法更是如此，因刑法是一个社会中制裁违法行为的最后一道屏障，也是对于违法者的最严厉的制裁，因此需要首先确立立法理念。随着人类文明的发展，不同社会刑法的立法理念也不断进化，刑法最早的立法理念是基于同态复仇，因此刑法中的罪名与刑罚方式都是残酷非人性的，到了文艺复兴之后，人类理性的复苏，刑法理念也发生了转变，惩罚是手段，保护人权是目的，人本主义成为刑法的基本理念，引领世界刑法的方向。我国现行刑法体系就是以人本主义为核心价值理念为基础建构起来，其立法目的就是惩罚犯罪，保障公民、法人、其他组织的生命、健康以及财产。这一刑法体系在过去我国经济快速发展过程中打击犯罪，对保护我国的社会经济文化等起到了保驾护航的作用，但经济飞速发展带来了严重的环境问题，严重威胁公民的基本生存与社会的发展。面对环境问题，传统刑法已感乏力，因此近些年在我国现行刑法体系里增加了打击环境犯罪行为的内容，但没有遏制犯罪提升环境的目的，因立法内容建立在传统的以人为本位的立法理念的基础上。刑法中的人本主义理念其实就是伦理思想中的"人类中心主义"思想，人类中心主义就是人类的一切制度设计和行为都是以人类作为中心，自然界的一切都是为人类服务而生存，其本身不具有价值，在宇宙中，人类是主体，自然附属于人类，刑法也就以只要是危及人类生存、安全、权益等方面的违法行为就应该给予刑事制裁，而没有考虑其他的权益，是以人类的需要为出发点设计一系列的罪名与刑罚体系，包括现在已设立的环境犯罪以人类为需要的基础上，虽加强了惩罚环境犯罪的力度和广度，但实践效果并没有体现出来，因其惩罚的环境犯罪行为中关涉财产、生命等内容，与环境保护与救济无关。

2. 环境刑事立法范围的局限性

现行环境刑法的体系设计是以人本主义理念为指导，以末端制裁为依归的治理方式，因此这种制裁是治标不治本，制裁成本高，收效甚微。我国现行环境刑法的罪名设置和罪名范围两个方面都存在局限性：

第一，我国现行环境刑法中设置的罪名主要是结果犯与情节犯，犯罪构成以对财产、人身等传统法益造成了侵害为前提。如我国《刑法》第338条明确规定违反国家规定，向土地、水体、大气排放、倾倒或者处置有放射性的废物、含传染病病原体的废物、有毒物质或者其他危险废物造成重大环境污染事故，致使公私财产遭受重大损失或者人身伤亡的严重后果的行为则构成犯罪，没有造成环境污染事故，则不构成犯罪。2011年的《刑法修正案（八）》对其做了修改，并且修改力度较大，主要表现在以下几个方面：一是罪名的修改，把重大环境污染事故罪罪名改为污染环境罪；二是构成要件上的修改，首先是删除了"向土地、水体、大气排放"的前提条件，其次是将"其他危险废物"修改为"其他有害物质"，最后是犯罪结果的改变将"造成重大环境污染事故，致使公私财产遭受严重损失或者人身伤亡的严重后果的"修改为"严重污染环境的"。有学者认为这次刑法修改扩大了行为的对象、降低了行为程度、扩大了行为的方式。① 学界认为修改后的污染环境罪的性质存在争议，有的认为是行为犯，有的认为是危险犯，有的认为是结果犯，② 笔者认为修改后的污染环境罪仍然属于结果犯。这种法律规定不符合环境犯罪的基本特征与规律，环境犯罪不同于传统的环境，它具有如下几个明显特征：其一是科技性与隐蔽性，有些环境犯罪不是普通技术所能够发现的且具有很强的隐蔽性，行为与犯罪结果之间的因果关系具有很深的隐蔽性；其二是环境犯罪的潜伏期较长，有些环境犯罪不是立刻引发犯罪结果的发生，但是只要行为发生了，到一定的时候则必然会对人、自然等造成很难察觉的伤害，且这种伤害是长期的；最后是环境犯罪具有不可逆转性和极大的危害性，环境犯罪如果不及时预防，危害结果一旦发生对于人类和自然的伤害则是灾难性的，且是人类无以治理和恢复的。因此我国目前这种结果犯与情节犯的规定是与环境保护以预防为主的特点不相符合的，是一种末端治理模式，这一模式以人类的利益为重心，对于自然环境的关注极少，只有造成危害才予以惩罚，而对其危害行为不予以制止，此种立法理念与立法结果不利于保护环境。

---

① 王勇："环境犯罪立法：理念转换与趋势前瞻"，载《当代法学》2014年第3期。

② 姚万勤："刑法应如何应对环境保护的'焦虑'——以风险刑法理念为视角"，载《浙江社会科学》2015年第7期。

第二，我国现行环境刑法规定的罪名范围窄，保护的环境因素的范围非常有限。我国现行刑法典中涉及环境犯罪的罪名如下：污染环境罪，非法处置进口的固体废物罪，擅自进口固体废物罪，非法捕捞水产品罪，非法狩猎罪，非法占用耕地罪，破坏性采矿罪，非法采伐、毁坏珍贵树木罪，非法收购盗伐、滥伐的林木罪等，这些罪名无法囊括我国实践中众多严重影响环境安全的行为，对于草场退化、噪音污染、土地的荒漠化以及转基因污染等问题都没有规定，我国目前的环境犯罪立法还是建立在以人类的利益损害为前提，并且是对人类的直接的经济利益的损害，而没有考虑到后代的利益，也没有考虑环境利益、生态利益，主要从环境的经济价值和利用价值来构建环境犯罪体系，而不是基于环境本身的价值来构建犯罪体系，带有明显的功利思想，这种环境犯罪的立法体系在立法理念上具有滞后性，立法范围有局限性。

3. 环境刑事立法的刑事责任方式的不适应性

环境刑事责任承担方式是环境刑事责任实现的方式，是刑罚效果的体现，包括刑罚措施和刑罚辅助措施。[①]

我国环境刑事立法的刑事责任承担方式沿袭我国传统刑法的刑事责任承担方式，这些刑事制裁方式主要是针对传统的犯罪，因此制裁方式主要是对人身权和财产权的制裁，极少部分适用于政治权利的制裁，在传统社会里这些制裁达到了惩罚犯罪保障公民权利的目的，对于新型的环境权的救济或者对环境的改善和修复通过对罪犯给予人身和财产的惩罚是否能够达到目的，在实践中确实存在疑虑。环境刑事责任承担方式刑罚措施主要有以下类型：主刑有有期徒刑、拘役、管制；附加刑罚金和没收财产，罚金附加刑可以单处或者并处；环境犯罪的刑罚方式中没有无期徒刑和死刑。我国的刑罚辅助措施仅仅规定在刑法第37条中，主要包括予以训诫或者责令其悔过、赔礼道歉、赔偿损失，或者由主管部门予以行政处罚或者行政处分等措施，适用范围仅限于犯罪情节轻微不需要判处刑罚的，而没有单独规定环境刑事责任的刑罚辅助措施。其具体问题主要体现在以下两个方面：

---

① 周志兴、李琼："论环境刑事责任承担方式的完善"，2014年《环境保护法》的实施问题研究——2015年全国环境资源法学研讨会（2015.7.17~20·上海）论文集。

第一，环境刑事责任中的刑罚措施的宽严不济。首先表现在自由刑的设计上，环境犯罪给社会造成的危害与承担的责任不相称，达不到惩罚犯罪和保护环境的目的。现行环境犯罪主要是结果犯和情节犯，刑罚的轻重与危害结果紧密相连，但是现行刑法是以人本主义为理念的刑罚体系，其危害结果的计算也是根据人的功利计算的，而没有计算自然本身的价值，也没有计算自然的生态利益，环境危害才是环境损害中最主要的损害，这种损害是无法估量的，多长自由刑都无法弥补这种环境损害，判处犯罪人自由刑达不到刑罚的警示与教育功能；因为破坏环境资源保护罪所规定的刑罚方式主要是拘役、管制和有期徒刑，无无期徒刑和死刑，且有期徒刑，最严重的才处十年以下有期徒刑，一般在三年、五年以下，小部分在七年以下，而环境犯罪是贪利型犯罪，行为人经过权衡认为其犯罪成本低于犯罪收益时，则会投机，以短期的自由换取高额的犯罪收益，因此这种短期的自由刑会激化行为人冒险，从而也无益于环境的保护。其次是罚金刑的自由裁量性导致罚金无度，丧失罚金的惩罚性。我国刑法第六章第六节规定的刑罚的制裁方法之一为罚金，法律对此没有任何限制，既无上限也无下限，仅有的限制是可以并处也可以单处。刑罚的罚金刑针对的犯罪形态主要是经济犯罪、财产犯罪和妨害社会管理秩序类的犯罪形态，因为这些犯罪主要是行为人具有贪利性，因此通过经济制裁的方式达到惩罚的目的。但是污染环境犯罪不仅破坏社会管理秩序，而且危及人类的最基本的生存环境，涉及公民的最基本的权利，无论是并处还是单处罚金刑都无以达到惩罚与预防的目的，况且刑法典从第338条到第345条每条都规定了罚金刑，但是没有一条规定罚金刑应该怎么罚，罚多少，只规定可以处罚金，单处或者并处罚金，授予人民法院充分的自由裁量权，因此人民法院常常出现同罪异罚现象，违背罪刑一致原则。最后是缺乏单独的资格刑。我国现行刑法体系中只有两种资格刑：剥夺政治权利和驱逐出境，后者适用外国人，这两种资格刑适用的范围都非常有限，不适用于环境犯罪行为尤其是不适用单位犯罪的环境犯罪行为，而环境犯罪的犯罪主体主要是单位，对于单位犯罪在刑罚体系中给予的制裁则仅仅限于罚金刑，上文分析罚金刑的自由裁量性，对其制裁是非常有限的，因此在实际中出现单位环境犯罪后给予负责人刑事制裁，单位处少量的罚金，单位依然还继续生产，环境污染事故一次次重演，这与我国的刑罚体系的设置有很大的关联。

第二，环境刑事责任中的刑罚辅助措施缺位。我国《刑法》第 37 条规定了刑罚辅助措施，但是规定的内容比较简单，适用范围狭窄，这些辅助刑罚措施主要是传统刑法下的措施，而随着社会的发展，一些新型犯罪的出现，刑罚辅助措施规定的内容已经不能满足社会的需求。环境犯罪是一种新型犯罪形态，传统的刑罚方式如自由刑、罚金刑等无以修复环境，弥补环境之损害，因此需要寻求新的刑罚方式填补传统刑罚之不足。

（二）我国突发环境事件中的公民权利保障而引起的环境刑事诉讼实践存在的问题

我国在刑法典的修改过程中加强了环境犯罪的立法，希望通过刑罚的方式达到治理环境惩治犯罪的目的，但近些年环境在恶化，突发环境事件越来越频繁，造成的损害越来越大，但司法机关所办理的环境犯罪案件从 2001 年到 2010 年总共才 34 件，办结的案件更少，2011 年我国出台了《刑法修正案（八）》对环境资源犯罪进行了修改，降低了标准，根据我国的裁判文书网显示，环境犯罪的受案和结案数量有所上升，但还是与实践的状况不符，高调立法与低效司法的矛盾是什么原因导致的呢？主要存在以下几方面的原因：

1. 公民、司法人员的观念没有改变

自 2011 年以来我国环境刑事理论研究和环境刑事立法发生了一定的变化，如在立法理念方面吸收了绿色观念，在某些环境刑事犯罪中把环境权益作为独立权益予以保护，但是公民、法人及其他组织以及司法机关的司法人员还没有转变观念，尤其是生产经营企业认为，在生产经营过程中，只要没有造成公民的伤害，违法排污没有问题，不影响社会影响他人。生产企业、社会组织或其他法人的这些错误的观念导致环境污染在加剧。我国的环境犯罪行为较为普遍、严重，但是司法机关追究环境犯罪具有选择性。正如赵旭光博士对 2013 年某省环保厅、公安厅、检察院开展环境污染犯罪的专项活动的实证研究发现，该立案的没有立案，该刑事制裁的没有刑事制裁，形成了三种类型的选择性追诉情形：一是歧视性追诉，只追诉外地企业，不追诉本地企业；二是多家企业需追诉，只追诉曝光企业，不追诉没有曝光的企业；三是多家企业需追诉，只追诉原来与政府作对的企业，与政府关系密切的企业不追究。① 之所以出现这么严重的选择性环境追诉在根本上还是司法人员认为这些环境刑事违法行为没有造成对公民的直接危害，而仅仅是对环境的伤害，可追诉也可不追诉。选择性执法造成两方面危害：一是环境污染越来越严重，人类生活的环境根本要素如干净的空气、水、土地越来越少；二是司法威信降低，司法公正的底线被突破，对于环境刑事违法行为作出歧视性选择追诉、不正当选择追诉、报复性选择追诉，公民只好选择私立救济或者暴力救济，造成对社会的二次伤害。司法人员的陈旧观念对社会的危害是深远的。

2. 环境司法的高科技性决定了追究环境犯罪的成本高昂

在实践中环境刑事追责的效率低，选择性追诉的原因除了司法人员的观念没有改变外，还有其他原因，如环境刑事责任认定的高科技性、难于证明，成本高昂，环境刑事诉讼中取证难、认证难。环境刑事责任的认定过程中需要解决两个问题：一是污染环境罪的罪过形式的认定；二是因果关系的认定。由于环境污染在很多情形下是多重危害行为造成的，因果关系认定非常复杂，即使是专业人士认定也相当困难，因此需要投入大量的人力、物力，才可能查清环境污染案件，而基层司法机关人少案多，经费紧张，因此基层司法机关不是每个环境犯罪都立案，而是根据各种实际选择性追究环境犯罪，从而使环境犯罪主体产生投机心理，降低了对于环境犯罪的追诉效果。

3. 环境执法过程与环境刑事过程的衔接问题

我国 30 多年来主要用行政手段进行环境管理，在实践中以刑代行或者以行代刑，行政手段与刑法手段混用现象较为严重。环境行政执法与环境刑事执法的衔接制度处于无序状态，从而形成用行政处罚惩罚环境违法行为，致使不能达到惩罚的目的。我国环境行政执法与环境刑事过程的衔接制度存在以下问题：第一，立法问题，刑事追责的标准不明确，环境行政执法与环境刑事执法缺乏衔接的立法规定。我国规范二者衔接行为的只有两个规范性文件：一是 2007 年由国家环保总局、公安部、最高人民检察院联合制定的《关于环境保护行政主管部门移送涉嫌环境犯罪案件的若干规定》，二是 2013 年由环境保护部、公安部联合出台的《关于加强环境保护与公安部门执法衔接

---

① 赵旭光："环境犯罪选择性追诉及其抗辩——兼谈刑事诉讼程序性审查机制的建立和完善"，载《首都师范大学学报（社会科学版）》2017 年第 1 期。

配合工作的意见》，这两个意见主要是原则性的规定，实质性操作内容少，指导性不强；第二，环境行政执法中存在的问题，地方政府为了保护企业的税收利益，追求 GDP，牺牲环境利益。还存在环境执法过程中的执法技术问题，污染环境罪的司法认定问题。①

第四节　我国突发环境事件中的公民权利自力救济与社会保障机制的审视

一、我国突发环境事件中的公民自力救济的审视

（一）我国突发环境事件中的公民自力救济的天生缺陷

自力救济源生于同态复仇，是一种最原始、最野蛮的救济方式，具有天生的破坏性，这也是文明社会对自力救济一直予以回避的原因，因此公力救济是文明社会主导的救济方式，现代社会由于流动性增强，社会矛盾加剧，公力救济不力，所以才慢慢倡导自力救济，来补充公力救济之不足，但是不得不克服自力救济天生的不足。

1. 自力救济程序的灵活性导致无序性

公力救济是国家机关根据法律规定的权限和程序保障公民的权利的过程，无论在实体权力还是程序规定方面都需有严格的法律规定，这样才能保证公民权利救济的中立性、客观性、公正性。而自力救济则是公民之间或者私主体之间根据工作和矛盾纠纷的现实等因素而决定救济程序，因此程序具有灵活性。正是因为自力救济往往受到不利因素的影响而导致程序的无序性，从灵活性走向无序性只有一步之遥，如何控制好自力救济的程序规则是保障公民权利自力救济的效果的基础。

2. 自力救济结果的无预期性

公力救济的结果是法律明确规定的，公共权力机关无权作出法律之外的结果，因此公民在寻求公力救济的同时基本能够预期救济的结果，做好了接受救济结果的心理准备。而自力救济则不然，无论是法律规制范围内的自力

---

① 杨勇：《环境污染案件行刑衔接问题研究》，上海交通大学 2015 年法律硕士学位论文。

救济方式还是法律规制范围外的救济方式都有不可预期性，因为自力救济一般都是在紧急情形下进行，公民自己无法预期。另外，自力救济的结果是不受法律保护的，当自力救济的程序完成后，多方主体不履行其义务的时候，公民无力借助公共权力机关的力量来执行，只能重新寻求公力救济，自力救济的结果不受法律的保障，因此也只能是不得已的救济，当能够选择公力救济时尽量寻求公力救济。

3. 自力救济的结果对于公共利益与他人利益的损害性

公力救济是在法律规范内进行的，公共权力机关在行使救济权的同时也监督私主体以及私主体与公共权力机关不要损害第三人的利益和社会公共利益，维护整个社会的有序发展。自力救济则不同，私主体之间为了谋求自身的利益，解决双方的纠纷，可能转嫁矛盾，以损害公共利益和他人利益为手段。自力救济解决了私主体之间的利益冲突，但是损害了社会的利益，这样的救济潜藏更大的社会矛盾。

（二）我国突发环境事件的自力救济在法律上的游离与现实需求之间的矛盾

1. 我国突发环境事件中的自力救济在法律上的游离

我国刑法典以及侵权责任法中规定了正当防卫和紧急避险，在《突发事件应对法》中规定了行政应急主体的一系列对于公民的人身、财产以及场所和环境的应急措施，但是没有提及在这种状况下，公民是否具有正当防卫和紧急避险的权利，上文所做的分析只是从法理的角度推定公民在突发事件发生时，只要符合刑法与侵权责任法就应该享有正当防卫权和紧急避险权。这种模糊的态度也就决定了在突发环境事件中公民自卫方式的游离。

自力救济的其他救济方式，如自助行为、谈判协商行为在现行的法律中找不到任何的法律依据，国家对于这些自力救济的方式的态度无法确定，处于一种模糊的状态。国家为了规范这些行为，应该把这些行为纳入法律规范，使之有序进行，不偏离轨道。

对自力救济的暴力救济方式，国家需要明确态度，在法律范围中也应该予以规范，限制其条件，对其予以法律制裁。

2. 我国突发环境事件中的自力救济的现实需求

我国是一个传统的重视礼治、德治的社会，公民有厌诉的社会心理。

"审判就意味着不德、不中庸以及互让的失败，是丢面子的事"①。我国传统社会公力救济的方式就是司法救济。公民遇到权利纠纷，不愿意到法院，而宁愿依靠家族宗族等民间力量来予以解决。现代社会有些变化，但是根子上还是依赖熟人社会的力量解决纠纷，如通过地缘、血缘、同业组织等民间力量来解决，在中国人的思维中应该是私力救济优先，只有寻求自力救济无门时才会寻求公力救济，这是我们到现在为止不得不面对的社会文化。对于我们民族形成的心理定式，在较短时间内这种纠纷路径选择的心理是无法改变的。因此现实中的矛盾纠纷出现，自力救济成为公民首要选择的途径。

社会转型时期社会矛盾处在一个高发状态，亟须通过社会合力去解决，而公力救济在我国还很不完善，很乏力，因此我国的现实正呼应了对于自力救济的需求，不管公共权力机关愿不愿意，它都在社会中生发其活力。

二、我国突发环境事件中的公民权利社会救济保障机制的审视

（一）我国社会救济渠道保护公民的立法滞后于社会的发展

1. 缺乏统一的社会救济立法

我国行政体制改革的任务之一就是简政放权，经过一系列制度改革，我国也已从国家、公民二元体制走向国家、社会、公民的三元体制，社会的活力不断激发出来，社会组织在公共管理职能方面发挥越来越重要的作用，尤其在公民权利社会救济保障方面的能力越来越强。但是社会组织对公民权利的救济处在一种无序状态。这种无序状态导致以下不良后果：一方面，公民需要帮助却没有资金帮助；另一方面，社会中有大量的资金与爱心无用武之地。因为政府是有限政府，无力帮助社会需要帮助之人，政府只能救急、救危、救难等，而其他大量的困难需要社会的力量予以帮助解决。首先，社会的力量如何聚集？如何组织？其次，社会之力组织起来，如何运行？社会的资金与人力都组织起来后，怎么运作资金，帮助范围、帮助程序怎么确定？最后，社会救济与行政救济及其他救济的关系混乱，社会与政府的救济范围、责任不明确，公民权利救济保障不均衡，有的是共同救助，有的确无人问

---

① ［日］高见泽磨：《现代中国的纠纷与法》，何勤华、李秀清等译，法律出版社2003年版，第15页。

津。我国现行社会救济综合立法主要有《公益事业捐赠法》《自然灾害救助条例》《社会救助暂行办法》。《公益事业捐赠法》主要是规范社会捐赠与受赠行为。《自然灾害救助条例》主要规范自然灾害发生后，政府如何救助受灾公民，帮助他们走出困境。《社会救助暂行办法》主要规范政府对于保障那些无力过有尊严的生活的公民过一种有尊严的生活，主要在生活、教育、工作、医疗等方面对公民予以救助。这些立法主要规范政府主导的救助，而涉及社会救济的较少，现在社会救济公民权利的力量微弱，与其无统一立法有密切的关系。

2. 以政府为主导的社会救济模式的滞后性

在公民权利保障机制中，政府保障是现代国家的主要保障，但不是唯一的保障，现代社会风险无所不在，政府防不胜防，无力保障所有公民的所有风险，政府只能是救急、救难、救危，需把部分的公民权利保障让渡出来，还权于社会，激活社会的潜力。我国现行的公民社会救济保障机制是一种传统的救济模式，是政府主导的救济模式，已经严重滞后于社会的快速发展步伐，阻碍了我国社会组织的发展。这一模式的弊端主要体现在以下几个方面：第一，我国社会救济的主要部分是政府出资与组织实施的社会救济机制，社会组织根本无缘参与到公民权利的社会救济中，由政府强制推进、强制实施，如环境财产保证、环境财产保险、生态补偿等，由于资金来源的单一性，政府推行的强制性，导致实施效果欠佳，尤其是环境责任保险两次试点的效果都不尽如人意；第二，少部分由社会组织或个人出资的社会救济也依附于政府组织实施，社会组织的活力没有激发出来，如环境基金，起步早，止步不前，社会中的资金无法聚集到环境公益事业中，生态建设与生态修复需要大量的资金，仅仅依赖政府资金不足以发展环境公益事业；第三，环境公益社会组织发展缓慢，因为环境公益社会组织的设立、变更等受政府严格限制，没有社会救济实施的主体成长壮大，公民权利的社会救济无法开展。

3. 环境社会救济保障方式之间缺乏协调性

环境社会救济保障方式随着社会的发展而发展，现有的主要方式有环境基金、环境财产保证、环境责任保险、环境公共资金补偿。由于我国没有制定统一的社会救济保障的法律，这四种社会救济保障方式在不同时段、不同领域开展实施，因此出现有些突发环境事件有多种社会救济，而有的突发环境事件则任何社会救济都没有，公民权利得不到保障。我国现行的环境社会救济保障方式虽是多元机制，但这种多元机制存在以下问题：第一，环境社会救济方式与政府救济方式的衔接问题，社会救济是政府救济的补充，政府救济是基础，社会救济是政府救济的拓宽，现行环境社会救济缺乏范围的界定，造成救济的真空与重复；第二，多元的环境社会救济方式之间的协调问题，多元的环境社会救济方式有其优势，相互补充，但是有时也存在冲突，环境社会救济的多元救济机制之间的协调是公平、公正保障公民权利的基础。

4. 环境社会救济资金来源不足，渠道不畅

我国环境社会救济资金的主要渠道有三种：一种是国家财政拨款，如生态补偿基金；一种是国家强制要求企业缴纳，如环境责任保险；还有一种就是个人、企业或者其他组织自愿捐献，如环境基金。这三种资金来源非常有限，如森林补偿资金，由于国家国土面积辽阔，森林覆盖面宽，补偿资金一亩十元不到，这不到十元的资金能够起到补偿林木所有人的利益吗？国家财政拨款的资金非常有限，只能象征性地给予林木的所有人一定的利益补偿，不能完全补偿，因此很难激发公民只植树不砍树的兴趣。矿产生态修复基金是国家向企业征收，但是因为企业发展遇到瓶颈就暂时予以取消，这说明我国环境保护制度还是让位于经济发展，不是环境保护优先。我国目前通过自愿捐献的环境社会救济保障资金非常有限，只占微小的部分，我国的环境社会救济的资金来源主要还是传统的财政拨款与行政征收，这种资金金额有限，资金获取方式不被企业接受，效果不佳，因此要开辟新渠道与新方式。

（二）具体的环境社会救济方式存在问题

1. 环境基金制度存在问题

环境基金制度是我国最早的环境社会救济的方式，但至今环境基金在全国的项目还非常有限，没有充分发挥民间的环境公益组织对于环境保护的作用，主要因素如下：第一，公民对于环境公益组织的性质认识不清；第二，国家对于环境公益组织以及环境基金的态度暧昧；第三，环境基金的性质、设立、监督等方面具有随意性；第四，环境基金运行不畅。

2. 环境责任保险制度存在问题

环境责任保险制度在我国尝试的时间不短，但是每次都是无疾而终，环境责任保险在我国实施过程中主要存在以下问题：第一，环境责任保险立法的滞

后，环境责任保险推进缓慢的症结是没有强制性法律依据；第二，环境责任保险产品设计不合理；第三，理赔机制不健全；第四，保险公司服务不到位。

3. 环境财产保证制度存在问题

我国环境财产保证制度无论是立法还是实践都起步较晚，由于我国处在经济快速发展阶段，在此阶段经济发展优先于环境保护，一旦出现经济不景气，环境财产保证制度则让位于经济发展，从某种意义讲我国环境财产保证制度在 2009 年立法是超前实践，但 2017 年我国经济发展已遇到瓶颈，环境保护已越来越引起国家的重视，环境财产保证制度应该成为保护环境、救济公民与环境的最必要的方式。相对而言，2009 年的立法就存在以下问题：第一，环境财产保证制度的立法适用范围过窄，主要是煤矿和海洋船泊污染行业适用环境财产保证制度；第二，环境财产保证制度的规定内容简单，缺乏操作性；第三，无环境财产保证的配套机制的规定。

4. 环境公共补偿制度存在问题

对环境公共补偿制度，学者们存在争议，有学者认为是社会救济，有学者认为是行政救济。我国现行环境公共补偿制度由国家全额出资，没有社会资本。笔者认为虽然环境公共补偿资金主要来源于政府出资，但随着社会化程度提高，应吸引一部分社会资金来填补其不足，从这个角度来看，笔者认为环境公共补偿制度是社会救济方式之一。我国目前的环境公共补偿制度的资金来源单一，环境公共补偿实施范围还非常有限。环境公共补偿制度主要包括环境侵权补偿和生态修复补偿制度。我国环境侵权补偿制度主要还停留在理论层面，需要不断实践转化为一项法律制度。我国的生态补偿制度主要是森林生态补偿，这一制度对于我国退耕还林、保护生态环境发挥了重要作用，但是这一制度存在一些问题，主要表现在以下几个方面：第一，生态修复补偿基金的范围有限，范围仅限于森林、草原等普遍性的补偿，而没有对于突发环境事件等特殊情景下的补偿；第二，我国生态修复基金的补偿金额较少，不能与其给社会带来的生态价值相均衡，补偿具有象征性；第三，生态补偿的方式单一，多元化补偿方式尚未形成，生态补偿主要是国家通过单项资金给予补偿，而无社会资金或者其他渠道予以补偿，有些地方尝试谁受益谁补偿，但是都还在试验阶段，没有制度化。

第五章　日本与美国突发环境事件中的公民权利保障机制

　　由于日本、美国是20世纪突发环境事件发生的大国，从而也促使其突发环境事件中的公民权利保障机制发展得较为完善，尤其在立法理念、公民权利保障体系等方面值得借鉴。

第一节　日本公害中的公民权利保障机制

　　本书所称突发环境事件在日本称为公害，日本环境法著名学者原田尚彦对于公害的定义是"以由于日常的人为活动带来的环境污染以致破坏为媒介而发生的人和物的损害"①。这一概念与前文的突发环境事件范围有区别，主要是指人为因素引发的环境事件，而不包括自然灾害引发的环境事件，日本公害防止与救济法都具有典型性，对于我国完善突发环境事件中的公民权利保障机制具有借鉴作用。

一、日本公害立法的历程及基本内容

　　日本公害立法有两个向度，一个是地方公害防止立法向度，一个是中央公害立法向度。两个向度相互影响，从而形成了互为补充的公害防止立法体系，并且同时建立了一套行之有效的解决公害受害者的权利救济体系，使日本从一个公害"发达国家"走向一个公害式微国家。

---

　　① 参见［日］原田尚彦：《环境法》，于敏译，马骧聪审校，法律出版社1999年版，第4页。

（一）地方公害防止立法历程

日本地方公共团体是自治公共团体，根据日本现行《宪法》第 94 条的规定，日本地方公共团体具有管理其财产、处理事务及执行行政、在法律范围内制定条例的自治权限。① 日本地方公共团体的自治立法权随着社会的发展有所变化，在 20 世纪五六十年代，法律先占论具有支配作用，即地方公共团体制定的条例在不违反法律的限度内，国家法律明示或默示先占的事项，若无法律明示的委托，则不得制定条例。② 日本地方为了防止公害，其立法先于中央，在 20 世纪 50 年代左右，许多地方公共团体就出台了限制特定工厂发生噪音、废气、粉尘等为目的的公害防止条例，如 1949 年东京都工厂公害防止条例，1950 年的大阪府事业场公害防止条例等。③ 这一时期的立法受法律先占理论的影响，公害防止条例只能起着填补法律空白的第二性法源的地位，无法满足地方复杂的公害防止的需要。70 年代，在公害破坏环境严重影响公民健康的情形下，许多地方公共团体突破法律先占理论制定了超过国家法律规制手段的"上乘"条例。如 1969 年 7 月制定的《东京都公害防止条例》，开篇就表明条例为了保障东京都居民的健康与安全并进行舒适生活的权利，并认为防止公害的最终责任者是东京都府。这一条例规定了比国家法律更高的标准，从而也推动了中央的《公害对策法》的修改，为其他地方的公害防止立法提供了范例，从而产生了一批地方都道府的公害防止条例，还出现了一批更严格的市町公害防止条例，如 1971 年的北九州市公害防止条例。这一批防止条例不同于 20 世纪 50 年代的条例，其公害防止手段发生了变化，变化主要体现在以下方面：第一，限制手段的多样性；第二，控制手段的综合性；第三，许可证制度的推广；第四，义务的强制性；第五，对居民参与的重视；第六，运用公害防止协定。④

---

① ［日］阿部照哉、池田政章、初宿正典、卢松秀典：《宪法（上）》，周宗宪译，许志雄教授审订，中国政法大学出版社 2006 年版，第 462～465 页。

② ［日］阿部照哉、池田政章、初宿正典、卢松秀典：《宪法（上）》，周宗宪译，许志雄教授审订，中国政法大学出版社 2006 年版，第 467 页。

③ ［日］原田尚彦：《环境法》，于敏译，马骧聪审校，法律出版社 1999 年版，第 101 页。

④ ［日］原田尚彦：《环境法》，于敏译，马骧聪审校，法律出版社 1999 年版，第 103～113 页。

（二）中央公害立法历程

日本现代化的脚步先于我国，始于"二战"后的经济恢复，为了赶上西方发达国家，专心于经济的发展和产业的复兴，无视自然环境。随着经济高速发展，环境问题凸显出来，乃至到 20 世纪 60 年代发生了四大公害事件，引起了悲惨的公害病，引起国人的关注，成为日本政治社会性课题。

日本最早的公害事件是 1887 年的足尾铜矿山的矿毒事件，[1] 该事件为日本公害的起点，该事件与足尾矿山的处理相关，矿毒渗透到渡良濑川下游沿岸的广阔地域，给农作物和渔业及其他居民的生活普遍造成严重的损害。[2] 接着发生了震惊世界的三大公害事件，它们分别是 1931 年开始的富山事件（骨痛病事件）、1953 年开始的水俣事件、1968 年的米糠油事件。根据厚生省环境卫生科的调查资料，1958 年大气污染引起的申诉事件 2 968 起，噪声和振动引起的申诉事件 8 246 起。[3] 这些公害事件引起了公众的恐慌，全国发生了大量的游行以及抗议活动，1967 年日本公布了《公害对策基本法》，立即生效。

《公害对策基本法》生效后，日本各岛还是相继发生了一系列公害事件，造成财产以及人身等严重的损害。如 1969 年福岛市因桑叶污染引发蚕中毒死亡。1961～1970 年四日事件的气喘病，导致一些气喘病患者不堪忍受痛苦而自杀，[4] 由于粉尘造成温室蔬菜被害事件。1970 年东京都的杉井区高中还发生了光化学烟雾中毒事件。1970 年第 64 届临时国会（被称为"公害国会"），通过了部分修改的《公害对策基本法》以及其他 13 件有关公害法案。[5] 1970 年修改的《公害对策基本法》主要包括以下几个方面的内容：第一，对于公害防治目的条款的修改，"对于生活环境的保护，目的在于同经济健全发展相协调"的内容被删除。第二，两个方面增加了公害的范围，一是把土

---

① ［日］金泽良雄："日本施行公害对策基本法的十二年——法的完备与今后的课题"，康复译，摘译自《法理学家》增刊，1979 年 7 月 15 日。

② ［日］原田尚彦：《环境法》，于敏校，马骧聪审校，法律出版社 1999 年版，第 9 页。

③ ［日］庄司光、宫本宪一：《可怕的公害》，张乙、曲圣文等译，中国环境科学出版社 1987 年版，第 6 页。

④ 康复："战后日本公害法的形成与发展"，载《国外法学》1981 年第 5 期，第 64 页。

⑤ ［日］金泽良雄："日本施行公害对策基本法的十二年——法的完备与今后的课题"，康复译，摘译自《法理学家》增刊，1979 年 7 月 15 日。

壤污染加入公害范围；二是将水质污染范围拓宽。第三，环境标准内容的修改。第四，增加公共垃圾处理设施的修建。第五，改善保护自然。

由于环境恶化，环境管理的改变，日本的《公害对策基本法》后续做了修改，在内容上没有大的变化，都是因为设置机构等方面的变化而修改，如1971 年因环境厅的设置而修改，1973 年因中央公害对策审议会的设立而修改，1974 年因公害处理纠纷方法而修改。

（三）《公害对策基本法》的基本内容

《公害对策基本法》是日本通过法律手段控制污染、保护环境的基本举措，各种公害的基本防治法，其内容有八个方面：第一，公害的基本定义，公害具体是指由于工业或人类其他活动所造成的相当范围的大气污染、水质污染（包括水质、水的其他情况以及江河湖海及其他水域的水底状况）、土壤污染、噪声、震动、地面沉降（矿井钻掘所造成的下陷除外）和恶臭气味，以致危害人体健康和生活环境的状况。这里所指的公害主要是因人为因素所引发的大气污染、水质污染、土壤污染、噪声、震动、地面沉降和恶臭等造成人体和财产的损失。第二，明确防治公害的目的，保护国民健康和美好的生活环境成为公害防治的主要目的。第三，制定了严格的限制标准，《公害对策基本法》第二章专节设置了大气、水质和土壤的污染以及噪声的环境标准。第三，采取了有效的经济措施，如用来治理污染的费用，银行可以长期低息贷款，对治理污染设施的固定资产折旧费实行减税，治理流动污染源，如对汽车尾气收排气税，大型客机降落收着陆费。第四，明文规定公害的无过失责任、两罚原则和推定原则。第五，对于违反公害法较轻的处罚金、重者判刑。第六，设立公害对策会议和公害对策审议会。①

（四）相关的公害对策法的基本内容

《公害对策基本法》制定后，为了落实基本法的规定，国会相继出台了有关公害法的法律，如《防治公害事业费企业主承担法》《关于处理及清除废弃物品法》《海洋污染防治法》《关于公害损害人身健康犯罪惩处法》《关于农业用地土壤污染防治法》《水质污染防治法》；同时修改了《噪声控制法》《大气污染防治法》《公路交通法》《自然公园法》《毒品及

---

① 康树华："日本的《公害对策基本法》"，载《法学研究》1982 年第 2 期。

剧毒物品管理法》《下水道法》《农药管理法》等。以上这些法律主要是关于水、大气、土壤、噪声等排放的限制措施以及关于土地利用和修建设施的限制等。

二、日本公害中的受害者的权利救济体系

由于公害的复杂性，日本的公害权利救济体系呈现多样性，分为行政救济体系与司法救济体系。王明远教授认为日本公害的受害人有以下方式寻求救济：民事救济途径、行政诉讼救济途径以及行政救济途径还有公害防止协定独特的救济途径。① 本书认为公害防止协定不是一种直接救济公害受害人的方式，而只是一种间接救济方式。

（一）行政救济体系

1. 建立公害行政纠纷处理机制

20 世纪五六十年代日本公害井喷式地发生，因公害遭受健康或财产损害的人可以通过司法程序要求设置除害设施或停止加害活动，但是由于公害诉讼具有一定的特殊性，使公害的受害者无法及时获得救济，而大部分公害受害者的救济都是以向市町村的市民相谈室、都道府县的公害课、警察署、法务局的人权维护机关等行政机关的窗口投诉、反映情况等形式经过斡旋、劝告等方式得到解决，要求行政机关通过一种简易程序公正、客观、中立并且妥善及时解决公害纠纷，1970 年国会出台了《公害纠纷处理法》及《公害等调整委员会设置法》，建立了公害行政处理机制，希望不仅能够公正、快速、妥善解决公害纠纷，而且能够充分利用行政机关所掌握的调查资料、科学知识及其他情报，并且把这些资料和情报能够反映到将来的行政政策和管理中，健全对区域性环境污染发挥作用，解决公害的全体性受害问题，而不是只解决公害中的个体受害问题。② 公害行政纠纷处理设置专门的机关，在中央成立了中央公害审查委员会，在都、道、府、县成立了公害审查会，具有独立性和中立性。公害纠纷处理的形式有斡旋、调解、仲裁、裁定四种。为了防

---

① 王明远："《日本环境公害民事赔偿法研究》的观点"，载《北大法律评论》2001 年第 4 卷·第 1 辑，第 290 ~ 311 页。

② ［日］原田尚彦：《环境法》，于敏译，马骧聪审校，法律出版社 1999 年版，第 36 ~ 37 页。

止公害于未然，各地方公共团体也有重要的职责，建立了公害投诉处理制度。《公害纠纷处理法》要求 25 万人以上的市设立专门的公害投诉相谈员。

日本在公害纠纷处理机制中形成了斡旋、调解、仲裁三足鼎立的局面，体现了公害纠纷双方的互让性与自主性以及行政机关的专业指导，且程序简单、费用低廉，弥补了裁判的不足；裁定具有一定的权威性，能够解决公害纠纷中的最基本与最困难的问题，但是也因为与诉讼程序没有衔接，增加了当事人的成本；公害投诉处理制度的优势在于防患于未然，简便易行，具有非正式性，其缺点是随意性。公害行政处理的后果具有与诉讼裁判一样的效果，具体体现在以下几个方面：金钱赔偿、停止公害行为、预防将来的损害适宜地设置防除设备、改善原料燃料、改变作业时间和停止作业、责令工厂迁移。

2. 建立公害提存金、公积金与完善公害健康受害补偿金制度

由于公害的特殊性，受害人权益的保障存有很多障碍：第一，受害者要求加害者承担责任，但加害者拒绝承担，受害者需要花费大量的时间、精力和心力救济自己的权利，且在紧急状况下还不能救济；第二，公害事件受害者众多，加害者无力承担高昂的费用；第三，加害者的不确定性和合法性无法使公害的受害者权益得到救济。由于公害受害者基于以上的障碍无力得到及时救济，日本则通过行政措施使公害受害人的权益得到补救。

提存金制度是指为保证对公害受害者支付赔偿金等金钱给付能力，要求对可能引起公害受害人损失赔偿的企业科以向提存机构提供一定金额的提存金的义务，当公害发生后受害人从提存金中优先受偿的方式。对不履行提存金义务的企业可采取吊销执照、停止、取消补助金等强制措施。提存金制度主要实施于矿业法中的矿业公害形成的赔偿中，由于此提存金以企业承担赔偿责任为前提，受害者也无法及时获得赔偿。公积金制度是对提存金制度的进一步发展，分散企业的风险，具体是指具有同样风险事业的企业筹集公积金，当成员中的企业实际发生公害损害赔偿义务时，从中支付赔偿金。这一制度也存在与提存金制度同样的缺陷，需以企业承担损害责任为前提，要证明损害后果与侵权行为之间的关系，需要一定的程序，无法快速及时救济公害受害者。

1969 年制定了《关于因公害引起的健康损害的救济的特别措施法》过渡

性的法律，保障公害病患者的紧急治疗的社会保障性支付，而不是基于实施公害的企业的法律责任的支付。具体内容是因大气污染或水质污染造成很多公害病发生的区域以及该疾病由政令指定，在该区域连续居住 3 年而幼儿居住 6 个月患指定疾病者，当该疾病被认定为因大气污染或水质污染的影响发生时，由都道府县支付医疗费用。此法存有公害疾病的区域范围窄、疾病范围的狭窄、仅给予受害者的紧急救助、医疗救济费用的不明确无法保证后期的执行、仅救济公害疾病的治疗救济等不足，1973 年出台了《公害健康受害补偿法》，明确补偿金的性质和来源，建立通过行政手段救济公害受害者。行政机关从从事可能引发公害的企业征收赋课金，按照简易程序认定公害病并及时确实给予公害受害者救济。到 1974 年止，日本根据《公害健康被害补偿法》支付给患者的补偿金每年超 1 000 亿日元，政府认定的公害病患者约 10 万人。① 日本的公害人救济机制从"医疗救济制度"向"健康被害补偿制度"发展。②

3. 1987 年修改旧健康补偿法而完善受害补偿金制度

根据《公害健康被害补偿法》规定，公害补偿金的 80% 主要由企业缴纳二氧化硫排放量税负担，20% 由汽车保有者通过缴纳汽车重量税负担。这笔费用对于企业负担太重，企业尽量减少排放，因此大气污染的污染来源发生了变化，由产业公害变为汽车尾气排放公害并重，1988 年制定了新的《公害健康被害补偿法》，企业承担 50% 费用，完善了受害补偿金制度。③ 不仅在健康补偿基金的构成上发生了变化，而且在补偿理念上也发生了转变，由"事后救济"向"事前预防"转变。解除了旧补偿法所规定第 1 类区域的全面指定，加强公害保健福祉事业与健康被害预防事业的建设。

4. 建立特别类型的受害健康补偿制度

2006 年日本出台了《石棉致健康被害救济法》，规定对职业病认定者以外的石棉受害者实施救济措施，规定了疾病类型、救济给付的支付对象与种类。

---

① ［日］宫本宪一："日本公害的历史教训"，曹瑞林译，载《财经问题研究》2015 年第 8 期，第 31 页。

② 罗丽："日本公害健康被害行政救济制度的启示"，载《环境保护》2009 年第 20 期，第 72 页。

③ ［日］宫本宪一："日本公害的历史教训"，曹瑞林译，载《财经问题研究》2015 年第 8 期，第 34 页。

2009 年日本国会参议院通过的《水俣病被害者救济特别措施法》，增加了"视野狭窄"等 5 项新认定水俣病症状，使不符合政府认定水俣病标准的手脚麻痹患者等更多受害者能够获得进一步救济。[1]

5. 建立公害环境修复制度

日本除了对公害受害人给予行政救济和司法救济之外，特别注意对于环境的修复，从根本上保障公害受害人及整个社会的环境安全。由于日本早期的污染主要是农村土地的重金属污染，因此 1970 年出台了《农用地污染防止法》，这部法律主要是防止和消除有害物质，有害物质主要是重金属，如镉、砷、铅等。以达到合理利用被污染的土地，防止农畜产品影响国民的身体健康，保障公民健康和生活环境安全的目的。这部法律划分土壤污染对策地区，对于高风险地区重点进行土地修复，加强对于公民健康的保护。日本地方政府采取多种措施治理被污染的土壤，如通过清除污染土、添加客土、改变水源、转变土地的用途等方式修整土地，减少对于人体的危害。[2] 日本对于农用地的污染防治有以下具体规定：第一，土壤污染区域的确定与变更；第二，土壤污染对策计划及变更；第三，设置更严格的重金属排放标准；第四，特别区域的指定和变更；第五，污染农用地的管制措施；第六，农用污染土壤的调查与检测；第七，地方政府提供资料、情报等，给予修复计划的指导、资助，并在技术上予以改进。为了应对市区土壤污染问题，2002 年日本国会出台了《土壤污染对策法》。为了保障公民身体健康，实行了严格责任、连带责任和追溯责任制度，这些内容的规定明确了企业、政府等的责任。其责任既包括对于公害受害人的赔偿责任，也包括对于土壤修复与整理的责任。日本在公害发生后，不仅对被污染的农用地进行修复，而且在其他环境因子受到污染时，也对其作出反应和治理。

6. 地方补充国家的医疗救济制度

日本北九州市是 20 世纪五六十年代的一个污染重点，称为灰色城市，根据本地的特殊情况制定了一系列公害防止体系，通过政府、企业、公众三方

---

① 罗丽："日本公害健康被害行政救济制度的启示"，载《环境保护》2009 年第 20 期，第 71 页。

② 李云峰："日本公害治理及赔偿的历程、经验及对中国的启示"，载《环境与发展》2014 年第 26 期，第 1~6 页。

合力把它打造为绿色城市，其中对于公害健康受害人的救济方面也有其独特的经验，除了遵循中央的有关制度外，还出台了本地的相关政策、措施，补充国家的不足。1971 年出台了《有关救济公害损害身体健康的特别措施法》，救济因公害导致的健康被害者。1971～1986 年共有 2108 人被认定为公害健康被害者，并得到补偿。由于环境的改善，截至 2009 年，仅有公害健康受害补偿者 958 人。北九州市 1973 出台了《特定呼吸器官病患者的救济措施纲要》，对于生活于本市且已经迁出本市或调转工作的公害健康被害者提供必要经济补偿、适当的救济金或抚恤金。①

（二）司法救济体系

日本公害受害人除了通过行政途径获得权益救济外，更重要的是通过诉讼途径获取权益保障，日本的公害诉讼经历了三个阶段：第一阶段是以"四大公害审判"为起点，建立了以过失责任与无过失责任为原则，给予受害者的永久性救济，以民事诉讼为主的诉讼模式；第二阶段是以食品公害、药品公害诉讼为基点，追究国家赔偿责任为主要任务的行政诉讼为主；第三个阶段是对公共事业、设施等的公害诉讼，目的是中止请求和将来损害赔偿请求。② 在日本已形成三种诉讼从不同角度对于公害受害人权益给予保护。

1. 民事诉讼

在"二战"前日本发生的公害纠纷不通过民事诉讼模式解决，而多以"探视费补偿"的经济恩惠解决，但这种方式既没有明确污染者的责任，受害人也没有得到完全救济，在战后这种方式没有被受害者接受，他们选择了诉讼方式。日本公害的受害人获得赔偿有两种模式，一种是普通民事诉讼，另一种是公益民事诉讼。

日本的公害诉讼最著名的就是水俣病案。因水俣病分别提起了三次诉讼，第一次是 1969 年公害受害者向熊本地区法院提起民事诉讼，1973 年公害受害人胜诉，得到民事侵害责任赔偿。接着分散于各地的水俣病患者发起了第二波与第三波环境民事诉讼，要求企业给予赔偿，建立了污染者

---

① 董立延："迈向'国际环境首都'——日本北九州市公害对策与环境建设"，载《学术评论》2014 年第 6 期，第 16～17 页。
② 梅泠、付黎旭："日本环境法的新发展——《环境法的新展开》译评"，载《环境资源法论丛》第 2 卷，第 234～236 页。

负担原则。

随着环境变化，日本的健康补偿法律制度也不断改进，但还是不能够完全补偿公害受害者，其中就将因机动车尾气污染而患有各种疾病的患者排除在外，于是1996年102人因尾气污染影响其健康而向东京地方法院提起民事诉讼请求，要求日本政府、东京都自治政府、日本首都高速道路公司以及丰田、日产等7家机动车制造商赔偿损失，并立即停止向东京都23区排放机动车尾气。到2006年2月底，总计633人针对相同被告又提起了五次诉讼。2007年，原被告于六次诉讼后达成和解；另外，原告撤回停止侵害的诉讼请求，纠纷以和解告终。和解协议主要约定了以下内容：第一，设立医疗费补助制度，由被告出资救济受害者。第二，被告必须采取环境对策以抑制机动车尾气污染。第三，由被告机动车制造商支付12亿日元解决金，作为对原告的赔偿以及恢复环境的再生金。第四，设立"东京道路交通环境改善联络会"及"东京都医疗费补助制度联络会"，致力于今后机动车尾气污染治理工作。① 这一和解协议不仅赔偿了本诉讼原告的基本诉求，而且也建立了长效的同类情形给予将来的公害受害者的补偿机制，并且建立了"环境再生金"这一新型的赔偿机制，为恢复环境原状提供了资金保障。

2. 行政诉讼

日本公害受害者通过行政诉讼的方式对行政机关所为的有关公害的行政处分行为，可提出撤销诉讼、住民诉讼、附加义务诉讼或国家赔偿请求诉讼维护其受害者的权益。公害行政诉讼中最常见的是撤销诉讼。撤销诉讼是指公害受害者认为行政机关的违法行政行为侵犯其权益，对其不服，提出请求法院撤销原行政行为的诉讼。日本的公害行政诉讼中最具特色的诉讼是住民诉讼。住民诉讼是指公民既可以起诉地方公共团体的违法行政措施，也可以代位自治团体向造成污染的工厂企业追究其侵权行为责任。这种诉讼模式是行政公益诉讼，维护的是环境公益。最具代表性的案例是最田子浦的泥状沉积物公害事件，静冈县的居民把四家公司和静冈县知事一并告上法院，引起民事和行政诉讼，要求静冈知事确认四家公司的行为违法，代位要求知事中

---

① ［EB/OL］．http：//www.t-kougaikanjakai.jp/taiki-tokyo/PDF/070924_wakai.pdf.東京高等裁判所，和解条项。

止四家公司的违法行为，且要求四家公司代为赔偿 1000 万日元的赔偿费。①具有发展前景的行政诉讼模式是附加义务诉讼。附加义务诉讼是指公民要求行政机关及时行使规制权力禁止或防止公害的发生。② 这一诉讼有司法权干预行政权之嫌，所以被较为慎重的行使。③ 起初只有事业者具有这一权利，但随着日本公害管理从事后审查往事前审查转移，公害的受害人也享有提起这一诉讼的权利。日本公害受害者最受益的诉讼是国家赔偿请求诉讼，具体是指公民认为国家或公共团体的违法环境措施对其造成损害，对其提起国家赔偿请求诉讼，并追究其公害措施的违法性。如有名的水俣病案第三次诉讼中，公害的受害者不仅把企业起诉至法院，同时也把日本政府、熊本自治团体诉至法院，要求国家赔偿，1990 年法院寻求原被告各方的和解，尽快解决这一问题，但日本政府予以拒绝，1995 年日本政府迫于各方压力，部分承认了行政机关的责任。

随着日本行政诉讼的发展，日本的公害受害人提起行政诉讼的原告范围不断拓宽。日本的公害受害人提起行政诉讼具有重要意义，防止了国家或者地方团体行政违法行为的发生，从事后审查走向事前控制。

3. 刑事诉讼

1971 年日本修改《日本公害对策法》后，制定新的《关于涉及人体健康的公害犯罪处罚的法律》，简称《公害犯罪处罚法》，是世界上最早规定因公害承担刑事责任的法律，新设了公害犯罪、行为人与法人两罚的规定以及因果关系的推定。④《日本公害处罚法》规定公害犯罪是一种危险犯罪，只要是发生危险，即使不直接对人的健康产生伤害，也直接构成犯罪。日本至今处理了以下四起公害犯罪案件：一是大东铁线案件；二是日本化学制剂案件；三是石田晒彦案件；四是协和精练案件。至 2000 年日本根据《公害处罚法》起诉的只有 12 人，21 世纪后其适用更少，因日本最高法院对《公害处罚法》

---

① 梅泠、付黎旭："日本环境法的新发展—《环境法的新展开》译评"，载《环境资源法论丛》第 2 卷，第 245 页。

② 杜刚建："日本的环境权理论和制度"，载《中国法学》1994 年第 6 期，第 108 页。

③ 许华："日本的公害行政诉讼"，载《中国环境管理》第 6 期，第 33 页。

④ 曲阳："日本的公害刑法与环境刑法"，载《华东政法大学学报》2005 年第 3 期，第 96 页。

的规定作出了最严格的解释使检察机关难以立案。① 但《公害处罚法》还是给公民一种安全感，因该法赋予检察机关在突发环境事件发生时，起诉可能给各个环节以及个人造成伤害的公诉权。

三、日本公害中公民权益保障机制对于我国的借鉴

日本从一个公害先进大国变成一个环境优良国家，其治理公害与保护普通公民权益的经验是我国推进突发环境事件公民权益保障机制的宝贵资源，以下东西可资我国借鉴。②

1. 环境优先的环境政策理念是公害受害人权益得以保障的思想基石

自地方至中央的环境运动推动了整个日本在环境政策的转变，经历了从产业优先，到产业与环境同等重要再到环境优先的发展路径，正是这种理念的转变才导致地方与中央在对于公害以及公害受害人权益保障方面的政策、立法的转变。在产业优先的理念指导下，日本经济快速发展，公害频频发生，公害受害人的权益无法得以保障，地方团体及企业以探视费补偿的经济恩惠方式敷衍受害人，引起受害人的不满，从而引发 20 世纪五六十年代的地方环境运动，推动地方与中央的公害立法运动，从忍受限度理论向均衡理论过渡（均衡理论即是指产业发展与环境保护应该均衡发展）公害受害人通过一系列诉讼获得权利救济。20 世纪 90 年代，经济发展到一定的阶段，人们开始要求提出享有舒服环境的权利，因此日本把环境优先原则确立为国家的基本国策，在这一国策的指导下，日本从源头遏制公害，从一个公害发达国家变成了逐渐根除公害，从根本上保障公民的基本权益的国家。治国的根本理念的转变是解决公害的基点，也是保障突发环境事件中公民权益保障的根本。

2. 完善的公害补偿救济机制和专门的公害纠纷处理机制是公害受害人权益保障的行政基础

当面临各种公害灾难时，日本各级地方团体与中央政府通过建立有效的

---

① ［日］大塚直：《环境法》，有斐阁 2002 年版，第 542 页。

② 向佐群：“日本公害事件受害者的救济体系及对我国的借鉴”，载《中南林业科技大学学报》（社会科学版）2017 年第 1 期。

行政救济途径帮助公害受害人摆脱各种困境，这些行政救济相对于司法救济途径来说是高效的、及时的、有益的，值得我国借鉴。

首先是设立了专门的公害纠纷处理机制，因公害纠纷处理是公害健康补偿的基本前提。因为公害发生后，事态复杂，公害行政处理机制能够快速救济公害受害人的权益，也能够快速解决公害发生区域内的环境污染情形，有助于帮助其他公害受害人的权益；公害纠纷处理机制通过斡旋、调解、仲裁的程序，比较有利于各方纠纷当事人协商，有利于矛盾的化解。

其次是建立了公害投诉处理制度，这一制度有利于地方公共团体防治公害于未然，接受普通居民对于公害方面的投诉反映，给投诉人提供公害的知识、信息，调查公害的实际情况，尽量解决问题，起到了消除部分公害的目的，化解了部分受害人与产业者的矛盾。

最后就是出台了专门的《公害健康受害特别措施法》，通过行政途径及时给予公害受害人健康补偿。这部法律建立了完善的行政救济机构和程序，保障了受害人的权益有效实现。第一，设立了专门的公害健康被害补偿预防协会，受环境厅长官和通商产业大臣直接领导，具有独立法人资格，该协会的官员和职员享受国家公务员待遇。《公害健康被害补偿法》设专章规定公害健康被害补偿预防协会的有关内容。第二，确定了补偿的范围。第三，保证资金的来源。第四，规定了补偿的程序。第五，建立了对于公害补偿的监督机制，为了处理对补偿不服的申诉案件，在环境厅长官下面，设立公害健康被害补偿不服审查会。该审查会由委员6人组成（其中3人可以是非专职委员）。

3. 独立、公正的司法体系是公害受害人权益保障的司法基础

在公害发生后，公害受害人是根据法律要求企业给予损害赔偿。日本的各法院，慢慢发展出一套有利于保护公害受害人的司法理论体系，从民事诉讼到行政诉讼再到刑事诉讼，从不同方面惩罚公害加害者，保障公害受害人的权益。具体体现在：第一，公害诉讼中的举证责任理论的发展是保障公害受害人权益实现的根本。公害诉讼的证明责任的理论发展的目的是保障公害受害人的权益，司法体系是公正的、独立的、不受干预的。最早公害诉讼适用一般民事诉讼的证据规则，谁主张谁举证，公害受害人承担证明其损害与污染之间的因果关系，接着发展到严格注意义务，这样科以企业具有预见和防止公害发生的严格注意的义务，但是如果企业尽到严格注意义务发生公害，

其受害人的权益无法救济，这种过失原则也有其局限性，从而发展为无过失原则，企业即便没有过失，但是因为企业的行为引起了他人超过忍受限度的损害时，也需承担责任，日本的四大著名的公害诉讼都适用忍受限度理论，到现在的盖然性理论，这一理论成为当今日本公害诉讼理论的主流理论，其具体证明责任是当企业排放的污染物质达到并蓄积于发生损害的区域产生了影响，其区域又发生了多起损害事实，法院根据这样两个事实就应该推定其损害与企业排污具有因果关系，无需其他的证明，这样有利于公害受害人诉讼。第二，日本发达的环境公益诉讼是对公害受害人最有利的保护。日本的环境公益诉讼包括民事公益诉讼和行政公益诉讼。日本普通公民可以对企业的行为提起公益诉讼，也可以对于失职、滥用职权的行政机关提起公益诉讼，保障公害受害人的权益。第三，日本规定了公害犯罪，实行行为人和法人二罚制，这一制度有利于树立公害受害人对于国家制度的安全感也对公害企业具有威慑力，预防公害的产生。

4. 环境专家、律师团队、科学家等为公害受害人提供专业指导是公害受害人权益保障的社会基础

日本的官方与民间的公益组织为公害受害人在维护权利的道路上贡献力量。1979 年设立的日本环境会议（JEC）由 500 名多学科的环境问题专家组成，他们没有接受政府和企业的任何资助，而是站在受害者和公众的立场上给政府提出政策建议，积极推动日本公害对策的改善。[1] 律师集团组成了"全国公害律师联络会议"，[2] 日本的四大公害诉讼都是由地方的律师志愿参与旷日持久的公害诉讼中，仅四日市的公害诉讼中就有 43 人参与到原告辩护团，熊本的公害诉讼原告辩护团由熊本本地 23 名律师以及来自于全国各地的 200 多名律师组成，他们都是志愿服务，没有这么多专业律师的参与，日本公害诉讼的受害人是很难打赢官司的。再就是有些专家也参与到公害诉讼的科学鉴定中，这些鉴定对于公害诉讼发挥关键证据的作用，有力地保障了公害诉讼中受害人的利益。

---

① ［日］宫本宪一："日本公害的历史教训"，曹瑞林译，载《财经问题研究》2015 年第 8 期，第 35 页。

② ［日］村松昭夫："日本公害审判制度的改进与律师的作用"，载王灿发主编：《环境纠纷处理的理论与实践》，中国政法大学出版社 2002 年版。

5. 公害后的环境修复是日本公害受害人权益保障的环境基础

环境再生制度是公害发生后给予环境的修复。在日本公害发生后,不仅通过各种途径给予公害受害者救济,而且对于破坏和污染的环境进行修复和改善,实现"环境再生"①,如足尾铜山,环境非政府组织参与当地的森林、土壤、水质、物种等自然环境的修复,现在已准备申请世界文化遗产。②

第二节　美国突发环境事件中的公民权利保障机制

美国在 19 世纪末到 20 世纪中期,经济快速发展,从而带来了严重的环境污染,发生了较多的环境事件,尤其是一些重大的环境事件的发生引发了美国环境管理制度改革。美国是一个判例法系国家,每一个重大环境事件都推进判例与公民权利的改革,随着环境事件的不断发生,美国环境事件中的公民权利保障机制得以不断发展完善,值得我国借鉴。

一、美国重大突发环境事件及对公民权利保障产生的影响

20 世纪 40 年代发生的洛杉矶光化学烟雾事件和多诺拉烟雾事件是 20 世纪世界十大突发污染事件之一,因大气污染给市民健康带来了严重的影响。空气污染事件引起联邦政府对于空气的治理,掀起了空气污染治理立法的高潮。20 世纪七八十年代发生的拉夫运河事件,是美国最严重的固体填埋污染事件,拉夫的居民联合起来起诉胡克化学公司但是屡屡失败,最后促进了美国国会于 1980 年出台了《综合环境反应、赔偿和责任法》——又称《超级基金法》,根据此法,拉夫运河受害居民获得了 30 亿美元的经济损失费和健康损失费。拉夫运河事件对于美国环境法立法具有推动作用,开启了突发环境事件公民权利保障立法的新篇章。

大西洋水泥公司环境污染事件虽然没有像其他事件那样引发死亡与伤害,但是已经在当地造成了严重的后果,从而引发了著名的布默案。这一案件引发了深层次的学理性思考:其一,环境污染受害人的权利救济问题;其二,利益

---

① ［日］永井进、寺西俊一、除本理史:《环境再生》,有斐阁 2002 年版。
② 包茂红:"日本的环境史研究",载《全球史评论》2011 年第 1 期,第 62 页。

衡量原则的适用问题；其三，环境法的成文法的内容与普通法的关联性的问题。①

1972 年在西弗吉尼亚州洛根县区内水牛湾地区发生了灾难性的水牛湾事件，因大坝决堤导致 17 英里的小镇和 16 个社区被摧毁，几千人倾家荡产，125 人死亡。② 事后联邦政府为幸存下来的公民提供了免租金的拖车和财物资助，并且由联邦中小企业管理局向受灾公民提供便捷的贷款，帮助他们暂解燃眉之急。幸存者向西弗吉尼亚州南区联邦法院提起诉讼，要求 6 400 万美元的诉讼费用，并提出补偿性赔偿、惩罚性赔偿和禁令救济，最后原告与被告方以 1350 万美元和解。水牛湾事件是美国历史上的重大突发环境事件，它在以下几个方面值得借鉴：第一，突发环境事件的责任承担者主要是企业而不是政府，虽然美国联邦政府承担了一定责任，但是保留了追究公司责任的权利；第二，突发环境事件发生后，不仅需给予受害人财产、精神赔偿，还需要给予补偿损失；第三，突发环境事件发生后，不仅对于公民给予赔偿、补偿，更需要对破坏环境给予清理、修复；第四，突发环境事件发生后仅仅依赖传统的司法程序无法解决对公民与环境造成的伤害，需要加强其他的救济来源与渠道。

1986～1988 年雷特洛环境服务公司违法排污事件开启了公民起诉违反法定义务的污染者和政府机关的历史。③

1989 年"埃克森·瓦尔迪兹"号漏油事件是美国历史上最大的海洋污染突发环境事件，对阿拉斯加的渔业、社区和村庄以及当地的生态环境造成的影响依然存在。2008 年美国联邦最高法院对"埃克森·瓦尔迪兹号"油轮石油泄漏事故的赔偿做出最后判决，赔偿总金额达 10 亿美元，还要求被告支付了约为 21 亿美元的清理费用和 9 亿美元的刑事罚款。

2010 年美国墨西哥湾原油泄漏事件，导致 2 500 平方公里的海水被原油覆盖，造成墨西哥湾的环境灾难，影响多种生物的生存环境，是美国历史上

---

① ［美］理查德·拉萨路斯、奥利弗·哈克主编：《环境法故事》，曹明德、李兆玉、赵鑫鑫、王琬璐译，中国人民大学出版社 2013 年版，第 8～34 页。

② ［美］杰拉尔德. 斯特恩：《正义永不决堤——水牛湾惨案》，许身健译，法律出版社 2015 年版。

③ ［美］理查德·拉萨路斯、奥利弗·哈克主编：《环境法故事》，曹明德、李兆玉、赵鑫鑫、王琬璐译，中国人民大学出版社 2013 年版，第 150～174 页。

最严重的突发漏油事件。① 2011 年建立了深海地平线漏油事件环境自然资源基金，先期英国公司注入 10 亿美元作为重建受影响的沿海沼泽地、沙滩和野生保护区的恢复费用，并且给予环境遭受损害的 5 个州每个州 1 亿美元的重建费用，加快环境的重建与修复。② 设立 200 亿美元综合性基金向全体受害者提供赔偿，其赔偿对象包括受到漏油事故损害的个人和企业。这家企业还因为漏油引发的环境损失而额外支付罚金。2010 年 6 月，根据英国石油公司与美国司法部达成的托管协议，建立了新的墨西哥湾海岸理赔机制，这一机制在美国处理突发事件史上也是非常特殊的，半公半私，用加速、简化的程序暂时缓解了巨大的环境灾难给墨西哥湾沿岸的居民所带来的影响。

二、美国突发环境事件中的公民权利保障的发展、立法规定与保障途径

美国环境法经历了三个时代：一是初始时代（1776～1920），这一阶段由于宪政与土地制度的原因，联邦与各州对于环境保护各自为政，虽然有些环境保护的理念，但是环境依然不断恶化；二是形成时代（1920～1960），这一阶段由于经济的快速发展，环境保护的职责依然不留给各州，各州在经济发展方面"逐底竞赛"，环境恶化，环境问题凸显，导致一系列重大的突发环境事件发生；三是成熟时代（1970 年至今）在形成阶段突发环境事件的爆发，引起了联邦以及公众对于环境问题的关注，联邦政府取得环境管理权，一系列环境法出台，环境法被不断完善并有效执行，经过近 30 年的努力，美国环境质量得以改善。③

（一）美国突发环境事件中的公民权利保障的发展

美国的突发环境事件中的公民权利保障有三种模式，其实这三种模式是相互交错，而非决然分开的。

---

① ［美］肯尼斯·R. 范伯格：《补偿的正义——美国如何应对灾难》，孙伟、许捷、郭超、武文棣译，法律出版社 2013 年版，第 113～177 页。

② NRDA Trustees Announce ＄1 Billion Agreement to Fund Early Gulf Coast Restoration Projects, http：//www. restorethegulf. gov/release/2011/04/21/nr-da-trustees-announce-1-billion-agreement-fund-early-gulf-coast-restoration-proj，2016 年 10 月 3 日最后访问。

③ 尹志军：《美国环境法史研究》，中国政法大学 2005 年博士论文。

1. 以传统的诉讼获取救济模式

一些重大突发环境事件发生后，公民权利遇到阻碍，通过诉讼方式要求事件的发起者承担责任。因突发环境事件牵涉的受众多，原因复杂，且涉及环境公益，突发环境事件引发的诉讼不同于传统的诉讼而发展为公民诉讼和环境公益诉讼。这种模式是美国保障公民权益最有效的模式。虽然在20世纪70年代后加强了立法，也加强了其他行政、社会救济渠道，但司法救济是最主要的救济渠道。

2. 以制定成文法保障突发环境事件中的公民权利模式

由于伤害范围的广泛性、侵权原因的复杂性、诉讼程序的严格性等原因，导致突发环境事件中的公民权益及环境的破坏不能得到及时有效的救济，于是美国突破判例法的传统，制定了一系列的成文法，建立制度保障突发环境事件中受害的公民以及对于环境的修复，最具代表性的法律有《国家环境政策法》《超级基金法》《清洁空气法》《水清洁法》等，形成了政府、社会、企业等多方主体多种渠道保障突发环境事件中的公民权益的局面。如《国家环境政策法》明确了环境保护优于经济发展的基本原则，规定了环境影响评价制度等内容，起预防突发环境事件发生的作用。如《超级基金法》规定政府应付紧急状态以及清理与修复突发环境事件所引发的环境破坏，建立环境修复基金，保证环境修复的资金需求。

3. 以设立专门的机构防范突发环境事件，保障突发环境事件中的公民权利

1979年美国建立联邦紧急事务管理署（英文名为 Federal Emergency Management Agency，简称FEMA），该署直属总统领导，是美国重大突发事件发生后协调的最高领导机构，2003年归入国土安全部，主要是帮助联邦政府和地方政府建立突发事件应急处理机制，以及协调联邦机构应对突发事件的统一行动。政府专门机构用专门的资金和人力来保障突发环境事件中的公民权益，更有力地、同时也多渠道地保障了公民权益。

（二）美国突发环境事件中的公民权利保障的立法规定

1.《国家环境政策法》的规定

《国家环境政策法》是美国环境法的基本法，确立了环境保护政策是"联邦政府与州及地方政府，以及其他有关公共及私人组织协作，运用一切

可行的方式和手段，包括财政及技术协助，旨在鼓励并提高公共福利，创造并保持人与自然和谐共存的条件，满足美国当代及后代的社会、经济及其他需求"①。确立了环境影响评价和公众参与制度，是美国环境立法的里程碑，有效地遏制环境恶化，预防突发环境事件的发生。

2. 《清洁空气法》的规定

1970 年通过《清洁空气法》，形成了以联邦政府为主导统一的空气质量标准，建立了符合空气治理的较为完善的法律体系，保证公民能够呼吸清洁的空气。《清洁空气法》有以下具体制度：第一，理顺空气污染控制与经济发展的关系；第二，建立以联邦政府为主导的空气污染防治管理体制，把这项职责赋予应运而生的联邦国家环境保护局，联邦环境保护局直接实施空气污染控制项目，取得空气污染控制的主导权；第三，建立州实施计划；第四，规定了公民诉讼，鼓励与保障公民参与，第 304 条首次以成文法的形式规定了公民诉讼条款，②公民可以担当私人检察员的角色；第五，控制污染源，实行全面控制空气污染。

3. 《水清洁法》的规定

1972 年制定了新的水污染控制法，也称为《水清洁法》，首次规定自然资源损害赔偿制度，其规定是总统或任何州的授权代表，可作为自然资源的托管者就替代或修复资源的费用求偿③，这一规定为环境的修复提供了法律的保障。还规定公民诉讼，鼓励并保证公民参与，《水清洁法》规定许可、保障公众对水污染立法、执法、监督等全过程的参与，公众可以对政府部门、污染者因为违法、滥用职权等行为提起诉讼，促使其履行法定义务。④

4. 《超级基金法》的规定

1980 年美国议会制定了《综合环境反应、赔偿和责任法》，简称《超级基金法》，这一法律为政府处理突发环境污染状况以及治理重点危险废物设施提供了财政支持，就治理危险废物的责任和补偿做出了规定。该法规定了

---

① 《美国法典》第 42 卷，公众健康与福利，第 55 章《国家环境政策法》4331（a）。
② 李挚萍："美国环境法上公民的原告资格"，载《环球法律评论》2006 年第 1 期，第 93 页。
③ 33U.S.C.§1321（f）（5）.
④ 尹志军：《美国环境法史研究》，中国政法大学 2005 年博士论文，第 153～162 页。

两类治理环境污染的行动：一是清除，具体是指清除掉泄漏在环境中的有毒有害物质；二是救助，具体是指在泄漏或者在泄漏威胁的环境下采取的防止或者减少对于环境的危害，以期保护当下和未来的公民的健康和安全的措施，这是一种永久性和长期性的措施。还建立了自然资源损害赔偿制度，由泄漏有毒有害物质的所有者、运营者等承担赔偿责任，赔偿的范围包括对自然资源的损害、破坏以及因评估这些伤害的成本等。1986 年制定了最终规则，确定了自然资源损害赔偿范围与基本程序。其基本赔偿范围分为三部分：其一是修复、恢复、替代和获取受损自然资源或其提供的服务的等价物的费用；其二是从排放或泄漏到修复、恢复、替代和获取资源和其服务等价物的时间内公众流失的所有或部分服务的可赔偿价值；其三是评估的合理必要的费用以及利息。① 其赔偿的程序分为两种：一种是 A 程序，用来评估少量石油或有害物质泄漏的事件，仅用简单的特定模型进行计量；一种是 B 程序，对大型事故进行评估，这是一种唯一、特定的评估。② 为了应对这些突发环境事件，《超级基金法》设立了两项基金：一项是危险物质反应信托基金，后更名为"危险物质超级基金"，其设立的目的是为已有的被遗弃的危险废物设施的治理和应对其他一些紧急状况提供资助；另一项基金为"关闭后责任信托基金"，由于这一基金实施困难，后面没有得以实施。危险物质超级基金一直有效运行，其基金来源于：一是石油、化工等企业的专门税；二是对一定的企业征收的环境税；三是联邦政府的一般行政拨款。其基金的用途主要是以下几个方面：第一，政府采取清除、救助等行动所需要的费用；第二，任何其他个人为实施国家应急计划所支付的必要费用；第三，对受害人无法通过其他行政和诉讼方式从责任方处得到救济的因危险物质排放造成的自然资源损害进行补偿；第四，对危险物质造成损害进行评估，开展相应的调查研究项目，公众申请调查泄漏，对地方政府进行补偿以及进行奖励等一系列活动所需要的费用；第五，对公众参与技术性支持的资助；第六，对与前三项不同的大都市地区中污染最为严重的土壤进行试验性的恢复或清除行动所

---

① 42U. S. C. §9607（a）（1－4）（C）.
② 王树义、刘静："美国自然资源损害赔偿制度探析"，载《法学评论》2009 年第 1 期，第 75 页。

需要的费用。①《超级基金法》建立了严格的、连带的、回溯的责任制，实行污染者负担的原则。污染者的范围较广，既包括危险废物设施的现时和以往的所有人和经营管理人，也包括将危险物质运往该设施的运送人，还包括产生该危险物质的制造人。所谓严格责任是指不管这些污染者是谁，不论其有无过错，都需要承担责任，而连带责任则是以上所指的任何责任者都可能承担全部费用，最后的回溯责任是指不管污染者是在超级基金法颁布前还是在其后，一旦发现，都可以追溯其责任。后联邦环保局经过 10 年的探讨，实行了"执行优先策略"，即环境保护局先要求责任者承担污染治理费用，如果责任方不予以承担，则由政府先行治理，再起诉责任者要求其承担相关费用，并对责任者给予三倍于治理费用的惩罚，这种策略能够及时救助环境，消除危害。

5.《石油污染法》的规定

"埃克森·瓦尔迪兹"号油轮漏油事件发生后，美国专门制定了《1990年石油污染法》，该法要求排放石油的船舶所有者承担清洁费用。《石油污染法》包括以下主要条款：油污责任和赔偿；对立法的更正和补充；国际油污防治与清除、预防与清污；威廉王子湾规定其他研究和开发规划及横贯阿拉斯加输油管道系统改革法；油污责任信赖基金等九项内容。② 1990 年《石油污染法》是美国较为完善的赔偿或补偿因石油污染而造成的环境污染与公民损害的法律体系，扩展和明确了海洋石油开发中油污赔偿的范围，提高了责任人赔偿的责任限额，建立了自然资源损害赔偿制度和溢油损害赔偿责任信托基金制度，这些规定有效地保证了石油污染过程中环境清理与修复的费用，也保障了石油污染中的受害人的利益。

（三）美国突发环境事件中的公民权利保障的途径

1. 司法救济

（1）普通侵权诉讼。美国 20 世纪具有重大影响的突发环境事件发生后，公民通过旷日持久的侵权诉讼方式救济自己的权益。如拉夫运河事件中的受害人吉布斯联合其他受害人在 1978 年卡特颁布紧急搬迁令后起诉胡克化学公司，但是由于胡克化学公司已经被转让，并且在事件发生前附有有毒的警告

---

① 王曦、胡苑："美国的污染治理超级基金制度"，载《环境保护》2007 年第 10 期，第 66 页。
② 33U. S. C. §2701（a）、（b）。

书，尽到了告诫义务，根本的原因是没有法律规定该公司须承担责任，受害
人屡遭败诉。直到 1980 年《超级基金法》的出台，才使本案有所转机。根
据新法，法官判决胡克化学公司与纽约州政府是责任方，承担 30 亿美元的经
济损失与健康损失费用。1969 年大西洋水泥公司环境污染事件中原告布默诉
起初以妨害之诉起诉大西洋水泥公司环境污染，要求发布禁止令，但是初审
法官认为构成了妨碍，但是该公司在该地区已经产生了一定的影响，不能颁
布禁止令，只需要该公司给予原告一定的经济赔偿。于是原告提起上诉，诉
至纽约上诉法院，上诉法院发回重审，最后法院做出判决，认为这一诉讼不
关涉公共利益，只涉及私人利益，要求公司给予原告一定数额的赔偿，而无
需签发禁止令。水牛湾事件中幸存者的代理律师向西弗吉尼亚州南区联邦法
院提起诉讼，要求 6400 万美元的损害赔偿，并提出补偿性赔偿、惩罚性赔偿
和禁令救济，最后本案原告与被告方以 1350 万美元和解，赔偿灾后的幸存者
650 人财产、精神等各种损失。1989 年 3 月 28 日"埃克森·瓦尔迪兹"号油轮
漏油事件中的受害人进行诉讼，美国联邦最高法院于 2008 年 6 月对"埃克森
·瓦尔迪兹"号油轮石油泄漏事故的赔偿问题做出最后判决，大幅削减了埃
克森美孚（Exxon Mobil）对阿拉斯加渔民和其他居民等 32000 户商业用户的
补偿性和惩罚性赔偿金额，将其由 25 亿美元减少到 5 亿美元，从 1996 年起
每年支付 5.9% 的利息，最后赔偿总金额在 10 亿美元左右。从上述突发环境
事件中受害人提起的普通侵权诉讼中了解到，其有如下特征：第一，普通诉
讼耗时，一般案例需三五年，复杂的案例长达十年以上，迟来的正义是否能
够真正保障这些本因灾难受过创伤的人的权益？第二，普通诉讼最后所获得
的赔偿数额能否与他们所受到的伤害相均衡？普通诉讼是基于传统的财产诉
讼，而突发环境事件中遭受的损害是多层次的。第三，普通诉讼中的侵害责
任人无法足额承担环境事件给受害人造成的伤害。第四，普通诉讼中的责任
人的变化让突发环境事件中的受害人无法起诉。第五，普通诉讼中受害人取
证的艰难以及诉讼费用的昂贵是受害人无法承担的。

（2）环境公益诉讼。美国是最早建立公益诉讼的国家。公益诉讼首先
是由 1954 年的"布朗诉托皮卡教育委员会案"创立的，为弱势群体或者边
缘化的群体普遍化的权益保障提供法律救济的途径。公益诉讼是指基于公
众的普遍利益或者与作为整体的公众休戚相关的事项，尤其是证明政府管

制正当性的利益而向法院提起的诉讼。① 公益诉讼的诉讼目的是"为社会弱势群体寻求正义提供阶梯，为分散化或集合性权利的实现提供渠道，使得公民社会既能启蒙公众的人权意识，又能使公众参与公共政策的制定。公益诉讼还可以监督政府尽职以促进善治"②。由于环境问题的凸显以及环境的公益性，环境公益诉讼成为美国公益诉讼中的主要诉讼类型。美国不同于大陆法系国家，全部案件都适用普通诉讼程序，因此其环境公益诉讼不分民事公益诉讼和行政公益诉讼，都属于民事诉讼范围。美国的环境公益诉讼有两种类型：一种是总检察长诉讼（Attorney general claims）；另一种是公民诉讼制度（Citizen suits）。总检察长诉讼制度是指联邦政府或者各州政府的检察总长为了环境保护的目的直接针对污染与破坏环境的行为人提起诉讼追究其法律责任的诉讼。检察总长是联邦政府及各州的司法部长，是联邦及各州政府及其职能部门的首席法律长官，为其提供法律咨询，出席联邦及各州的重大案件的庭审活动，不同于我国检察长。③ 其实在具体的环境公益诉讼中，一般由检察总长提起诉讼，而具体参与案子审理调查的是联邦环境总署和各州的环境保护局，要求环境污染和破坏者提供损害赔偿以及排除妨害与危害。如在水牛湾事件中，1974 年 2 月 26 日诉讼时效到期前，西弗吉尼亚州政府检察总长向皮茨顿公司提起诉讼，请求赔偿突发环境事件中遭到严重破坏或摧毁且属于州政府的桥、公路和学校，损害赔偿为 1 亿美元，而联邦政府虽然也花费了 900 亿美元的清除费用，但放弃了环境公益诉讼的权力。

美国的公民诉讼，有的学者称"公民执行"，④ 有的学者称为"补充的私人检察总长"诉讼，⑤ 是一种公益诉讼，公民并不是基于个人的利益提起诉讼，而是基于督促国家机关或者企业采取措施促进公益，多见于环境保护的案例中，如 1943 年的 Associated Indus-tries of New York v. Lckes 案件。在立

---

① 薛波主编：《元照英美法词典》，法律出版社 2003 年版，第 1117 页。
② See Surya Deva. Public Interest Litigation in India：A Critical Review. Civil Justice Quarterly 2009（1）.
③ 侯佳儒："环境公益诉讼的美国蓝本与中国借鉴"，载《交大法学》2016 年第 4 期，第 44 页。
④ 王曦："美国清洁空气法中的公民执行规定"，载《上海环境科学》1991 年第 5 期。
⑤ 张辉："美国公民诉讼之'私人检察总长理论'解析"，载《环球法律评论》2014 年第 1 期，第 174 页。

法中首次见于 1969 年的《密歇根州环境保护法案》中，① 1970 年联邦法律《空气清洁法》最先予以规定，其后 1972 年的《水清洁法》、1960 年的《超级基金法》、1990 年的《石油污染法》相继作出更详细的规定。提起公民诉讼需要满足三个基本条件：一是存在争议；二是争议是基于公共利益；三是原告是政府机关的以外的个人和任何公民团体。公民诉讼中的公民或者公民团体虽然不像行政执法机关那样直接向污染者发出命令或者采取其他措施，但是其可以通过司法程序，对于行政执法者或者违法者进行监督。为了防止公民诉讼权的滥用，公民诉讼有特别的限制：第一，公民诉讼程序的限制，公民不能直接起诉，在诉讼前需履行"诉讼提示程序"，即公民在提起诉讼前，需提前 60 日告知相关的行政机关或者违法的企业，只有 60 天后，行政机关或者违法企业仍然不履行义务或者不改正违法行为，才能提起公民诉讼；第二，不能重复诉讼，如果已有公民就同一事项提起诉讼，其他任何公民不能再行起诉；第三，行政罚款执法权优先于公民诉讼。② 公民诉讼包括两类：一是公民或公民团体对包括企业、美国政府或者其他各级政府机关在内的污染源提起的民事诉讼，起诉的事由是因为以上污染源违反法定或主管机关核定的污染防治义务；二是公民对环境保护局局长的行为提起司法审查，要求环境保护局长履行义务。公民诉讼的诉讼请求有两类：一类是禁止令，请求法院发布禁止令，要求污染者停止污染行为或者要求主管机关采取具体措施以贯彻法令；二类是罚金，在《清洁空气法》中仅规定禁止令，在《水清洁法》中规定罚金，最高罚金为 2.5 万美元，罚金收归国库，而非给予原告。③美国的环境法律、法规中规定公民环境公益诉讼中特别授权法院可以把律师费用及其他诉讼费用判给任何一方，只要法院认为合适，这样就保证公民诉讼中的原告不为费用所束缚。④ 在美国的环境法中没有赋予公民一定的调查权，但是在司法实践中，法院赋予公民在一定的时间段到污染企业所在地进

---

① 转引侯佳儒："环境公益诉讼的美国蓝本与中国借鉴"，载《交大法学》2016 年第 4 期，第 45 页。

② 张辉："美国公民诉讼之'私人检察总长理论'解析"，载《环球法律评论》2014 年第 1 期，第 174 页。

③ 朱谦："美国环境法上的公民诉讼制度及启示"，载《世界环境》1999 年第 3 期，第 18 页。

④ 崔华平："美国环境公益诉讼制度研究"，载《环境保护》2008 年第 12B 期，第 90 页。

行调查，保证公民的取证调查权，有利于公民诉讼权利的实现。①

（3）刑事诉讼。美国在 20 世纪 80 年代由于环境问题凸显，开始加强了运用刑事手段对环境的保护，国会立法提高了环境附属刑事制裁的幅度。②另外是司法部下设立了环境与自然资源保护局，其主要职责就是保护美国的自然资源，预防和治理污染等，根据联邦法律负责调查和起诉污染环境和破坏自然资源的行为等。还有就是环境保护署也于 1994 年设立了环境执法办公室，加强环境执法的力度。"埃克森·瓦尔迪兹"号油轮漏油事件后，美国司法部的环境和自然资源局负责对埃克森美孚公司进行调查，证明其违反了《水清洁法》《垃圾处理法》《候鸟条约法》，追究其刑事责任。1991 年埃克森美孚公司被法院处以 1.25 亿美元罚金。一部分资金设立为北美湿地保护基金，从而保护被污染地域的自然资源；另一部分资金用于修复被污染的环境。这是美国历史上环境犯罪数量最大的罚金。

美国环境保护署可以用民事、行政以及刑事手段制裁环境违法行为，救济公民与环境的权益，它选择刑事制裁的趋势在上升。③ 美国对环境污染与环境公害的犯罪实行严格刑事责任原则，不管行为人有没有犯罪意图，只要实施了违法行为，就构成犯罪。环境刑事责任实行双罚制，既对公司给予经济制裁，也给公司中的具体负责人给予制裁，对其可实施监禁，也可处以罚金，罚金最高可达 50 万美元，监禁可长达 30 年，这些法律规定都起到了对环境犯罪的预防与惩罚作用。

2. 行政救济

美国在突发环境事件发生的早期阶段基本遵循普通法原则，谁污染谁负担的规则，受害者根据普通法通过诉讼救济权利。但由于突发环境事件越来越频繁，环境风险越来越大，由环境事件的引发者承担法律责任越来越困难，这时候行政机关就开始承担部分责任，建立一些行政基金，及时帮助突发环境事件中的受害者，帮助清理环境与修复环境等。如美国的超级基金就是一

---

① 崔华平："美国环境公益诉讼制度研究"，载《环境保护》2008 年第 12B 期，第 90 页。

② 张福德："美国环境犯罪严格刑事责任的演化与评析"，载《北方法学》2013 年第 2 期，第 62~72 页。

③ 刘晓倩、阳相翼："美国环境犯罪刑事政策及启示"，载《江西理工大学学报》2013 年第 12 期，第 26 页。

项最成功的行政救济方式，由于环境污染的长期性，污染企业不断变化，很难确定污染企业，超级基金就能够及时为突发紧急状况下的受害人、环境给予救济。超级基金的来源主要是税收和行政拨款，保证行政救济的财政基础。1990 年《石油污染法》成立了"国家油污基金中心"，设立的油污责任信赖基金也是突发环境事件中的行政救济的较好的形式，能够补充石油污染赔偿制度的不足，保障了石油污染中的受害人的权益。美国联邦及州政府除了建立基金外，还及时处理突发环境事件，承担了部分清理环境的责任，如水牛湾事件后联邦政府为幸存下来的公民提供了免租金的拖车和财物资助，并且由联邦中小企业管理局向受灾公民提供便捷的贷款，帮助灾民重新生活。如拉夫事件发生后，1978 年 10 月，卫生部开始清理垃圾场。1979 年2 月，卡特总统颁布了紧急令，允许联邦政府和纽约州政府为拉夫运河小区 660 户人家进行暂时性的搬迁，这些费用由行政经费予以开支，及时救助受害人。

3. 社会救济

因环境风险的复杂性和长期性，环境损害仅靠公司、政府已经远远不够，需要各种社会力量来分担风险。美国的环境社会救济方式主要有以下两种：

第一，财务担保制度，又称财务保证制度，是指具有潜在的环境危害的行为人，根据法律的规定向有关机关提交一定的资金用来支付将来可能发生的损害的担保制度。美国联邦环境法律规定了财务担保制度，如《超级基金法》《资源保育和恢复法》《联邦土地政策和管理法》《外部大陆架陆地法》《表面采矿控制和利用法》《石油污染法》《地下储油罐法》等。《超级基金法》为了保证事后责任人有支付土壤污染等治理费用的能力，明确规定所有人、使用人以及营运人等相关的人员提供财产担保，财产担保的形式不限，主要有担保、担保债券、信用证或合格的自我保险。《水清洁法》为保证事后造成污染或者破坏后受害人得到损害赔偿，要求船舶所有人、使用人、转让人或营运人等相关的行为人须提供资金担保，证明其具有财务偿付能力，其资金担保形式为保险单、担保债券、自我担保能力的证明以及其他财务偿付能力的担保。

第二，环境责任保险。最初美国保险市场上是把污染风险作为除外责任，但是随着环境污染风险的增加，为了满足环境风险的保证，就出现了各种环境保险。1976 年出台的《资源保全与恢复法》要求企业提供环境风险的财务证明，而财务证明可以是信托基金、履约保证、信用证、保险、担保或者其他能够证实企业具有支付能力的证明。① 其中企业就用环境责任保险做财务证明。1980 年美国国家环境署颁布实施行政命令。强制要求企业缴纳环境责任险，这一保险主要是用于将来发生事故的赔偿及支付其他费用，使无论企业发生什么状况都能够保证受害人的权益。美国最早的商业环境保险是 1977 年的污染责任保险。② 20 世纪 80 年代，虽然有一系列的环境立法规定了财产担保制度，对于保险有所需求，但由于 1983 年新泽西州杰克逊镇的一场环境污染诉讼案例，法官对于环境事故做了扩展解释，判决结果不利于保险公司。再由于保险公司在衡量环境责任损失方面的技术和经验不足，导致保险公司严重亏损，其后环境保险公司逐渐减少。③ 但环境保险市场经过十多年的发展，评估环境损失的技术有所提高，责任范围不断拓宽，从而也降低了环境责任保险的费用。20 世纪 90 年代后美国的环境责任保险市场不断扩大，环境责任保险成为现代社会保险的主力军。21 世纪以来，美国的环境责任保险市场越来越繁荣，呈现出以下特征：第一，环境责任保险的主体企业范围广泛，主要分布在食品、化工、制药等流域；第二，环境责任保险产品更具有针对性，针对不同性质的企业做出不同的环境风险责任保险种类，责任范围也有所不同，保单具有个体性；第三，环境责任保险产品用途得到扩展，不仅可以分担风险，还能提高贷款证券化产品的评级和环境评估报告，甚至可以代替环境保证金，环境保单还可以随地产一并转让，受让方无需承担环境责任等；第四，环境风险管理融入整个风险管理体系，环境保单有清理资产负债表的作用，环境风险成为整个企业风险管理之一部分。④

---

① See Susan E. Bromm. Transmittal of Interim Guidance on Financial Responsibility for Facilities Subject to RCRA Corrective Action［R］. Washington，D. C. : Environmental Protection Agency. 2003.

② 曾立新："美国环境污染责任保险发展的法律背景"，载《世界环境》2011 年第 4 期，第 14 页。

③ 陈冬梅、夏座蓉："析美国环境保护立法、司法及环境责任保险市场的发展"，载《东岳论丛》2012 年第 2 期，第 170～171 页。

④ 陈冬梅、夏座蓉："析美国环境保护立法、司法及环境责任保险市场的发展"，载《东岳论丛》2012 年第 2 期，第 171～172 页。

三、美国突发环境事件中的公民权利保障对于我国的启示

（一）以保障公民权利为中心的环境立法是美国防范环境风险与保障公民权利的思想基础

美国虽是普通法系国家，但随着环境风险的加大，制定了一系列的环境法律应对现代社会的环境风险。美国环境立法与一系列突发环境事件是休戚相关的。在环境事件出现井喷式的爆发时，相关的防治法律也应运而生。如空气污染严重，产生了光雾事件后，就制定了《清洁空气法》，解决空气污染问题。如水污染事件发生后，相应地制定《清洁水法》。当垃圾污染造成毒气中毒事件后，制定了《超级基金法》，其对排放有毒物质的企业的责任实施限制，建立了超级基金，实行无限追责，有效地解决了有毒垃圾排放的问题，保障了公民的环境安全。当石油成为现代工业的主要能源时，石油开采、运输等带来的风险也在增加，在美国接连出现石油爆炸事件，为了保障这些突发环境事件中的受害人与环境的安全与利益，美国于1990年出台了《石油污染法》，保证了因石油在开采、运输与利用的过程中出现的各种风险防范，保障受害人与环境的利益。美国这些在特殊情景下产生的环境法律慢慢形成了一个完整的环境法律体系，从预防到治理到事后的补救形成了一个以保证公民权利为核心的、防范各种环境风险、加强环境治理和构建舒服适宜生活环境的法律体系，这一体系是保证突发环境事件公民权利的基础。而我国也有大量的环境立法，但我国环境立法是以环境管理为主导，不是以公民保障为主导，环境立法之间存在冲突，没有形成有机协调的整体，因此美国的这一环境法律体系值得我国借鉴。

（二）以联邦政府为主导的环境治理模式是美国治理环境、防治环境风险和保障公民权利的制度基础

美国环境治理经历了一个曲折的过程，无论是水污染的治理还是空气污染的治理都经历了由各州及地方政府为主导到由联邦政府为主导的漫长的渐变过程。由于环境因子的跨界性、流动性以及整体性的特征，由各州及地方政府单独治理，效果不明显，直到1969年联邦政府出台《国家环境政策法》，成立联邦环境署，才真正把环境保护确立为联邦政府的主要职责，从而慢慢形成以联邦政府为主导的环境治理模式，国会及联邦政府出台一系列

环境法律、法规、政策，建立一系列的环境管理制度，如环境影响评价制度、水权交易制度等，这一系列的法律、法规、政策对联邦政府、州政府、地方政府是责、权、利明确、清晰，各级政府及其职能部门不能取代其他任何机关，虽然联邦政府是主导，但是并不能够取代州及地方政府的职责与权力，这样在以联邦政府为主导，其他州政府及地方政府协助下，美国的环境治理才初见成效，美国各州市的空气才慢慢改善，水才慢慢变清，突发性的水污染、空气污染事件减少，公民的权益自然得以保障。我国自秦以来就是一个中央集权国家，环境治理也成为自中央到地方的主要职责之一，但中央与地方的权责不一致，中央是有权无责，而地方是有责无权，在这种权责利错位的情形下很难形成合力改善环境治理状况，因此美国的用法律明确各级政府及职能部门职责下的联邦政府为主导的环境治理模式值得我国借鉴。

（三）以事件引发者为主要责任担当者和多元化的救济方式是美国突发环境事件保障公民权利的责任基础

美国在突发环境事件发生后为了保障公民的权益和对环境的清理、修复，建立了以普通诉讼为主，行政救济与社会救济为补充的多元救济方式，污染者承担主要责任，行政机关与社会承担补充责任，形成了有效的保障突发环境事件中公民与环境的权益的有机整体。美国公民具有很强的权利意识，当其遭遇权利冲突与侵害时寻求的首先是侵害人的救济，而不是由政府或者其他组织承担此责任，当侵权人拒绝救济时，他们首先想到的是通过普通诉讼程序来救济自己的权益，因突发环境事件引起的也是如此，前文所列举的有影响的事件一般情形下会选择诉讼，但是由于诉讼耗时长，证明责任难，赔偿数额巨大，很多公司无力承担这样的费用等各种原因，慢慢地出现其他的补充方式救济这些在大灾大难的事件后遭受伤害的公民。第一种补充救济方式就是行政救济。行政救济主要有以下几种渠道：第一，行政救济主要通过建立事前的行政救济基金，补偿那些突发环境事件中不能由侵害者救济的情形，如超级基金就是其一，《石油污染法》中建立的油污责任信赖基金也是如此；第二种就是突发环境事件发生后，联邦及各州政府出人力与财力清理污染、治理与修复环境，保留对突发环境事件的引发者的追偿权，如水牛湾事件、拉夫事件、墨西哥湾事件。联邦、州政府及地方政府都进行了对环境与公民的救助，在有些事件中，政府将事件引发者诉至法院请求费用的追偿，而有些事件最后就由政府来买单，但是政府绝不是事件的主要承担者，而只是起着补充的作用，这与我国以政府为主导，企业作补充的体系全然不同，导致环境责任倒置，事件的引发者置之度外，这既不利于保护公民的权益，也不利于环境的保护，因此突发环境事件频发。第二种补充救济方式是社会救济，随着科技社会的发展，环境风险越来越大，仅靠企业自身无力承担这种风险，因此需要把这种风险予以分散，由社会来承担一部分。美国的环境责任风险也是随着环境事件、环境立法的发展而发展，环境责任保险成为突发环境事件发生后保障公民权益的最主要的补充之一。我国环境责任保险还处在初级阶段，需要从美国的这一制度中吸取经验，分散企业的风险，保障公民的权益。

（四）公民诉讼是美国最有创意与成效地在突发环境事件中保障公民权利的制度创新

公民诉讼是美国独创的一种公益诉讼，随着环境问题的凸显，环境公益诉讼也越来越多。公民诉讼在美国发挥着重要的作用：一方面促使环境执法主体积极主动地行使自己的权力，履行自己应该履行的义务；另一方面监督企业守法，促使污染者承担污染的责任，从而保护环境公共利益。美国的公民诉讼制度在以下几个方面值得我国借鉴：一是在法律中对于公民诉讼作出明确规定，虽然 2014 年我国的《环境保护法》确立了环境公益诉讼，但是没有确立公民诉讼，需要作更进一步的突破；二是美国公民诉讼原告资格的宽泛是值得我国借鉴的，美国公民诉讼中的原告是指国家机关之外的任何人，既包括公民，也包括公民团体，而我国目前对于环境公益诉讼的原告资格限制较多，只有非常有限的环境公益组织具有提起环境公益诉讼的资格，而公民不具备这一资格，不利于我国公民参与和监督行政机关以及污染企业的行动；三是美国的公民诉讼中为了防止乱诉从而规定了较为严格的限制条件，防止重复诉讼，告示程序以及行政程序优先这些限制保证公民诉讼是利用司法程序监督行政机关及污染者的程序，但是它只是对于行政程序的一种补充，这些限制是非常必要的；四是有利于原告的诉讼费用的承担原则以及赋予原告一定的调查权这些规定都有利于公民诉讼权利的实现，而不至于导致这一制度虚置。

（五）生态损害赔偿制度保障了突发环境事件后环境的修复与利益

美国生态损害赔偿制度有一个从普通法到成文法的发展历程，普通法是基于公共信托原则与国家亲权原则赋予公共机构对于生态资源损害赔偿的起诉权，但因公共机构主体以及评估方法等方面的限制，普通法上的生态损害赔偿制度作用非常有限。① 成文法主要在《水清洁法》《超级基金法》《石油污染法》中作出规定，前文已介绍美国在生态损害赔偿方面的具体内容，重大环境事件的引发者与政府都首先对环境予以救助。美国的生态损害赔偿制度较为成熟，在上述三大法中明确规定了各自的赔偿主体、受偿主体、赔偿的范围、赔偿的标准、生态损害评估程序，这些内容具体翔实，操作性强。在"埃克森·瓦尔迪兹"号油轮漏油事件、墨西哥湾漏油事件中，埃克森公司、英国公司都给予了高额的生态赔偿，这些费用用于环境的清理、修复以及后期的恢复费用。美国的生态损害赔偿不同于他国，赔偿的范围较为全面，不仅包括修复费用，而且包括过渡期的费用以及评估费用，无论是环境损害的评估还是环境损害的修复都是技术性较强的工作，如果不能保证这些费用，仅赔偿生态修复费用，是无法真正满足生态修复需要的，因此美国充足的赔偿费用是生态损害赔偿的资金保障，这值得我国借鉴。再就是美国的公民诉讼制度、科学的评估规则和专门的生态损害评估机构是生态损害赔偿制度的保障，是其他国家所缺乏的，也值得我国借鉴。

---

① 王树义、刘静："美国自然资源损害赔偿制度探析"，载《法学评论》2009 年第 1 期，第 73 ~ 74 页。

第六章 完善我国突发环境事件
中的公民权利保障机制

    自 1989 年我国环境质量公报有记载以来，突发环境事件在上升，环境风险与危害在增强，突发环境事件的应对在加强，而我国突发环境事件中对公民权利的保障却捉襟见肘。因突发环境事件具有突发性、复杂性、危害的严重性、应对的艰巨性等特点，其涉及的公民权利与利益具有复杂性、危急性、危害性。主要表现在以下方面：第一，环境权与环境利益的保障，这是突发环境事件所特有的，这种利益需及时保障，否则危机扩大导致不可逆转的损害，如日本的福岛核爆炸事件、美国的墨西哥石油污染事件、松花江污染事件等；第二，突发环境事件阶段的公民权利的保障与限制；第三，突发事件后环境难民的权利保障；第四，突发环境事件后权利纠纷的解决；第五，突发环境事件中受损害的公民权利涉及类型多、面广，既包含传统的人身权、财产权等，也包括新型的环境权，既包括公民的实体权利，也包括了公民的程序权利。复杂特殊的突发环境事件中公民权利通过什么路径予以保障？制定一部单行的《突发环境事件公民权利保障法》可行吗？笔者认为不可行，不可行的理由如下：第一，突发环境事件中的公民权利复杂多样，无法用一部单行法囊括其中；第二，权利保障是一个完整体系，既涉及实体权利，也关涉程序内容；第三，环境权与环境利益的内容不仅仅是突发环境事件中应该予以保障的范畴，它已经殃及整个人类的生存与发展，不仅仅是突发环境事件中的环境权问题，而是关涉现代人类发展的基本权利，需要作为宪法中的基本权利予以保护。因此突发环境事件中的公民权利虽有其特殊性，对其应该给予保障，但是无法通过制定单行法予以保障，只能依赖于我国现行的立法、行政、司法以及自力与社会保障体系。我国现行的公民权利保障体系是应对传统社会管理模式的，主要是针对风险较小社会的公民权利保障，其权利类型单一，权利纠纷简单，利益冲突明了，而突发环境事件中的公民权利类型多、层次广，权利纠纷复杂，利益冲突突出，是高风险社会模式下的公民权利保障，因此现行的公民权利保障体系无法满足突发环境事件中的公民权利保障的需要，要对现行权利保障体系进行改革与创新。日本和美国发展得比我国早，公民权利保障机制的改革与创新走在我国前面，在现代的环境风险中如何保证公民权利已经形成成熟的法律体系、有先进的理念与可行的保障制度可资借鉴。因此为了更好地保障我国突发环境事件中的公民权利，应该借鉴日本、美国等国合理可行的经验，改革和创新我国现行权利保障机制。主要表现在以下几个方面：第一，借鉴日本、美国的先进理念，创新公民权利立法的理念，改造公民权利保障的体系，明确公民权利保障的原则，更新公民权利的立法内容；第二，借鉴日本的完善公害行政保障机制及美国的环境损害追偿机制，改革和创新我国突发环境事件的公民权利行政保障机制；第三，借鉴日本、美国的公益诉讼机制，改革和创新我国突发环境事件的公民权利司法保障机制；第四，借鉴日本、美国的社会基金机制，改革和创新我国突发环境事件中的公民权利自我与社会保障机制。

第一节　完善我国突发环境事件中的公民权利立法保障机制

马克思认为公民的自由和权利的实现是与立法分不开的，要实现自由和权利首先就要有保障自由和权利的立法，用法律的规定承认公民的权利。[①]立法最主要的目的就是应该保障法定权利与应然权利的价值的一致性，这是应有权利转化为法定权利的最基本要求。突发环境事件中的公民权利保障亦是如此，应该把我国突发环境事件中应有的三种权利形态的内容在我国的立法中客观地予以体现，这是保障我国突发环境事件中公民权利的首要条件。立法不作为或者法律漏洞使得法律评价降低，法律实施效果大打折扣，公民权利也就无以保障。对于立法不作为与法律漏洞的消除与补充有什么方法？西方国家大多采用制定法外的补充方法，本书主要适用法律制定内的补充，

---

① 程燎原、王人博：《权利论》，广西师范大学出版社2014年版，第342页。

由立法机关自身通过立法的行为弥补法律不作为与法律漏洞。因为突发环境事件的公民权利体系十分庞杂，所以立法保障机制也是一个复杂的系统工程。为了有效保障公民权利，根据我国突发环境事件中公民权利存在的问题为导向，吸收日本、美国经验，进行改革。其改革路径可分为两步：第一步需对公民权利立法的指导思想、立法体系、立法原则进行改革，循序渐进推进新理念、新体系、新原则；第二步对现有的法律体系的具体内容在新理念与新原则的指导下修改、完善，以期逐步转向新型的突发环境事件中公民权利保障体系。

一、改革我国突发环境事件中的公民权利立法保障的总体设计

（一）确立科学的立法指导思想

立法指导思想是统管立法的基本理念，我国现行突发环境事件中的公民权利保障立法理念是在传统的行政管理理论指导下形成的，重行政管理权力轻公民权利的保护，重行政效率轻视行政公正，这些立法指导思想不适应现在与将来的行政法治的需要。我国行政法治已从管理行政走向福利行政，从讲求行政效率转向以公民权利保障，追求行政公正为目标的法治行政。从形式行政法治走向实质行政法治，走向以公共利益与私人利益共赢为目标，注重行政比例原则。我国突发环境事件中的公民权利立法的指导思想应该从以下几个方面实施转变。

1. 绿色发展理念是突发环境事件中公民权利保障的立法基本理念

日本现代经济发展比中国早，它们的环境立法起源于突发环境事件的频发而导致公民权利的受损。根据本书第五章对日本立法的梳理，不难发现这个国家为了保障公民权利，尤其是为了保障公民环境权的实现，在立法理念方面发生了根本的转变。日本经历了从经济发展优先、发展与环境均衡到环境优先的理念转变的过程，这与其国力发展是一致的，环境优先的理念真正排除了公害，保障了公民的基本权利。我国无论是在立法中还是在社会实践中，经济发展还放在首位。党的十八大是我国环境保护的契机，因为在党的十八大报告中首次提出五大建设，生态文明建设成为我国的建设任务之一。生态文明建设需坚持节约资源和保护环境的基本国策，坚持节约优先、保护优先、自然恢复为主的方针，着力推进绿色发展、循环发展、低碳发展。

2015 年，中共中央、国务院印发了《生态文明体制改革总体方案》，提出树立发展和保护相统一的理念，坚持节约优先、保护优先、自然恢复为主的方针。这是我国党中央与国家首次提出发展与保护相统一的基本理念。2017 年 3 月通过的《民法总则》第 9 条规定民事主体从事民事活动，应当有利于节约资源、保护生态环境，首次在立法中确立环境保护的理念。因我国还处在社会主义初级阶段，公民刚刚解决温饱问题，发展是基本，提出发展与保护相统一的理念是现阶段国家政策与立法的引领。习总书记在党的十九大报告中提出了"树立和践行绿水青山就是金山银山的理念"，明确提出绿色发展观。绿色发展理念以人与自然和谐为价值取向，以绿色低碳循环为主要原则，以生态文明建设为基本抓手，我们要用这一基本理念指导我国的立法，使其贯穿在我国的公民权利保障立法中。

2. 以保障公民权利为中心的环境立法是我国保障公民权利的思想基础

美国是突发环境事件发生较早的国家，作为一个普通法系的国家为了应对一系列的突发环境事件，保障公民权利，美国联邦政府制定了《清洁空气法》《水清洁法》《超级基金法》《石油污染法》等，这些法律从预防到治理到事后补救形成了以保证公民权利为核心的防范各种环境风险、加强环境治理和构建舒服适宜生活环境的法律体系，既有效应对了突发环境事件又有力保障了突发环境事件中的公民权利，这一立法理念值得我国借鉴。我国现行的突发环境事件的立法较为重视国家机关对于突发事件的应对，不重视公民权利的保护，在现行的突发环境事件立法体系中仅有零星的条款规定公民权利保障，这些立法不适应现在环境风险高发阶段以及公民权利广泛普及阶段的立法。主要原因如下：一是不能仅仅依靠国家机关，需要发动社会各种力量应对突发环境事件的风险；二是随着社会财富的增加，公民权利不断扩大，突发环境事件影响的利益既涉及公共利益也涉及个人利益，在应对突发环境事件时，应该均衡考虑公共利益与个人利益的比例，因此要在尊重与保障个人权利的前提下进行应对而不是采取置个人利益于不顾的传统模式。因此应打破以环境管理机关为主导的环境立法模式，在突发事件应对法、环境保护法、自然资源保护法、污染防治法中强调环境管理者的责任的同时更应该加强公民的权利保障，形成以保障公民权利为中心的防范各种环境风险、加强环境治理以及构建良好环境的法律体系。

3. 既重视突发环境事件中公民权利的限制也重视公民权利的保护

权利限制与权利保障表面上看是冲突与矛盾的，其实是和谐统一的。主要体现在以下三个方面：一是公民的权利的限制与保障都通过法律的规定而实现，主要通过公权力的配置与私权利的分配来限制和保障公民权利；二是权利的保障与限制都是为了人的基本生存，它们统一于人的主体范围内；三是公民权利限制与保障存在此消彼长的可能性，但是公民权利的保障与限制需要有度，最低的度就是最基本的人权是不能被限制的。① 法律体系需在公民权利保障与限制之间寻求平衡，找到合适的度才能最大化地保障公民权利。公民权利限制的根本目的还是权利的保障。我国现行的突发环境事件中的公民权利保障立法的内容主要是对公民权利在突发环境事件应对中的限制，而缺乏对其权利的保护，这有利于提高应对的效率，但是不利于法治行政的形成，容易形成行政权力的滥用，造成公权力对私权利的侵犯。任何公权力在任何时候都应该有制约，包括突发环境事件发生的过程中，而赋予公民的私权利保障就是保障公权力的最有效的手段。在我国将来的突发环境事件中的立法中应该转变观念，即便在特殊的突发环境事件中，不仅要限制公民权利，也要关注公民权利的保障，限制权利是手段，保障权利才是目的，但是现行的立法为了限制而限制，保障公民权利的目的就无以体现。

4. 既重视突发环境事件中公民的人身权、财产权的保护也重视突发环境事件中环境权的保护

我国处在社会主义初级阶段，公民权利形态主要是第一代与第二代权利形态，我国现行的突发环境事件中的权利保障体系也是与这个时代相适宜的，主要是以保障公民的人身权与财产权为主的权利体系。随着经济的发展与环境的破坏，公民的一些新型权利受到威胁与侵犯，但是现行的立法体系缺乏对这些权利的保障，并且新型的权利受到侵犯已经威胁到公民的基本生存权以及人类社会的发展，如若不将这些新权利纳入我国现行的立法体系，将严重影响第一代人权与第二代人权的实现。新型的权利关涉人类的生存，因此我国的突发环境事件中的公民权利保障既要重视公民的财产权、人身权的保

---

① 周叶中、李德龙："论公民权利保障与限制的对立统一"，载《华东政法大学学报》2003 年第 1 期，第 30～31 页。

障，也要重视对于公民环境权的保障，注重环境的修复。

5. 既重视突发环境事件中的公民权利保障也重视突发环境事件后的权利保障

我国现行行政管理是风险考核机制，哪里有风险，哪里的行政考核就受影响。从中央到地方各级行政机关为了保一方平安，尽量防止风险事故的发生，但是现代社会的流动性与科技性等特点，导致风险事故防不胜防，因此现代社会的政府职能主要是维护社会的各种安全，在这种观念指导下的突发环境事件的公民权利保障的立法也是注重突发环境事件的事中权利保障，事后权利保障的重视度明显下降，这不利于社会的稳定，也不利于保护公民的利益，更不利于环境的保护。在这种理念指导下国家机关在突发环境事件发生的过程中积极救济公民权利，事件平息后则无人问津，造成公民与环境都处在尴尬状态，公民无法保障自己的权利，环境也处在风险中。因此对于突发环境事件的风险考核制度不仅及于事前的防患，还应注意事中的应急，更应该关注事后处置的全方位考核，在这一观念指导下的突发环境事件中的公民权利保障应该既注重事中保障，更注重公民权利事后保障，如基本生存权、环境权、医疗权等方面的保障。

（二）构建协调的保障权利立法体系

日本、美国在应对突发环境事件的过程中较为注重通过一系列的立法保障公民权益，建构了完善的权利保障体系，值得我国借鉴。我国自2003年"非典"发生以来加强了相关立法，但是由于突发环境事件的类型多，较为复杂，立法较为分散，内容存在冲突，因此构建协调的权利保障的立法体系是保障公民权利的根本。由于我国突发环境事件中的权利保障涉及权利内容广，无法用单一的法律予以规范，只能在不同位阶的多层次的立法体系中规范其权利，保持立法内容不冲突是最低的标准，需要构建以《突发事件法》为核心的多层级立法体系。

1. 从《突发事件应对法》到《突发事件法》的转变

《突发事件应对法》是我国突发环境事件公民权利保障的最基本的法律，位阶最高，内容最全面，但是其中的主要内容是对于行政应急权力的规定，而关于公民权利的规定主要是限制公民权利，保障公民权利的内容较少，这一立法是2007年出台，行政立法理念还是传统的行政理念，强调行政权力，轻视公民权利的保障。建议把《突发事件应对法》修改为《突发事件法》，应该包含三大部分内容：一是突发事件应对；二是突发事件的公民权利保障与限制；三是行政应急权的程序规定，程序法治是保障公民权利的基础。

国务院 2014 年制定的《突发环境事件应急预案》的性质是国务院制定的非行政法规的规范性文件，其中规定了在突发环境事件中对于公民权利的限制内容，与《宪法》《立法法》《行政强制法》等上位法规定的权限条款规定相冲突，这样的规范性文件能够为及时处理突发环境事件提供依据，但是它不具有合法性，行政法治的基本前提是良法之治。尤其是限制公民权利的条款应该由全国人大及其常务委员会立法予以规范，行政立法与规范性文件无权规定限定公民权利的立法内容，因此建议把国务院颁发的《突发环境事件应急预案》的内容放在《突发事件法》中，将限制公民权利的内容、方式、救济的程序具体化。

2. 《环境保护法》的修改

日本自"二战"后经济高速发展，20 世纪五六十年代进入了突发事件频发阶段，发生了著名的四大公害，从而推动了日本对于突发事件的立法，专门制定了《公害法》，该法以环境优先为指导原则，不仅规定了公害防治对策，也规定了公众的参与与权利保障机制。美国 1969 年制定的《环境政策法》则是以确定环境权的法律地位，预防环境恶化，保护公民环境权利为主要目的，尤其注重公民参与。我国 2015 年颁布的新《环境保护法》虽然有制度创新，但是作为环境保护的基本法，对于突发环境事件公民权益的保障机制规定得十分简单，对于突发环境事件中的环境救济与保障一笔带过。建议《环境保护法》中增加以下内容：一是规定环境权，这是现代环境保护的基点，美国联邦政府 1969 年的《环境政策法》中没有直接规定环境权，而是间接规定，每个人都应当享受健康的环境，同时每个人也有责任对维护和改善健康作出贡献。美国的夏威夷州、伊利诺伊州、宾夕法尼亚州、蒙大拿州和马萨诸塞州五个州把环境权直接纳入州宪法中。德国则把环境保护作为国家发展的目标规定在宪法中，保障公民的良好环境权；二是增加现行《环境保护法》第 47 条的内容，将《突发环境事件应急预案》中赋予行政应急主体的应急性权力与限制公民的权利内容作概括性的规定，如将实施的行政强制措施以权力形式列举，对公民权利限制的原则、范围等作出具体规定。

3. 协调《水污染防治法》《大气污染防治法》等污染法与《环境保护法》《侵权责任法》等的关系

《大气污染防治法》《水污染防治法》等特别法能够真正细化公民权利保障的条款，起到保障特别环境事件中公民权利的目的，并且使《大气污染防治法》《水污染防治法》《放射性污染防治法》等特别法之间的内容保持一致，形成有机系统。我国《侵权责任法》规定了环境侵权行为，属于一般法的内容，《环境保护法》对于环境污染损害事件引起的环境侵权明确规定适用《侵权责任法》，《水污染防治法》《大气污染防治法》等污染防治法处理因为水污染、大气污染等引发的突发环境事件的公民权利保障。这些法律规定之间虽然没有冲突，但是规定的内容比较分散，重复立法，不具体，操作性不强，对于环境损害等内容也没有涉及，立法效果不明显。特别法没有特别性，只是对一般法内容的重复。因此需细化特别法的内容，这样特别的侵权纠纷能够通过特别法得到解决。另外，这些特别法之间没有形成一整套系统，有的特别法规定了这类特别环境事件中的公民权利保障机制，如《水污染防治法》《大气污染防治法》，但是其他特别法中则没有规定，如《噪声污染防治法》《放射性污染防治法》。

4. 制定统一的《社会救助法》

我国已从传统的管制性社会进入福利性社会，为公民提供各种救助是行政机关的基本义务，如何提供社会救助需有法可依。我国现行的社会救助立法层级低，范围窄，与我国实践中行政机关的角色不匹配，制定统一的《社会救助法》是国家职能转型的法治要求之一。

协调突发环境事件中的自然灾害中的权利保障与人为因素引起的突发环境事件的公民权利保障，制定统一的社会救助法，保障社会中的公民权利。我国传统的救助法主要是针对自然灾害的救助，但是随着社会发展，现代社会的风险越来越大，人为的损害与灾难让公民、法人或者其他组织无法承受，需要借助社会的力量予以承载，因此我国应该适应社会的需求，制定统一的社会救助法，对无论是自然灾害还是人为因素所导致的其他途径无法救济的权利给予救济与保障，让每个公民都有尊严的生活。

5. 国务院制定《突发环境事件条例》

为了协调突发事件的权利保障立法与突发环境事件中的权利保障立法的

关系，应该形成以《突发事件法》为基本法，以《突发环境事件条例》为补充的公民权利保障的有机体系。现行法律规定中关于突发事件权利保障与突发环境事件的权利保障的内容少，以权利限制为主，并且内容分散，不利于保障公民权利，需要修改现行的《突发事件法》，适应以权利保障为模式的行政立法理念，从传统的管理法走向控权法为基本导向的立法理念，加强突发事件应对的程序内容，增加突发事件中保护公民程序权利的规定，体现全民应对突发事件，而非单一的行政机关应对。加强与提升应对突发环境事件的立法内容与位阶，因为突发环境事件是最主要的突发事件之一，危害大涉及面广，应该规范突发环境事件的应对以及加强对公民权利的保障。

生态环境部为了应对突发环境事件，出台了一系列的规章，但是这些规章的，立法位阶低，权限少，这种立法无法真正起到应对突发环境事件和保障公民权利的目的，浪费了立法资源，因此笔者建议由国务院制定《突发环境事件应对条例》，将《突发环境事件应急预案》《突发环境事件应急管理办法》《突发环境事件调查处理办法》《突发环境事件信息报告办法》等规章的内容融为一体，制定一部综合性的行政法规，既包含突发环境事件的应急处理，也包括突发环境事件中公民权利保障的内容，避免上下位阶法之间的冲突，也细化突发环境事件中公民权利保障的条款。

6. 地方制定突发事件应对立法的权限限制

根据各省、自治区、直辖市及设区的市以上的情形不同，各地方人大或者政府制定了相应的应对突发事件的地方立法。地方立法权分为两级：一是省、自治区、直辖市人大及政府根据《立法法》规定的立法，突发事件应对立法是其立法事项权限范围；二是设区的市级地方立法限于城乡建设与管理、环境保护、历史文化保护等方面的事项。现学界对设区的市级立法权有不同观点，有等内说和等外说。等内说认为其立法权只限于城乡建设与管理、环境保护、历史文化保护三个方面，等外说认为其立法权除了城乡建设与管理、环境保护、历史文化保护之外，涉及地方行政管理的其他方面其也可以进行地方立法。在突发事件地方立法中，笔者梳理设区的市中只有青岛市为了应对本地的突发事件，于2017年制定了《青岛市突发事件应对条例》，属于等外立法。这一地方立法以《突发事件应对法》为立足点，法制统一，不抵触、不简单重复；针对部分区域和领域重处置、轻预防的现状，将应对工作关口前移至预防、准备、监测、预警上来，加强风险管理；提升基层单位应急管理水平和第一响应能力，全面提高公众的安全意识和自救互救能力；突出政府、基层和社会联动，制度规范，实现应急准备标准化、应急处置科学化。由于不同地方的突发事件有不同类型、不同特点，根据本地特色制定相应的突发事件应对法规、规章是预防社会风险的必然趋势，但是笔者认为设区的市级地方立法的权限需遵守以下几点：第一，公权力的设定边界应遵守上位法的规定，尤其是突发环境事件中的行政强制措施在上位法没有规定的情形下，地方规章根据《行政强制法》第 9 条、第 10 条的规定，无权设定，因此地方政府制定的相关的《突发环境事件应急预案》不能设定行政强制措施，行政处罚也只能设定警告或罚款，其他类型的行政处罚不能设定；第二，公民权利不能缩减，不能增加公民义务，如在突发环境事件期间需征收与征用公民的财产，需要严格由法律设定，地方性立法无权设定条件；第三，地方立法为了保障公民权益的内容不受限制，如中央对于突发环境事件中公民权益事后补助没有立法，而地方通过立法给予当地公民权益补助是允许的，因立法的终极目的就是为了保障人权。

（三）确立权利保障的立法原则

立法原则是立法的基本指导思想，是立法文本的灵魂，是把错综复杂的立法内容融为一体的黏合剂。完善突发环境事件中公民权利保障的立法体系的首要任务是确立基本原则，凝聚各种位阶的法律于统一有机体中。为了保障突发环境事件中的公民权利需确定以下原则。

1. 公民权利克减应该遵循最低限制原则和禁止歧视原则

社会正义问题本质上是一个社会的利益和权利的分配问题。"正义的主题不是制度本身，而是存在于社会之中的权利、机会和资源的分配"。① 在突发环境事件中公民的人身权、财产权等权利受到严重影响，有些情形下还威胁其生命，危及其生存，如何保障与救济其权利才符合社会正义和环境正义？自古至今的社会正义的要义都是保证社会中的每个人都平等享有基本的自由，包括人身、精神和物质上的自由，从而才能保证每个人在这个社会里有尊严的生活。但人是社会人，这种自由是有限度的自由，会受到公权与私权的各

---

① ［英］布莱恩·巴利：《社会正义论》，曹海军译，江苏人民出版社 2008 年版，第 21 页。

种限制，限制的边界在哪里，这也是人类发展过程中需要不断探讨和完善的。在传统社会中，这种限制是有限的，为了防范各种风险，授权公权力主体在突发事件或者紧急状态下一定的可以少受宪法和法律约束的非常态的行政权，这些行政权限制公民的自由和财产等权利。但是公民的权利克减与行政应急权的边界应该在哪里才能符合社会正义的基本要义，才能保证这个社会的每个公民在社会中不管遇到什么情景都能够保障最基本的尊严和自由？这是各国政治学、法学、社会学在宪政和民主建设过程中所必须解决的难题。最低限度的公民权利主要表现为以下三个方面：第一，生存权是首要前提，生命权是生存权的基本前提，生存权受到威胁或者侵犯时公民有向国家请求帮助和救助的权利，国家有义务保障生存状态处在全社会生活水准以下且面临生存的威胁的公民能够有尊严的生活，生存权是最低限度的最基本的人权；第二，财产权是最低限度人权的基础要件，财产权是保障公民有尊严的生活的最基本的物质保障，没有财产权的保障，生存权无以实现；第三，自由权是最低限度人权的思想灵魂，自由法学大师哈耶克认为自由是"一些人对另一些人所施以的强制，在社会中被减至最小可能之限度"，[①] 而一般自由包括身份的独立性、行为的自由选择性、思想的自由性，这是保障公民最低限度的要求。[②]

公民权利的克减即对公民权利的限制。为了保障权利，则必然对权利实行限制，权利的代价则是接受对权利的限制，但是对于权利的限制并不是随意而为，而需要遵循其目的与原则。我国学者汪太贤指出权利限制的目的是关怀权利，实现和捍卫权利，而不是损害权利，因此确定限制权利的边界在哪里，需遵循权利限制的三个基本原则：第一，正当性原则，具体指限制公民权利必须有明确的法律依据，且法律依据具有正当性，即法律依据是良法；第二，不贬损原则，具体是指限制权利不损害权利，因为限制权利的精神底蕴是保障权利；第三，最低性原则，具体指尽可能小地限制权利，尽可能大

---

① ［英］弗里德里希·冯·哈耶克：《自由秩序原理》，邓正来译，生活·读书·新知三联出版社 1997 年版，第 3 页。
② 李家广：《论我国弱势群体中最低限度人权的法律保障》，烟台大学 2012 年硕士论文，第 8 页。

地扩展权利。① 这三个原则为一般情形下的公民权利限制提供了指导原则。在突发环境事件中公民权利遭受克减，受到限制，如何把握其边界来保障公民的基本自由与人权而实现社会正义？各国学者达成共识，不能随意克减公民权利，必须遵循一定的原则，保障最基本的底线，因此认同了一个最基本的原则即最低限制原则。这一原则主要是在紧急状态下的基本原则，但如前文所述突发环境事件可能引发紧急状态，即使不引发紧急状态，我国的法律的相关规定也对非紧急状态下的公民权利予以限制，因此也需对其规范，保障非紧急状态下的公民自由与权利。本书所研究的最低限制原则的具体含义是指在突发环境事件中，公民的最基本的权利和尊严不受限制。正如国际人权专家米尔恩提出最低限度普遍道德权利的人权需遵循两个原则：其一是尊重人类生命的原则，具体指任何人不得被任意杀戮，任何人的生命不得遭受不必要的危险的威胁；其二是以公平对待原则。② 有一些权利是普遍最低道德标准要求予以尊重的。生命权和公平对待权就是这样一种权利，任何时候法律只能保障而不能限制之。当然不同国家不同阶段对于最低限制原则的理解和规范不一样，但根据基本理论不管人类发展到什么阶段，生命权和公平对待权是人类永恒的目的，其终极价值就是为了保障每个公民能够有尊严的生活。在突发环境事件中哪些权利不能限制，我国还没有相关法律的规定，根据实践考察，笔者认为没有争议的是公民的生命权不能限制，无论发生哪一级别的突发环境事件，都不能以牺牲公民的生命去维护其他利益，生命在权利谱系中是最高利益，也是最无价的利益，也是公共权力机关所应该保护的利益，其他权利可能在特殊情形下需要让位，受到限制，因此由这一原则引申出第二原则禁止歧视原则。

禁止歧视原则是指法律禁止针对特定公民或者少数群体实施旨在克减、限制或剥夺其权利的任何不正当的区别对待。③ 禁止歧视原则的本质在于相同情形无正当理由而差别对待，这与罗尔斯的正义论（包含普遍性和平等性

---

① 汪太贤："权利的代价——权利限制的根据、方式、宗旨和原则"，载《学习与探索》2004年第4期，第82~87页。

② ［英］A. J. M. 米尔恩：《人的权利与人的多样性》，夏勇、张志铭译，中国大百科全书出版社，第161页。

③ 周伟："论禁止歧视"，载《现代法学》2006年第5期，第69页。

的基本内涵，即每个公民的自由权都受平等保护、不差别对待的理论）严重违背，禁止歧视原则就是建立在社会正义理论基础上的。界定禁止歧视原则与平等原则的区别就是人的尊严，贬损人的价值与损害人的尊严的行为则是禁止的。[①] 不管你的性别、种族、财富还是权位等因素，每个人都有平等性，不能够被差别对待。我国是一个差序格局为传统的国家，差别对待是我国传统社会治理的根本。现代社会以来，我国在法治发展的道路上正在消融这种歧视与不平等，尤其在公民权利保障上，但还是有些残存的制度与影响。如城乡的户口差异，则意味着一系列的公民权利的差异。如"985""211"高等学校的设置，国家投入的差异，则意味着公民受教育权的差异等。在现实生活中这种歧视屡见不鲜，如曾经轰动全国的新疆克拉玛依火灾中，在救火现场有人喊出让领导先走，而在火灾现场还有很多的学生儿童，正是在灾难面前对于生命的保障存在差别对待，导致领导全部逃离现场，而大部分学生被困而死。在突发环境事件中，每个公民的生命权、健康权都是等价的，不应该被差别对待，只有老弱病残具有优先权，不因财富多寡、权位高低而被差别对待，在灾难面前一切生命平等，不应该歧视，这是突发环境事件中应该遵循的最基本的原则。在突发环境事件发生中，对于不同公民的财产以及公共财产都应该平等保护。德国著名法学家拉伦茨认为人的生命与人性尊严相较于其他的法益，具有明显的价值优越性。[②] 社会正义论不求每个人幸福的生活，但求像人一样生活。生命权是公民最基本的权利，只要公民没有违反法律，其他任何主体为了公共利益，需要克减、限制公民权利的时候都不能克减生命权，这是遵循社会正义的最低要求，是保障现代公民不沦为奴役状态的最低保障，即最低限制原则。禁止歧视原则是保护人的最基本尊严，是社会正义理论在突发环境事件中的体现，是公民权利保障的最低、最根本原则。

2. 最低生活保障原则

罗尔斯的社会正义理论的第三个原则即差别原则，就是为了补偿因为自然或者社会因素所导致的不公平，通过一定的社会制度补偿前两个原则所造

---

① 王曼倩：《禁止歧视的正当性》，中共中央党校 2014 年博士论文，第 113 页。

② ［德］卡尔·拉伦茨：《法学方法论》，陈爱娥译，商务印书馆 2004 年版，第 285 页。

成的不公平。更深层次地体现了社会正义。突发环境事件中公民的生命权、生存权、财产权、环境权都受到严重的威胁，暂时使其生活陷于不利地位，生存状态堪忧，我国法律规定公民在此状况下有获得国家或者社会救助的权利，而国家有义务给予公民物质与精神方面的帮助，本书在此所要探讨的是公民应该受到怎样的救助呢？需要符合什么标准？救助是否是无限制的？显而易见不是，只是有限的救助。有限的界限的确定是遵循社会正义论的基本原理即最小受惠者最大利益原则，根据这一原则衍生出在突发环境事件中国家有义务给予公民救助，有义务保障公民有尊严的生活，提供最低的生活条件保障，满足于最不利者的最低自尊需要和最大长远利益前景，即最低生活保障原则。这一原则最基本的要求如下：

第一，提供最基本的生活条件，保障其尊严生活。在突发环境事件中公民的最基本的生活条件已经受到破坏，生存受到严重威胁，无法有尊严地维持生活，国家有义务提供生存所需要的最基本的生活要素，如食物、水、适宜的环境、教育、医疗和住所。

第二，给予每个公民平等的救助。平等是正义的前提，公民获得社会救助是每个公民享有的权利，国家在提供社会救助时不应该考虑其身份，而应该无差别地给予救助。在突发环境事件中也是如此，每个生命、每份财产都应该得到国家的尊重与救济。一国的公民，只要是处于需要社会救助的条件和状态，就可以要求获得国家救助，任何区别对待或歧视都违背社会正义的基本理论。①

第三，社会救助的时间不局限于环境事件发生中，也及于事后。社会救助是公民因为自然或者社会的原因使其生存条件和状态无法通过自己的能力得以尊严生活，国家在此时给予救助，这是社会救助的实质前提，只要这种状况没有改变，国家就有义务给予救助。在突发环境事件发生过程中，国家提供最基本的生活条件是必需的，而事后如果公民的人身、居住条件等生活状况都遭到重创，公民自身无力恢复其基本生活条件时，国家也有责任继续给予公民最低的生活保障。

第四，社会救助的限度只能是满足公民的最基本的生活需要。"权利永

---

① 杨思斌："社会救助权的法律定位及其实现"，载《社会科学辑刊》2008年第1期，第48页。

远不能超出社会的经济结构以及由经济结构所制约的社会的文化的发展。"①
社会救助也只能在国家的财力范围里，而不能超越当地公民的平均生活状况。
国家对社会保障义务的履行是有限度的，有限度地满足公民的基本生活需要，
即"人在社会生活中为确保自我尊严的最低限度生活"。在突发环境事件中，
最低生活保障可能比一般情形还低，因为突发环境事件本身造成非常态，但
是不管情景如何国家有义务提供维持生存的最基本条件的保障。

3. 基于生存的环境权的最低保障原则

环境权为了确保个人能够像人那样有尊严的生活，服务于个人利益，与
此同时环境权又是为了保障一定广域范围的环境的清洁、安全，从而保障此
地域范围的公民生存与健康，因此也服务于公共利益。② 在日本经历了从忍
受限度论到环境优先原则的发展过程。忍受限度论是指在公民环境利益与企
业发展利益两个利益之间进行衡量，以牺牲环境利益谋求企业利益，只要保
障公民在忍受限度范围内即可。后来意识到侵害公民健康与生存，使公民陷
入危险境地不能作为利益衡量的基准，这是公民生存的最基本的保障，因此
提出了环境优先原则，保障公民的最基本的生存环境的健康，是社会发展的
前提。日本是最早把环境权纳入生存权范围内研究的国家，因为日本是环境
问题出现最早的国家之一，公害的发生严重地影响了公民的基本生存条件，
威胁人类生存环境，造成了环境不正义，企业以破坏环境为代价而牺牲普通
民众的生存环境，弱势群体承担了企业给社会带来的恶，因此企业应该补偿
公民所承受的不利，才符合环境正义原则。环境法学者陈慈阳认为国家有增
进人民福利的义务，人民有权利要求国家对其基本的生存条件不加以妨碍，
且防止其遭受不法侵害，国家有义务采取各种措施使人民享有环境的最低生
活保障，促进社会整体安定和谐。③ 行政应急主体具有这样的义务，保障突
发环境事件中公民环境的最低生活保障权，维护社会的和谐安宁。因为社会
的发展，造成环境的破坏与污染。环境不正义已经是一种新型的人类不公平。
如发达国家把污染严重的企业转移至发展中国家，发展中国家为了生存只有

---

① 马克思、恩格斯：《马克思恩格斯选集》第3卷，人民出版社1956年版，第12页。
② ［日］大须贺明：《生存权论》，林浩译，吴新平审校，法律出版社2001年版，第197页。
③ 陈慈阳：《环境法总论》，中国政法大学出版社2003年修订版，第331页。

贱卖其国土上的自然资源，不发达地区的环境已经受到严重威胁；温室效应使北极冰块融化而导致海平面上升，海洋国家的生存环境受到威胁，这无不是环境不正义所导致的。这些灾难谁来补偿？怎样补偿？应该遵循怎样的原则？这是全球区域的环境不正义所引发的是国际环境法需要解决的问题。小区域的环境问题也是企业或者经济发达地区的发展，富人的生活方式造成环境资源的浪费、破坏、污染累积而成，并不是环境受益者承受环境破坏和污染带来的不利，而经常是受益者享有更好的环境，实现了环境污染的转嫁，这就是环境不正义。

突发环境事件不同于其他突发事件的根本点在于突发环境事件造成环境的破坏和污染，严重影响公民的基本生存环境，甚至造成环境不适合生存，但是环境的破坏和污染是由不同的原因所引起的，有长期积累的原因也有偶然因素。突发环境事件无论是人为因素还是非人为因素所引发的，无论是由于偶然因素还是因私益长期污染积累而爆发的，他们的结果都一样，即导致了环境污染与环境破坏，公民生存的外在环境严重影响其基本的生活，威胁其健康，国家有责任给予其救助。突发环境事件中所导致的环境威胁有如下几种状态：第一种情形，环境破坏和污染特别严重，根本不适合人类生存；第二种情形，环境破坏和污染特别严重，暂时不适合人类生存；第三种情形，环境破坏和污染较为严重，某些环境因子威胁人类的健康和安全。上文分析了在突发环境事件中公民环境权的不同形态，为了保障公民的环境权，实现环境正义，突发环境事件中公民环境权的保障遵循最低保障原则，其具体包括如下内容：

第一，公民享有环境救助权，国家有义务帮助其脱离威胁其健康的环境的权利。当突发环境事件发生后，无论环境破坏或者污染达到何种程度，根据环境正义理论，国家都有义务给予受困的公民救助，根据突发环境事件所造成的环境破坏和污染程度的不同应该采取不同的措施帮助其脱离已经不适宜生存的环境，维持最低的环境生活状况。当发生突发环境事件的第一种与第二种情形的时候都应该救助公民脱离威胁其生存的环境，永久或者暂时脱离被污染或破坏的环境，使其能够在最基本的人类生存环境中生活。如果环境破坏或者污染使其永久无法生活，国家有义务使其移民，这就是所谓的环境难民，如因环境辐射所造成的环境污染和破坏。

第二，公民享有环境救助权，国家有义务修复其生存地域的环境至适宜生存的状态。当突发环境事件发生后，虽然环境被破坏或者污染，但是经过治理环境还是可以修复的，国家有义务修复其环境，使其恢复到基本的生存需要的环境状态，补偿其基本的生活资料。

第三，国家及地方政府有义务帮助环境难民重新安置、就业及发展。因为突发环境事件的发生使公民无法回到其祖祖辈辈生活的地方，使其生活陷于困境，国家应该给予法律政策的倾斜，给予最低生活保障，保障其最基本的生活、居住的权利。

4. 比例原则

德国学者阿列克西将受损的私权和受益的公共利益还原为基本权利，并通过对基本权利之间进行衡量，提出比例原则作出衡量利益的标准。[1] 英国学者蒂姆·海沃德认为在公法中，在个人的自由、权利和利益与公共措施的目标之间平衡的基本原则应该是比例原则。[2] 比例原则是行政法中的帝王原则，首次提出这一原则的是德国行政法学鼻祖奥托·麦耶，他认为"行政权追求公益应有凌越私益的优越性，但行政权力对人民的侵权必须符合目的性，并采行最小侵害之方法。"[3] 比例原则要求国家权力应以追求公共利益为目的。[4] 如果不以公共利益为目的，则失去其正当性。比例原则是在权衡公共利益与个体利益的关系上形成。在对于公共利益与个体利益进行考量与权衡时需遵守以下三个子原则。妥当性原则，即行使行政权是为了达到法定目的，陈新民教授认为将行政权符合目的性与目的切合性作为衡量限制行政权的条款的功能是非常有限的。[5] 必要性原则，即为了达到法定的行政目的，该项措施是给公民造成最小侵害的措施，即在达到同样目的时，有多重可供选择的手段，要选择一种对于公民损害最小的方式。相称性原则，即行政权力所采取的措施与其所达到的目的之间必须合比例或相称。[6] 陈新民教授称这一

---

① 张卉林：《论公共利益对私权的限制》，吉林大学 2013 年博士论文，第 7 页。
② ［英］蒂姆·海沃德：《宪法环境权》，周尚君、杨天江译，法律出版社 2015 年版，第 90 页。
③ 叶俊荣："论比例原则与行政裁量"，载《宪政时代》1986 年第 3 期，第 81 页。
④ 王名扬、冯俊波："论比例原则"，载《时代法学》2005 年第 4 期，第 22 页。
⑤ 陈新民：《德国公法学基础理论（下）》，山东人民出版社 2001 年版，第 369 页。
⑥ 黄学贤："行政法中的比例原则研究"，载《法律科学》2001 年第 1 期，第 76 页。

原则为均衡原则，意思与前同。这三个子原则为行政权运行过程中当公共利益与个体利益产生冲突时从法律目的取向、法律结果取向以及价值取向提供了衡量的标准。这三个标准成为德国人民权利保障的利器，是德国公法学中的第一原则，成为立法、法律解释、司法审查的标准。[①]

突发环境事件中为了公共利益的目的，授予公共权力机关一定的行政应急权，行政应急权在行使过程中如何权衡公共利益与公民个体利益则是必须解决的问题。行政应急权运作时将维护的利益价值，必须不能低于因此而破坏的法秩序的利益价值或因此而牺牲的人权的利益价值，尤其某些可能颠覆整体法制的行政应急权。[②] 行政应急所采取的措施应是所有可能存在的政策选项中，对人民权利限制最少的那一种。我国《突发事件应对法》第11条规定："有关人民政府及其部门采取的应对突发事件的措施，应当与突发事件可能造成的社会危害的性质、程度和范围相适应；有多种措施可供选择的，应当选择有利于最大限度地保护公民、法人和其他组织权益的措施。"这一条规定就体现为比例原则，这一条的规定对于行政应急主体的具体要求如下：

第一，行政应急权行使的前提是采取行政应急权所带来的利益大于预期的危险。突发事件发生并超出常态，带来社会安全问题或破坏公共秩序，采取行政应急权的利益大于所预期的危险。

第二，突发事件采取的紧急措施的方式和类型应该与突发事件的等级与损害程度保持一致。我国突发事件分为四级，采取的紧急措施不是根据事件等级而分级，行政应急主体具有一定的裁量权，因为行政应急措施是限制公民的权利，且需要一定的行政成本，行政应急主体需要考量这几种利益，采取与突发事件相应的措施，而不是用大炮去打蚊子。

第三，行政应急主体在采取应急措施，需要限制或者损害公民权利时，应考量这几个方面的因素：首先是必要原则，如果不需要采取限制公民权利或者损害公民权益措施的，尽量不采取；其次是最小损害原则，当可以选择几种方案时，选择对于公民权利限制或者损害最小的方案；最后是最低底线

---

① 陈新民：《德国公法学基础理论（下）》，山东人民出版社2001年版，第380页。
② 滕宏庆："论行政应急权的合宪性控制"，载《法律科学》2011年第6期，第57页。

原则，行政应急权的底线是不能以损害部分人的尊严与生命换取另一些人的生命，这是世界通用的规则。

第四，行政应急权的行使在时间效力上符合比例原则，即暂时性，突发事件结束，行政应急效力也随时终止。在突发环境事件发生时对于公民的人身、地点采取的管制的原因一旦消失，这些管制措施也必须立即取消。对于财产所采取的征用，需立即采取暂停措施，恢复其原状，将财产返还给财产的主人，并且给予适当的补偿。在突发环境事件发生中征收公民财产的，应该立即给予适当补偿。在突发环境事件发生中，对个人的人身或者财产采取的措施需与当时的事态严重程度成比例，不能超越突发环境事件给予其危害的限度。

以上四点要求符合了比例原则在突发环境事件中对行政应急权的考量，这样既能够维护公共利益的最大化，也保障公民个体利益的损害最小化。

5. 突发环境事件中的环境利益损害法律救济原则

环境利益的范围虽然广，但是因各种环境利益的冲突引起的环境损害主要是对环境的损害而不包括因为环境而引发的对人的损害，包括环境污染与环境破坏。其救济也主要是对环境的救济，而不是对突发环境事件中受害人的救济，这种救济不同于以往对传统权利的救济，因此先需要确定救济环境的最基本的理念与基本原则，来指引突发环境事件中对环境利益损害的救济。救济是环境保护的末端，为了防止突发环境事件中环境损害的发生首先应该确定环境优先原则，明确经济发展与环境保护之间的关系，运用利益平衡原则，预防突发环境事件的发生。突发环境事件中环境损害救济不同于传统的救济，因此在遵循传统救济原则的同时，需要遵循以下特别的原则：第一，以恢复原状为主，经济保障为辅原则；第二，污染者负担原则；第三，共同负担原则。

以恢复原状为主，经济保障为辅原则是指对突发环境事件中引发的环境污染和环境破坏在救济过程中尽量以恢复环境的原状为原则，只有当恢复环境特别困难或者不可能时，侵害方才承担一定的费用用于评估环境、治理污染、整治环境、修复环境，以期将来达到恢复环境的目的。环境损害不同于传统的损害模式，是一种非财产性损害，所以不以经济赔偿为目的，而以恢复原状为原则。环境损害是一种生态性的损害，虽然有些环境损害不能立即恢复原状，但是应该给予一定的期限，通过一些措施慢慢恢复原状，达到恢复生态效果的目的。因此在这一原则指导下环境损害的侵害人承担责任的方式也有别于传统模式，是植树、种草或者是通过其他修复自然的方式来改变被污染或者破坏的环境，或者是禁止继续开发、利用现有资源等。

污染者负担原则源于污染者付费原则，污染者付费原则源于民事法学中的恢复原状责任以及经济学中的使用者付费原则，是环境法的一项基本原则，广义的污染者负担原则是在民法、刑法、行政法以及救济法领域，污染者应该对自己的行为承担民事责任、刑事责任、行政管制责任。而狭义的污染者负担原则是指造成环境污染或负担的主体应该承担所造成的负担及污染费用。① 环境污染者有对造成的环境危害与环境风险承担责任的义务。突发环境事件中的环境损害是污染者造成的，则突发环境事件的责任人应该承担环境损害恢复与修复的一切费用。因此环境损害发生后首先应该由污染者承担各种环境损害费用，环境损害赔偿制度是环境损害首先适用的制度。

共同负担原则是指当环境损害无法确定污染者的责任时，由社会来承担环境损害责任的原则，这是环境保护中社会责任负担的体现。共同负担原则是与污染者负担原则相背离的一项环境法的基本原则，为什么规定了污染者负担原则后还要规定共同负担原则？这是由环境保护与环境损害的特殊性决定的。一是污染者的不确定性，因为环境污染的长期性、累积性、合法性、公益性等特点，决定了在实践中并不是每次污染、每一个环境破坏都能够确定污染者；二是污染者能力的有限性，有的环境污染面广，污染破坏严重，污染者根本无力承担恢复与修复环境的一切费用，在这样的情形下，公共主体就需承担环境损害责任，减少这些损失，从另外一个角度来看共同负担原则是污染者负担原则的必要补充，是污染者负担原则的例外，这也是由治理环境损害的公益性、生态性决定的。

二、完善我国突发环境事件中公民权利立法

我国突发环境事件中公民应享有的权利类型主要有生命权、人身安全权、人身自由权、财产权、社会救助权、新型的环境权、公民知情权、参与权、监督权、申请复议权、行政诉讼权以及行政补偿与赔偿权等。在我国的突发

---

① 陈慈阳：《环境法总论》，中国政法大学出版社 2001 年版，第 175～186 页。

环境事件中的权利保障立法中明确规定的权利如下：第一类是公民在突发事件财产征用中获得补偿或者赔偿的权利，第二类是公民因为水污染事件、大气污染事件进行侵权救济的权利，第三类是自然灾害发生后公民获取衣、食、住、行、医疗等方面救助的权利。对生命权、人身安全权、人身自由权、财产权等权利在我国的基本法律中予以规定，并予以保障，无需在突发环境事件中公民权利立法中作出特别规定，目前在我国立法、实践中也是重点保护的权利，但是一些新型的权利则需要立法予以明确，从隐形状态转化为明确规定。我国突发环境事件中的新型的环境权没有明确规定。这些权利形态需要通过修改现行法律与制定新的法律、法规明确内容，规定权利实现条件与途径，从立法上予以保障。

（一）修改现行法律，把应有权利转化为法定权利以及权利明确化

1. 《突发事件法》明确公民在突发事件中的权利以及限制公民权利的具体内容

为了应对越来越多的突发事件，我国于 2018 年专门成立了应急管理部，加强对于突发事件的应对。现行《突发事件应对法》属于传统的管理法，主要是赋予应急机关权力，而缺乏对权力的约束，难以保障公民权利。应主要从两个方面修改《突发事件应对法》，一是修改法的名称，现行法的名称主要限于突发事件的应对，而轻公民权利的保障，重公权力的授权，而轻公权力的制约，因此法的名称建议修改为《突发事件法》；二是对法的内容进行全面修改。以公民权利克减应该遵循最低限制原则和禁止歧视原则、最低生活保障原则、比例原则为指导原则，寻求公共利益与个人利益，经济利益与环境利益的平衡。具体包括三个方面的内容：第一，详细规定行政机关的应对权力；第二，详细规定公民的权利限制，规定受限制的权利类型、限制主体、受限制权利的条件、受限制权利的救济、受限制权利的限度等内容；第三，明确突发事件应对权力的程序，规定应急机关的义务与公民的程序权利，如知情权、参与权、监督权、公民的行政补偿与赔偿权、公民的救济权等，规定突发事件应对的步骤、期限等具体内容。

《突发事件法》的修改不仅限制行政应急权，而且明确规定突发事件中公民应享有的权利。主要有：第一，行政补偿与赔偿权，明确补偿与赔偿的主体、程序、补偿与赔偿的基本标准、救济的程序；第二，知情权、参与权、

监督权，信息公开的主体、范围、责任，知情权的救济，参与监督的事项、程序、救济。

《突发事件法》的修改内容还需公民权利限制的具体化。突发事件的应对必然限制公民权利。公民权利的限制具体化主要表现在以下方面：第一，公民权利限制应该遵循的基本原则，上文已详细阐述，应该在《突发事件法》中予以规定；第二，公民权利限制的范围，明确列举可限制的权利类型；第三，公民权利不可限制的范围，这是权利限制的兜底条款，必须明确；第四，公民权利限制应该遵循的程序。

2. 将环境权纳入《环境保护法》，细化突发环境事件处置的内容

（1）将环境权纳入《环境保护法》。环境权法律化是非常必要的，主要体现在以下几个方面：第一，环境权是生态文明社会建设的需要，党的十八大提出建设生态文明社会，这种新型文明形态就是人类发展的新阶段，权利形态也应该与时俱进，而环境权则是人类社会新型形态下的必不可少的权利内容；第二，环境权是实现人的基本尊严与价值的需要，环境权属于人权范畴，不管社会如何发展，人类对于环境的依赖都是必然的，而且随着社会发展，环境对于人类越来越重要，保障人的尊严与价值的环境权是社会公正的最基本的体现；第三，环境权在国内、国外的立法中予以确认成为一种趋势，使每个国民同等享受良好的环境权益，是我国政府不可推卸的责任；第四，我国地方环境立法实践为我国环境权的法律化提供了有益的经验，由于我国是法制一体化的立法体制，地方立法的分散性不足以保护环境，需在中央层面的立法中把关涉民生的最基本的环境权纳入法律体系；第五，我国现实的环境问题解决的需要，我国三十多年的经济快速发展也带来很大的环境问题，已经根本威胁公民的基本生存，人的尊严与价值受到挑战，如蒋高明在其著作中认为当公民失去清洁的水、清洁的空气，生命安全受到威胁的时候，GDP 的发展以及科技文明就没有意义了。环境权的法律化有利于给公民提供法律的途径维护其权益，遏制环境问题。

在立法中规定环境权是公民权利保障的基础。将环境权视为传统的法律保护的一种利益还是单独立法予以保护是衡量国家对于环境保护的根本理念的选择。从环境权的重要程度来看应该在宪法中把环境权作为一项基本权利予以规定，很多国家把权利写入宪法是权利保障的最高礼遇，但是纵观我国

宪法的制定与修改路径，尤其是 1982 年的宪法修正，四次修正案主要是对序言篇以及国家的基本制度作出修改，而没有在公民权利篇做过多少改动，因此在宪法中规定公民环境权暂时不可行。在我国目前的立法模式选择中，环境权法律化以在《环境保护法》或者在《民法典》中对环境权予以规定较为可行。2014 年《环境保护法》的修改虽然没有把环境权纳入立法中，但是2014 年的《环境保护法》与 1989 年的《环境保护法》相比较，对于环境的保护与管理的理念已经是颠覆性转变，这也为环境权的法律化奠定了基础，当时机成熟时在《环境保护法》中明确规定环境权，规定其具体内容是解决我国环境问题，保护公民权益的正确选择。

（2）增加《环境保护法》中突发环境事件的内容。《环境保护法》是我国环境保护的基本法，该法仅概括性规定了突发环境事件的应对，内容简单，不能指导应对突发环境事件的环境管理和保障公民权利，不仅规定突发环境事件应对的主体权限内容，而且应规定突发环境事件发生时对于公民权利限制的原则、范围，环境权益损害的救助等基本内容。

（二）制定新的法律法规，公民权利明确化、法律化

立法不作为是指有权立法的国家机关没有在法律规定的合理期限内就相关事项进行立法，无法保障公民权利和规制公权力。立法不作为分为隐性不作为和显性不作为。① 隐性立法不作为是宪法和法律赋予立法机关一定的职责，但是没有明确规定其立法权限。显性立法不作为是宪法和法律中明确规定了立法机关的立法事项、立法期限等具体规定，但是立法机关没有如期立法的行为。② 无论是隐性立法不作为还是显性立法不作为都对社会造成一定的危害，主要是不利于保障公民的权利，立法不作为导致公民程序权利或实体权利的丧失，或义务的增加，或者应予取消的法律限制未能取消等。③

1. 国务院制定《突发环境事件条例》，提升突发环境事件立法位阶，化解法律、法规冲突

国务院制定的《突发环境事件条例》，应与《宪法》《环境保护法》《突

---

① 杨涛："试论立法不作为表现、危害及其规制"，载《法治论坛》（第七辑），第 149 页。
② 杨涛："试论立法不作为表现、危害及其规制"，载《法治论坛》（第七辑），第 150～151 页。
③ 于立深："行政立法不作为研究"，载《法制与社会发展》2011 年第 2 期，第 80 页。

发事件法》等规定保持一致，以基于生存的环境权的最低保障原则、突发环境事件中的环境利益损害法律救济原则为指导原则，具体规定以下内容：第一，详细规定行政机关的应对权力，尤其是对于环境问题采取的应急措施；第二，详细规定公民权利限制，规定受限制权利类型、限制主体、受限制权利的条件、受限制权利的救济、受限制权利的限度等内容；第三，明确突发环境事件行政应急权行使的程序，规定应急机关的义务与公民的程序权利，如知情权、参与权、监督权，公民的行政补偿与赔偿权、公民的救济权等，规定突发环境事件应对的步骤、期限等具体内容；第四，突发环境事件后的环境修复与救助。

（1）国务院制定《突发环境事件条例》限制突发环境事件中公民权利的立法权限。《突发环境事件应急预案》是国务院制定的规范性文件，其中作出对公民的权利三个方面的限制：一是对公民人身自由的限制，二是对于公民财产的限制，三是对一定的经营场所以及其他地方的限制，这种立法限制权限不符合立法法及行政强制法的规定，因此笔者建议由国务院出台《突发环境事件应对条例》，同样是国务院制定的，行政法规与规范性文件的权限范围是不同的。根据《行政强制法》的规定，国务院可以设定除人身强制以及查封、冻结存款与汇款的其他强制措施，在突发环境事件发生时，为了公共利益与个人利益可以设定相应的行政强制措施，但是作为规范性文件的《突发环境事件应急预案》则没有这样的权限，现行的规定不合法，应该予以修正。

（2）限制突发环境事件中公民权利立法内容的明确化、具体化。上文分析了《突发环境事件应急预案》的不合法性，那么《突发事件应对法》对我国公民权利的限制是否符合我国的立法法的基本宗旨？《突发事件应对法》虽然立法权限合法，但是限制规定的内容不明确。这些权利涉及公民的基本权利，具有一定的紧迫性，因此根据法律明确性原则，限制公民权利的内容不应该太抽象，只规定限制公民权利的范围而已，而无任何其他规定，这样的限制容易导致权力的滥用，侵犯公民的权利。因此对于限制公民的人身、财产以及其他内容的条款应该明确限制权利的界限、范围、程序以及救济的内容，这样才能够保障公民的权利。

2. 制定统一的社会救助法，提升社会救助法立法位阶，完善行政救助权内容

立法内容需遵循法律明确性原则，公民权利的规定在大陆法系中也需遵循这一原则。法律明确性原则最早适用于刑法领域，随着法治的推进，这原则演绎为宪法的基本原则，基本含义是不明确即无效原则，美国具体指限制或剥夺公民基本权利的法律必须是内容明白、清楚、确定的，否则无效。[①]法律的明确性具有保障公民权利的价值和目的。尤其是在公法领域，因涉及公民权利和利益的程度不同，对其立法的明确性要求也不同。[②] 法律明确性遵循的总体原则是某一个事务对于共同体或者公民越重要，对立法机关的要求就越高。随之而来的是调整密度：公民个人的基本权利越深远、紧迫，该权利对共同体的作用就越重要；社会问题越充满争议，法律调整就应当越精确和严格。[③] 我国虽然在宪法中没有明确规定法律明确性原则，但是 2015 年修改实施的《立法法》第 6 条第 2 款明确规定法律规范应当明确、具体，具有针对性和可执行性。对于公民权利的规定内容需要符合立法法的规定。这一条款的规定体现了法律明确性的原则和内容。我国突发环境事件中公民权利的规定需符合《立法法》的规定，权利的内容、权利的边界、权利的救济等都必须明确。而我国现行立法中关于突发环境事件中公民权利的规定条款简单，内容不明确，行政征收补偿权、行政救助权、行政救济权等内容在法律、法规、规章及规范性文件中有提到但是没有具体的内容规定，这些权利的内容需要行政机关的配合，如社会救助立法本应该由全国人大及其常务委员会根据我国宪法的规定制定法律，[④] 但是我国权力机关把这种立法权授权于行政机关，我国行政机关则把这种权力分散，出台了《自然灾害救助条例》《社会救助暂行办法》等行政法规与部门规章，没有制定统一的《社会救助法》。因此笔者建议由全国人大及其常务委员会制定统一的《社会救助

---

① 欧爱民："法律明确性原则宪法适用的技术方案"，载《法制与社会发展》2008 年第 1 期，第 120～121 页。

② 饶龙飞、叶国平："论法律明确性原则：依据、标准和地位——基于违宪审查角度的解读"，载《贵州警官职业学院学报》2016 年第 9 期，第 69 页。

③ 翁岳生：《行政法（上册）》，中国法制出版社 2002 年版，第 192 页。

④ 杨福忠：《立法不作为问题研究》，知识产权出版社 2008 年版，第 211～220 页。

法》,这是完善我国突发环境事件中的行政救助权制度的最好途径。如果不能出台《社会救助法》,权宜之计则是修改现行立法,完善其基本内容。尽量借鉴日本和美国的立法经验,制定一系列的立法,如《超级基金法》《石油污染法》《清洁空气法》《因公害引起的健康损害的救济的特别措施法》《公害健康受害补偿法》,规定在突发环境事件发生后由政府给予突发环境事件中公民特别救助。我国突发环境事件中公民的社会救助权主要体现在生命救助权、最基本的医疗救助权、最基本的生活救助权、环境救助权等方面,但是根据我国现行的突发环境事件中的行政救助立法主要是因自然灾害等情形下的救济或者是对社会的弱势群体的救助,救助的内容主要是给予衣、食、住、行等的帮助,由于社会的转型,社会风险增加,应该把社会救助的范围予以拓宽,从困难救助向提高公民生活质量与拓宽公共服务范围转变。① 将突发环境事件中的行政救助权完善如下:

(1)拓宽我国突发环境事件中的行政救助权范围。突发环境事件的引发有自然原因也有人为原因,我国目前的社会救助立法主要是对因自然灾害受困的人给予救助。但是自然灾害与人为因素导致的突发环境事件对于公民的损害是一样的,使其生活处于暂时的困境中,或者是环境遭受破坏,如果继续生活其中,将导致生命、财产的威胁,因此应拓宽我国的突发环境事件的救助范围,国家不仅要救助弱势群体,使其摆脱生活困境,也应该给予生活遭受变故的公民予以救助,提供各种公共服务给予那些因为各种原因在生活的每一个方面遭受挫折的公民,为公民提供保护,充当起社会公平正义和公民基本生存权利的保护伞。②

(2)增加我国突发环境事件中的行政救助内容。我国传统的行政救助的内容主要是物质上的救助,随着各种社会风险的增加,为了提升公民的生活品质,社会救助的内容也应该增加,应仿效日本的《公害健康受害特别措施法》《公害健康被害补偿法》,通过行政救助途径及时给予突发环境事件中的受害人补偿。增加如下内容:第一,增加医疗救助,健康是人的生存之本,

---

① 周佑勇、甘乐:"论行政救助制度的发展与完善",载《中南民族大学学报(人文社会科学版)》2010年第5期,第114页。

② 参见周佑勇、甘乐:"论行政救助制度的发展与完善",载《中南民族大学学报(人文社会科学版)》2010年第5期,第115页。

人类遭受越来越多的因环境引发的危险疾病威胁，医疗成本高，公民难以承受高额的费用；第二，增加法律救助，公民权利受到威胁，由于公民自身的素质和经济的影响，无法寻求有尊严的保障自己权利的方式，国家应该提供更广泛领域的法律救助渠道，如利用高校科研机构的资源，既为学生提供锻炼的机会，又为社会提供服务；第三，增加教育救助，国家应该给予下岗或者因为发生突发事件失去工作机会的公民提供职业培训方面的救助，使其重新找回自己的价值；第四，增加心理辅导救助，因公民遭遇突发环境事件，有时会遇到心理障碍，国家应该提供心理辅导救助；第五，增加环境救助，这是突发环境事件中最为重要的救助事项，一般突发环境事件引起不同程度的环境破坏，严重的环境破坏导致公民根本无法继续在此生存，此时国家应帮助公民搬离故土，轻微破坏也会影响公民的健康或者是损害当地的生态环境，国家应该给予救助，修复环境，直至适宜人类生存。

（3）细化我国突发环境事件中行政救助的内容、程序等方面的规定。第一，转变观念，从特权观、恩赐观转变为服务观、职责观，国家提供救助并不是恩赐，而是其应尽的职责，它有职责保障每个公民有尊严的生活在这个国度内。第二，确立原则，依法救助原则是根本，最低保障是关键，比例原则是保障。依法救助原则是指行政救助的设定、实施都依法而为。最低保障原则是各种行政救助保障公民能够基本有尊严的生存。比例原则是指我国的行政救助需要根据我国的国情均衡各种利益在不同方面予以救助的原则。第三，确立行政救助的范围、内容以及适用的条件。第四，明确行政救助的程序，规定行政救助的步骤，规定行政机关的义务与责任，明确公民的权利，保障公民能够依法获得行政救助。第五，建立有效的监督机制，行政救助制度是国家给予公民的帮助，如果没有建立有效的监督机制，权力容易导致腐败，从以下几个方面建立有效的监督机制：一是行政救助的公开，行政救助信息公开是约束权力的基础，行政救助的内容、范围、条件、对象、程序等内容应该全面公开；二是行政救助程序中救助主体、救助对象之外的公民、新闻媒体以及其他社会组织的广泛参与；三是每年度的监督检查制度的建立；四是公民的申诉、复议、诉讼权利的保障。

3. 制定《生态环境损害赔偿法》，保障公民环境权益

生态环境损害赔偿研究成为学界热点，其中吕忠梅教授 2013 年出版了

《环境损害赔偿法的理论与实践》一书，提出了制定《环境损害赔偿示范法》的草案。① 竺效博士出版专著《生态损害综合预防和救济法律机制研究》，提出制定专门性的《生态损害综合预防与救济法》的建议草案。② 樊杏华博士出版专著《环境损害责任法律理论与实证分析研究》，也提出制定《环境责任法》，并提出建议草案。③ 本书结合上述三本著作及国务院出台的《生态环境损害赔偿制度改革试点方案》提出对于构建我国生态环境损害赔偿立法的建议。

（1）生态环境损害赔偿立法的必要性。为了保障突发环境事件中的公民权利，需要制定对于因突发环境事件而引发的环境损害赔偿立法：第一，有利于实现环境公平正义，突发环境事件的发生引起环境的破坏，导致环境受害人救济困难，无法保障其权利，而建立了环境损害赔偿制度后，有法可依，救济权利有了法律的保障，就能够及时获得救济，获得权益的保障，能够保证环境公益和私益的实现，促进环境的公平正义实现，有利于社会的和谐稳定；第二，有利于实现环境法的污染者负担的基本原则，促使企业承担其应该承担的责任，在法治社会里，建立法律制度的目的就是使法律主体各就其位，各负其责，而不应该让企业的生产污染了环境而由社会来承担治理污染、修复环境的责任，环境损害赔偿立法就能够促使企业承担其应该承担的对于环境治理与修复的责任，而不应该转嫁于政府或者社会；第三，有利于政府职能的转变，在传统以政府为主导的环境管理模式下，政府承担了大部分因为企业引起的突发环境事件的污染治理与环境修复的费用，这种治理模式极大地限制了政府治理环境的能力，局限于末端的治理，局限于与公民协商环境赔偿事宜，而不能立足于宏观的环境管理，因为我国现在处于突发环境事件的高发阶段，而环境损害赔偿立法能够有效解决突发环境事件的引发者与受害者之间的责任，通过常规的法律途径解决纠纷，而无需政府参与到环境纠纷的过程中，可以更多地从源头防治环境风险的发生，减少环境破坏；第四，我国国务院已于 2015 年出台了《生态环境损害赔偿制度改革试点方案》，该方案

---

① 吕忠梅：《环境损害赔偿法的理论与实践》，中国政法大学出版社 2013 年版，第 333～352 页。

② 竺效：《生态损害综合预防机制和救济法律机制研究》，法律出版社 2016 年版，第 206～218 页。

③ 樊杏华：《环境损害责任法律理论与实证分析研究》，人民日报出版社 2015 年版，第 149～151 页。

明确提出 2015～2017 年选取部分省份试点，2018 年在全国试行，2020 年构建责任明确、途径畅通、赔偿到位、修复有效的生态环境损害赔偿制度。

（2）确立生态环境损害赔偿的立法基本原则。生态环境损害赔偿是突发环境事件中所引发的不同于其他突发事件的结果，不管生态环境损害赔偿立法是通过单独立法还是综合性的立法还是修改现行的立法，这一制度必须建立，确立这一制度必须遵循以下基本原则：第一，生态环境损害方法必须坚持以预防为主以修复为目的的原则，生态环境损害赔偿不同于传统的损害赔偿，生态环境损害发生造成的后果在很多情况下无法逆转，无以复制，因此，在建立生态环境损害赔偿制度时是应树立以预防为主，修复为目的的原则，遵循自然规律，尽量防止或减少生态环境损害的发生，如果生态环境损害已发生，要尽量修复生态环境，不再添加环境的负担，使其达到保护环境、平衡生态的目的。第二，以修复恢复为主，生态效益与行政补偿为主，赔偿为辅，生态环境损害发生后，生态环境损害的责任承担方式有别于传统的方式，首先应该是采取措施修复恢复生态环境，然后是给予遭受生态环境损害的公民一定的生态效益与行政补偿，最后才是给予公民一定的象征性赔偿。第三，遵循污染者负担原则，生态环境损害修复、赔偿的费用承担遵循传统的谁污染谁承担原则，生态环境损害的各种费用能够确定污染者的应该由污染者承担，只有污染者无法确定的，才由行政机关承担，行政机关承担后，发现了污染者，行政机关有追偿的义务。第四，可持续发展原则，可持续发展原则是环境法的最基本的原则，贯彻于生态环境损害的立法中，主要体现在生态环境损害的修复过程中应体现经济发展在环境承载能力范围内，保护人类的当代人与未来人类赖以生存的环境。

（3）生态环境损害赔偿立法的主要内容。第一，确立生态环境损害赔偿的适用范围。《生态环境损害赔偿制度改革试点方案》适用的范围较窄，而生态环境损害赔偿立法适用的范围应该拓宽，不仅是较大以上的突发环境事件引发的生态环境损害才适用，所有的突发环境事件引发的生态环境损害以及其他的事件引发的不同区域的生态环境损害都应该适用。遵循有损害就应该有赔偿，不管是人身损害、财产损害还是生态环境损害，这是一个法治国家的基本标志。第二，确立生态环境损害的赔偿范围。赔偿范围主要是针对预防、减少或者修复生态环境损害而产生的各种费用，具体包括：防治或者减少对于生态环境损害的各种合理费用，清理措施费用，恢复修复措施费用，过渡性生态服务功能的损失、生态服务功能永久性损失的损害、生态环境损害的调查评估的合理费用，因生态无法修复、被污染环境无法恢复而承担的象征性损害赔偿。[1] 第三，建立多元的环境生态损害赔偿机制。一是建立快速便捷的行政磋商机制，及时化解因生态环境损害引发的纠纷，快速预防、减少环境的损害，及时修复环境。二是完善司法救济途径，确立生态环境损害的无过错责任归责原则，完善环境公益诉讼机制，探求多样化的生态环境损害责任承担方式。第四，建立生态环境补偿基金、环境保险、财产担保制度，分散污染者与行政机关的责任。由于生态环境损害的责任复杂，风险较大，所引发的损害巨大，污染者及行政机关承担能力有限，因此应该把这些风险社会化，通过保险、财产担保、补偿基金等方式保障公民权利得到及时救助。第五，建立生态环境损害追偿制度，在无主体承担生态环境损害赔偿责任或者是污染者无力承担生态环境损害赔偿责任的情形下，先由行政机关承担生态环境损害赔偿责任，及时预防、减少或者修复生态环境损害，当修复完毕后，行政机关有义务通过法律程序向生态环境损害的赔偿义务人或者受益人予以追偿，贯彻谁污染谁负担以及谁受益谁负责的原则，体现社会公平。

第二节　完善我国突发环境事件中的公民权利行政保障机制

行政救济是保障公民权利的重要途径，我国突发环境事件中公民权利行政救济类型多，保障公民权利发挥了一定的作用，但我国突发环境事件中的行政保障机制存在问题，为及时有效救济突发环境事件中的公民权利，减少司法救济负担，借鉴日本、美国行政救济机制，充分发挥行政救济保障机制的救济效果。

一、我国突发环境事件中的行政救济机制总体设计——制定《环境纠纷处理法》

借鉴日本从公害事件频发到公害受害人权利救济发达的经验。当面临

---

① 竺效：《生态损害综合预防机制和救济法律机制研究》，法律出版社2016年版，第139～153页。

各种公害灾难时，日本各级地方团体与中央政府通过建立有效的行政救济途径帮助公害受害人摆脱各种困境，这些行政救济相对于司法救济途径来说是高效的、及时的、有益的，建立专门的公害纠纷处理机构，制定专门的《公害纠纷处理法》。我国在时机成熟时也应该制定专门的《环境纠纷处理法》，规范我国突发环境事件中的公民权利行政保障机制，理顺各种环境行政解决机制的关系。《环境纠纷处理法》需对以下内容予以规范。

（一）有机调和现行行政救济保障机制

多元的行政救济机制为我国公民寻求救济提供了选择的机会，但是由于公民面临多重无序的救济方式，缺乏选择的能力，从而造成救济困难或者重复救济，效率低下，不能真正保障公民的权利。为了更好保障公民的权利，需要厘清行政救济方式之间的关系，使其成为一个融洽的救济体系，笔者建议建立错落有致、相互补充的行政救济保障机制，机会成熟时制定《环境纠纷处理法》，具体设计如下。

1. 环境行政调解为首要救济方式

在20世纪八九十年代到21世纪初我国传统的环境领域的侵权纠纷由环境主管部门通过调解的方式予以解决，从现行立法发展来看，环境行政调解的立法趋势是有步骤地缩小环境行政调解的适用范围。我国现行的环境行政调解的法律规定存在以下缺陷：第一，缺乏与其他环境行政纠纷机制的对接；第二，环境行政调解程序成为解决纠纷可有可无的程序，处在尴尬境地，面临在《环境保护法》和单行污染防治法中去与留的局面；第三，在环境行政调整中既无环境行政主管部门与环境纠纷当事人的激励机制，也无法律约束，来去自由。环境行政调解作为解决环境纠纷的行政救济保障机制之一，具有明显的优势，即具有自愿性、专业性、简便性、快速性，如根据我国现行的环境保护法的发展趋势，这种具有优势的行政纠纷方式有逐渐消亡的趋势，在现代环境纠纷数量不断攀升的情形下，想寻找更好地解决纠纷的方式恐怕有点困难，改良现有的环境行政救济保障机制，优化组合是解决当前困境的必然选择。

借鉴日本的先进经验尽快化解环境纠纷的矛盾，救济公民的损失，应充分利用环境行政调解的自愿性、专业性、快速性的特点，激活环境行政调解主体以及环境纠纷当事人的积极性。日本有完善的行政纠纷解决机制，设立了专门的公害纠纷处理机制，其公害纠纷处理机制主要通过斡旋、调解、仲裁的程序，快速解决对公害个人的救济。日本特别重视公害纠纷的调解程序，调解是公害纠纷处理的基本前提，这种方式容易让公害受害人接受执行。笔者建议效仿日本的公害纠纷处理机制，把斡旋、调解作为环境行政主体解决环境纠纷的首要方式，告知环境纠纷的当事人双方有调解的权利，仿效民事诉讼调解的制度规定，把环境调解作为解决环境纠纷的必不可少的程序，在尊重当事人的意愿的基础上进行调解，利用环境主管部门的专业能力，均衡各方利益，公正调解当事人的纠纷，尽快尽量满足各方的要求，妥善解决环境纠纷，维护公民合法权益。

环境行政调解是解决突发环境事件中的纠纷的第一个环节，必须建立在自愿的基础上，环境主管部门在久调不决的情形下，应该结束这一环节，进入下一程序。下一程序该如何设计？是因循守旧还是有所创新，因循守旧就是按照现在的模式调而不决则进入司法程序，通过民事诉讼方式解决，这就是上文所讲的环境行政调解制度的尴尬境地，它没有充分发挥环境行政调解的优势。那创新的建议是什么？是继续通过其他的行政救济方式救济公民权利，激活其他环境行政救济机制的活力，尽量穷尽行政救济方式救济公民的权利。

2. 环境行政裁决、环境行政复议为中间必经救济方式

环境行政裁决与环境行政调解之间的纠葛是我国现行环境管理体制中最大的问题，这两种方式都是现代社会解决纠纷的有效、快速的方式，但是由于我国没有统一的纠纷处理法，对这些公民权利救济方式规定得非常零散，表达不统一，实施不统一，造成实施过程中的困境，这两种救济方式在我国都处在尴尬境地。打破这种尴尬的方式是把环境行政调解与环境行政裁决衔接起来，而不是让它们处在竞争位置，而是取长补短，发挥这两种制度的各自优势。把环境行政调解与环境行政裁决衔接起来最好方式就是实行先调后裁制度，即环境纠纷发生后，公民首先通过环境行政调解的方式予以解决，当调解无法解决的时候，环境行政主管部门采取行政裁决的方式，对环境纠纷进行裁决。这种制度既尊重了当事人的意愿也发挥了行政机关裁决的专业性、快速性的特点，让每一项制度都不是处在闲置或者可有可无的状态，发挥每一制度的优势。

环境行政纠纷的先调后裁制度具有以下优势：第一，承前启后，环境主管部门无需重复调查取证，有效利用了资源；第二，先调后裁，节约时间，能够及时解决纠纷；第三，先调后裁，既尊重当事人的意愿也显示公权力的公信力。环境行政纠纷的先调后裁制度应该遵循的基本原则为调解是原则，裁决是例外，具体是指突发环境事件发生中的环境纠纷首先通过环境行政调解来解决，调解不成时，环境主管部门适用裁决的方式解决其纠纷，环境行政调解书具有法律约束力，各方主体应该尊重其效力。

环境纠纷经过调解裁决后的后续程序该如何规定？与其他公民权利救济程序该如何衔接？行政复议是行政内部的监督与救济程序，能够防止行政权力的滥用和保障公民的权利，我国现行的行政复议制度没有设置为行政诉讼的必然前置程序，而是不同专门法律有不同的规定，具有选择性。笔者建议我国规定环境纠纷经过调解裁决后把行政复议作为前置程序。通过内部监督，达到减少环境诉讼，尽量通过当地政府以及上级业务主管部门的复议程序让环境纠纷通过行政机关解决的目的。环境行政复议作为行政诉讼的前置程序的优势在于：第一，环境纠纷牵涉的主体广泛，纠纷内容复杂，当地政府或者环境管理部门比较了解这种纠纷的来龙去脉，有利于解决纠纷；第二，环境行政复议能够与环境管理相结合，不仅化解矛盾，保障公民权利，还预防以后纠纷的产生；第三，环境行政复议能够全面监督环境主管部门的行政裁决是否公正、合法、合理地进行，而司法审查只是有限的审查。环境行政调解不纳入环境行政复议范围。原因有以下几点：第一，环境行政调解是环境行政主管部门根据法律与纠纷的当事人自愿达成的，因此当事人都会尊重和执行调解书；第二，调解书一旦达成则会对主体产生民事诉讼法调解书同等的法律效力；第三，调解不成的情况下，环境主管部门可以通过裁决的方式予以解决。因此笔者认为环境行政调解一旦形成，主体会予以尊重，因此环境行政调解不应该纳入行政复议范围，但是如果环境行政调解书涉及的义务主体不履行义务的，应该可以申请行政强制执行，保证环境行政调解的权威性。

3. 环境信访为必要补充的救济方式

环境信访是我国公民广泛接受，使用频率最高的救济方式。这种方式方便、快捷，但是这种方式也有明显的缺陷，它法治性不强，带有明显的人情色彩，因此很有必要协调其与其他救济方式的关系。《信访条例》第 14 条规定了信访与其他行政救济方式的关系，规定对依法应当通过诉讼、仲裁、行政复议等法定途径解决的投诉请求，信访人应当依照有关法律、行政法规规定的程序向有关机关提出。这一条款的规定说明法律、法规明确规定了行政复议、行政仲裁、行政调解、行政裁决等法定的救济方式的，公民应该选取这些方式救济其权利，只有法律、法规没有规定法定的行政救济方式的，当公民法律权利的行使遇到障碍，无法通过法定途径寻求救济时，法律赋予公民以信访方式寻求救济。① 信访是公民兜底的寻求行政救济的最后的方式，不应该是首选的方式，因为这种方式救济权利的弹性较大，救济权利有限，但是有些领域法律没有明确规定公民救济的方式，这种方式填补了公民权利救济的空白，实践法律谚语"有权利就有救济，无救济无权利"。

（二）确立行政穷尽原则和司法最终原则

由于我国现行环境纠纷的行政救济机制处于一种多元无序的状态，不仅没有给公民的权利保障带来方便，反而影响公民权利救济的效率。为了保障公民权利救济的有效实施，需要理顺其关系。如何理顺其关系，需要确立基本的理念，保障每种救济方式都能够发挥其优势。行政穷尽原则和司法最终原则是权利救济制度所需要遵守的最基本的两个原则。

行政穷尽原则是行政法的基本原则，其具体是指公民、法人及其他组织在寻求救济时，必须先利用行政救济手段，只有内部存在的、最近的和简便的行政救济手段穷尽后，才能寻求法院的救济。② 在我国确立这一原则主要是解决行政复议与行政诉讼的关系。为了避免公民盲目选择救济权利的途径，确立行政穷尽原则是重要的：第一，行政救济能够保障和监督行政机关依法行使职权，防止和纠正违法的或者不当的行政行为，最终保障公民的权利；第二，行政救济经济、简便，能够及时纠正行政机关的执法错误，提高行政效率，保障公民的合法权益；第三，减轻法院的负担，提高了司法效率，真

---

① 金国坤："从监督到救济：行政法功能的转换——兼论以人权保障为核心重构行政救济机制"，中国行政法之回顾与展望——"中国行政法二十年"博鳌论坛暨中国法学会行政法学研究会 2005 年年会论文集，第 705 页。

② 王名扬：《美国行政法（下）》，中国法制出版社 1995 年版，第 566 页。

正维护了公民的权益。① 突发环境事件中的公民权利纠纷相较于传统的纠纷而言有些特殊性：一是专业性，因环境污染与环境破坏造成的原因的特殊专业性，公民自己很难取证，行政机关处理起来具有优势，能够利用其职权获得证据；二是紧急性，行政机关根据其职权能及时化解矛盾，预防或者减少环境污染和环境破坏的扩大；三是群体性，环境污染和环境破坏引起的纠纷主体具有群体性。基于以上三个特征，突发环境事件中的公民权利纠纷更应该确立行政穷尽原则，尽量通过行政解决机制解决其纠纷，及时有效地救济公民的权利。

司法最终原则不仅是法律的一项基本原则，也是一种重要的法治理念。② 我国《宪法》《民事诉讼法》《刑事诉讼法》等法律中没有规定司法最终原则，而在我国不同的程序法中相应规定了权利救济的范围，我国目前立法中规定一些民事纠纷、行政纠纷如果通过其他方式解决就不能通过司法途径解决。如《行政复议法》第 30 条第 2 款规定根据国务院或者省、自治区、直辖市人民政府对行政区划的勘定、调整或者征用土地的决定，省、自治区、直辖市人民政府确认土地、矿藏、水流、森林、山岭、草原、荒地、滩涂、海域等自然资源的所有权或者使用权的行政复议决定为最终裁决。这一条款就明确规定公民无权通过司法途径继续救济自己的权利。而美国的宪法制定者之一汉密尔顿认为国家与其成员间产生的纠纷只能诉诸法庭，其他方案均不合理。③ 确立司法最终原则是保障公民权利，实现法治建设的必然要求。司法最终原则包括三层内涵：第一，一切法律纠纷应该由司法权进行裁决；第二，一切法律纠纷应该由法院通过司法程序裁判；第三，一切法律纠纷由法院享有最后的裁判权。④ 我国在普通民事纠纷以及刑事诉讼都基本保障了司法最终裁判权，但是对于一些特殊的民事纠纷或者行政纠纷，我国现行法律、法规规定不能通过司法途径救济其权利，笔者建议应该在宪法中确立司

---

① 沈福俊："论'穷尽行政救济原则'在我国之适用——我国提起行政诉讼的前置条件分析"，载《政治与法律》2004 年第 2 期，第 138 页。

② 吴俊：《论司法最终解决原则》，西南政法大学 2011 年硕士论文，第 1 页。

③ ［美］汉密尔顿、杰伊、麦迪逊：《联邦党人文集》，商务出版社 1992 年版，第 400 页。

④ 王雪梅："司法最终原则——从行政最终裁决谈起"，载《行政法学研究》2001 年第 4 期，第 22～30 页。

法最终原则，保障在每一个领域公民都能够通过司法途径解决纠纷。建立司法最终原则具有以下必要性：第一，行政救济方式的局限性，行政调解、行政裁决、信访、行政复议等这些方式具有优势，但是也有明显的缺陷，缺陷主要是行政裁判权的非独立性、程序的简易性与效率性，行政主管机关在裁判过程中不能保证其客观中立，裁判时带有一定的偏见；第二，司法救济的最大特征就是保障其裁判权的独立性与中立性、程序的规范性与公正性，司法机关能够担当公民权利的终局裁判者，成为社会正义的最后守护防线。根据对我国近几年的突发环境事件的实地考察发现，我国各级地方政府与环境主管部门很难客观中立地解决企业与公民之间的环境侵权纠纷，往往是政府承担了主要责任，而企业则成为旁观者。各地方政府在以经济发展为主要导向的发展模式的引领下，政府职能没有转变，突发环境事件中的公民依赖行政救济方式救济其权利的目的就很难实现，只能抓住最后的救命稻草司法程序来保障其权利。

（三）制定专门的《环境纠纷处理法》

日本在公害纠纷处理机制中形成了斡旋、调解、仲裁等方式三足鼎立的局面，体现了公害纠纷双方的互让性与自主性以及行政机关的专业指导，且程序简单费用低廉，弥补了裁判的不足；裁定方式具有一定的权威性，裁定能够解决公害纠纷中的最基本与最困难的问题，但是也因为与诉讼程序没有衔接，增加了纠纷当事人的成本；公害投诉处理制度优势在于防患于未然，简便易行，具有非正式性，公害行政处理的后果具有与诉讼裁判一样的效果，具体体现在以下几个方面：金钱赔偿、停止公害行为、预防将来的损害、适宜地设置防除设备、改善原料燃料、改变作业时间和停止作业、责令工厂的迁移。日本的公害处理机制相互衔接，从预防到最后处理有机结合、及时有效，这一创新立法值得我国借鉴。

在借鉴日本经验的同时需要解决现行各行政处理机制的矛盾，把行政穷尽原则与司法最终原则贯穿于环境纠纷的解决机制中。《环境纠纷处理法》的首要任务是把我国现行的环境纠纷行政解决机制融为一体，而不是各立山头，四分五裂，要形成一个有机的体系，这一体系建立以环境行政调解为前提，环境行政裁决、环境行政复议为必要，环境信访与环境监察为补充的有机协调的行政救济保障机制。其次是确立行政穷尽原则与司法最终原则。再次是建立突发环境事件中的受害人行政补偿制度，建立受害人补偿基金。最后是规定环境事件纠纷处理程序。

二、我国突发环境事件中的单行行政救济制度的立法完善

根据《立法法》规定，一个法律从立法规划、法律草案、法律审议到出台需要漫长的时间，长则十多年，短则四五年，因此虽然上文提出应该制定《环境纠纷处理法》，只是学术建议，实际操作层面需要时间的等待。因此，修改现行的单行行政救济的方法是保障公民权利的应景对策。

（一）完善环境信访

完善我国的环境信访立法，主要是以下几个方面：第一，明确环境信访化解纠纷的目的，每年信访量攀升，形式多样，但是权利救济效果不明显，影响其效力的原因还是我国信访定位不准确。完善我国目前的信访办法，就是在《信访条例》和《环境信访办法》中要明确信访目的，目前有三个目的：化解纠纷、诉说冤情，提取建议。目的太多，职能分散，笔者建议把目的集中化，定位为化解纠纷，为公民提供解决纠纷的渠道。第二，明确环境信访、环境调解、环境裁决各自的权限范围。第三，缩小环境信访的范围，明确解决的方式。

（二）完善环境行政补偿与赔偿立法

我国现行法律体系中三部法律规定了行政补偿制度，首先是《宪法》第10条规定国家为了公共利益的需要，可以依照法律规定对土地实行征收或者征用并给予补偿；第13条规定国家为了公共利益的需要，可以依照法律规定对公民的私有财产实行征收或者征用并给予补偿。这为我国的行政补偿提供了宪法依据。其次就是《物权法》《突发事件应对法》同样也对行政补偿作出了概括性规定，国务院制定了《国有土地上房屋征收与补偿条例》，各省市制定了集体土地上房屋征收与补偿的相关规定，但是没有相关环境行政补偿与赔偿的立法，以及也没有相关的行政征用的立法规定，突发环境事件发生，需要采取的主要是征用方式，如何征用，如何给予补偿或赔偿，都无法律上的依据，公民的财产权无保障。需要通过完善《突发事件应对法》的内容，具体规定行政征收和征用的范围、行政征收征用的程序、征收与征用的救济，保障公民在特殊情形下的财产权及其他权利。

（三）创新生态环境损害赔偿磋商机制

国务院为了扭转我国的"重人身财产，轻生态环境"的立法传统，2015年12月出台了《生态环境损害赔偿制度改革试点方案》，对于较大及以上突发环境事件、国家和省级主体功能区规划中划定的重点生态功能区、禁止开发区发生环境污染、生态破坏事件以及其他严重影响生态环境事件而引发的生态环境损害由国务院授权的省、自治区以及直辖市政府作为生态环境损害的权利人指定某职能部门行使生态环境损害赔偿事宜。湖南率先作为试点，出台了《湖南省生态环境损害赔偿制度改革试点方案》，制定了赔偿的程序，建立了生态环境损害赔偿磋商制度。贵州省、山东省、云南省相继作为试点并出台了相应的实施方案。贵州省专门出台《贵州省生态环境损害赔偿磋商方案（试行）》，明确了生态环境损害赔偿磋商原则、主体、磋商的启动条件、磋商的程序以及磋商的损害赔偿的司法确认，并且于2017年4月贵州省清镇市人民法院生态保护法庭发出全国首份生态环境损害赔偿司法确认书，开创了通过磋商方式由法院予以确认的良性的行政与司法相衔接的机制。该确认书有三个创新点：一是概括性委托简便程序；二是专业人员组织磋商；三是先公示再确保公正、合理。贵州省建立了专业的磋商主持人团队，这一团队由贵州省律师协会中的生态文明律师服务团队的成员作为生态环境损害赔偿第三方独立调解机构，他们接受生态环境损害权利人和赔偿义务人选择律师主持记录，并且还邀请其他专业领域的专业人士参加保证磋商程序的公正与公开。磋商程序如民事诉讼程序，包括权利人与义务人的陈述、辩解与各自的意见与证据、评估机构的评估情况的说明、调解机构的归纳意见与磋商建议等，并制作了一系列的文书如《生态环境损害赔偿磋商委托函》《参加生态环境损害赔偿磋商的邀请函》《生态环境损害赔偿磋商告知书》《生态环境损害赔偿协议》《生态环境损害赔偿磋商协议进行司法确认的申请》等，这些文书使磋商程序规范有序，创新点则是通过司法确认使磋商赔偿协议产生法律的强制执行力。这一机制弥补了行政调解、和解等行政解决机制以及司法程序的缺陷，及时解决了生态环境损害的救济工作，但是这只是一种尝试，希冀通过各地的试点，不断创新和完善。

三、我国突发环境事件中的公民权利行政保障机制的执行问题的破解

我国突发环境事件中的公民权利行政保障机制的执行问题存在的主要原因如下：一是现行公民权利行政救济保障机制本身存在缺陷，不同行政救济机制之间的衔接、行政救济保障机制与司法保障机制之间衔接都存在问题；二是公民的法律意识不强，"信访不信法"，缠诉、闹诉现象严重，重复救济[①]，形成了"不闹不解决、小闹小解决、大闹大解决"的怪象。[②]对于破解我国突发环境事件中的公民权利行政保障机制的执行问题有如下建议：

（一）理顺我国突发环境事件中的公民权利行政救济保障机制

1. 理顺我国突发环境事件中的行政救济内部保障机制

环境行政救济内部保障机制方式多样、复杂，由于内部配置不经济，导致权利救济制度结构的内部冲突，消耗了权利保障资源，但是权利保障资源是有限的，优化与理顺我国突发环境事件中的行政救济内部保障机制是解决我国突发环境事件中的不同救济方式的不均衡分布的有益疗法。建立以行政调解为前提，行政裁决与行政复议为必经程序，然后以信访补充的体系，化解资源的内耗，优化每种解决机制的长处。

2. 理顺我国突发环境事件中的行政救济保障机制与司法保障机制的关系

首先是理顺行政复议与行政诉讼的关系。2015 年《行政诉讼法》的修改理顺了行政复议与行政诉讼的关系。新《行政诉讼法》第 26 条规定行政诉讼被告问题，新行政诉讼法对于经复议的案件的被告作出了两点修改：一是复议机关决定维持原行政行为的，作出原行政行为的行政机关和复议机关是共同被告；二是复议机关在法定期限内未作出复议决定，公民、法人或者其他组织起诉原行政行为的，作出原行政行为的行政机关是被告；起诉复议机关不作为的，复议机关是被告。通过修改，促使复议机关积极

[①] 封丽霞："中国人为什么'偏好'上访？—一个法文化视角的观察"，载《理论与改革》2013 年第 4 期，第 20～23 页。

[②] 庄士成："我国信访'困境'的制度成因—一个制度经济学的分析视角"，载《政治与法律》2011 年第 8 期，第 69～74 页。

作为以及根据事实和法律积极复议而不是老是维持原行政行为，发挥了行政复议的作用。

其次是理顺信访与诉讼的关系。由于我国的传统法文化与经济因素的影响，公民喜好信访。造成信访与诉讼的关系混乱，有先信访后诉讼或者诉讼后再信访不断重演的现象。需要在立法中理顺二者关系，明确信访的范围与诉讼等其他方式的界限，缩小信访的功能，这是解决信访与诉讼关系的根本。

最后是理顺行政调解与诉讼的关系。《水污染防治法》《噪声污染防治法》《固体污染防治法》规定因污染引起的纠纷可以行政调解，调解不成的可以另行起诉。二者的关系不痛不痒，这种规定没有使两种制度有必然的衔接性，不存在必然的联系，这是对于公共资源的闲置。笔者建议应该理顺其二者关系，把行政调解纳入行政解决机制的必然环节，高度尊重公民的意志，及时解决纠纷，而不是把它作为可有可无的制度。

（二）树立法治理念与法律权威，依法救济权利

根据我国的环境年鉴显示，我国公民选择信访的数据高，重复救济现象严重，造成这些现象的原因是公民缺乏法治意识。依法救济有以下要求：第一，加大法律宣传力度，使公民了解法律，树立法治观念；第二，国家机关严格依法办事，公平、公正地解决纠纷，树立法律权威；第三，国家机关诚心为民服务，不推诿，不拖拉，建立与公民信任关系，让公民放心地依法救济自己的权利。

第三节　完善我国突发环境事件中的公民权利司法保障机制

司法保障是自古以来不管什么类型的国家公民权利救济与保障的最后一道防线，也是公民权利救济与保障的最重要的方式。如果这最后的救命稻草无果而终，公民仰赖国家公权力的希望则落空，只会寻求暴力方式解决纠纷，司法救济防线是一个国家公正与否的风向标。日本、美国的司法救济体系保障公害受害人的权利体系完善、制度创新、针对性强，值得我国借鉴。本节就环境司法专门化，民事诉讼、行政诉讼、刑事诉讼应对突发环境事件中的公民权利保障提出建议。

一、我国突发环境事件中的公民权利司法保障机制的总体设计——环境司法专门化

环境纠纷有别于传统的纠纷，环境犯罪严重威胁人类的基本生存环境，为了守护好人类的生存家园，不同国家和地区加强了对于环境的治理，从而也探索出一套通过司法权力守护青山绿水的规则，即通过环境司法专门化的途径达到及时解决环境纠纷、严格惩罚环境犯罪的目的。突发环境事件中的一系列纠纷及权利保障通过传统途径往往无以解决，而通过环境司法专门化的总体设计则能够及时有效地化解其权利救济的滞后性、无效性。

（一）环境司法专门化的概念及实践

环境司法专门化，是指各级人民法院设立专门法庭审理环境案件。[①] 最高人民法院于 2015 年指出环境司法专门化是指环境审判机构、环境审判机制、环境审判程序、环境审判理论和环境审判团队的专门化。[②]

我国最早建立的环保法庭是 2007 年 11 月 20 日贵州省清镇市人民法院成立的环保法庭，2008 年 12 月昆明市、玉溪市中级人民法院相继设立环境保护审判庭，审理环境公益诉讼的民事、行政、刑事案件。其后各地基层人民法院、中级人民法院设立名称各异，形式多元的环境保护审判庭，2014 年 7 月最高人民法院成立环境资源审判庭。截至 2017 年 4 月，全国法院共设立环境资源审判庭、合议庭和巡回法庭 956 个，其中，专门审判庭 296 个，合议庭 617 个，巡回法庭 43 个，有 18 个高级人民法院、149 个中级人民法院和 128 个基层人民法院设立了专门的环境资源审判庭。[③] 我国在环境司法专门化的实践过程中存在以下具体问题：第一，环境审判机构的非统一化。根据环境纠纷的特殊性，部分法院设立了环境保护法庭，做到了环境司法专门化的第一化的要求，即部分地方法院组织机构的专门化，但是没有统一建构环境保护法庭，在级别上未建立相对应的环境保护法庭，在名称上也未形成统一

---

① 张宝：“环境司法专门化的建构路径”，载《郑州大学学报（哲学社会科学版）》2014 年第 6 期。

② 参见中国法院网："第一次全国法院环境资源审判工作会议召开"，http://www.chinacourt.org/article/detail/2015/11/id/1742578.shtml。浏览日期：2017 年 7 月 16 日。

③ 最高人民法院网站：《中国环境资源审判（2016～2017）》（白皮书）及《中国环境司法发展报告（2015～2017）》，2017 年 7 月 13 日最高人民法院发布，http://legal.people.com.cn/n1/2017/0714/c42510-29405435.html。浏览日期：2017 年 7 月 16 日。

的称谓，在业务上也未达成共识。第二，环境审判机制上未形成统一的模式，有的环境保护法庭实行二合一机制（环境民事、环境行政案件由环境保护法庭统一审理），有的环境保护法庭实行三合一模式（环境民事、环境行政、环境刑事案件合一审理），还有的实行四合一模式（环境民事、环境行政、环境刑事、环境执行案件合一由环境保护法庭审理和执行），环境审判机制的中的二合一、三合一、四合一模式只是表面上的，而不是一种有机的合并模式，未形成与环境资源相契合的审判机制。第三，环境审判程序非特殊化，审理的程序、规则没有特殊性，还是按照传统的民事、行政、刑事的程序进行，因此还是不能解决传统诉讼中的举证难、审理难、执行难、案件管理难的问题。① 第四，环境司法专门化的理论基础还未真正得到解决，如环境权的法律化的问题，环境侵权中涉及公共利益与私人利益的救济问题等。第五，缺乏专业的环境审判人才，由于环境诉讼涉及的专业性、技术性，因此司法队伍的人才需要专门培养，但是目前的环境保护法庭的人员基本上是从传统法庭的队伍中分配出来而临时组成的，无特殊的专业背景，因此很难胜任这种特殊需求的审判工作。

（二）我国环境司法专门化的发展路径

环境司法专门化如火如荼地在全国各级法院开展，有助于我国环境问题的解决，有效保障突发环境事件中公民的权利，但笔者认为应该把这些试验成果法律化，从而规范环境司法专门化，让环境司法专门化走上法治化的道路。环境司法专门化的法治化从从以下几个方面加以规范：②

1. 环境审判机构的专门化

环境审判机构的专门化是设立专门的审判机构专门审理环境资源案件。③自 2007 年贵州首开先河建立环境法庭到 2014 年最高人民法院建立环境资源审判庭的这种自下而上的环境审判机构的实践探索，为我国环境审判机构的专门化提供了丰富的经验，但是各地设立的环境审判机构的名称、职能、级

---

① 中国水网："环境司法专门化如何顺势而为？"，http://www.h2o-china.com/news/237706.html.浏览日期：2017 年 7 月 17 日。
② 吕忠梅：《环境司法专门化：现状调查与制度重构》，法律出版社 2017 年版。
③ 吕忠梅：《环境司法专门化：现状调查与制度重构》，法律出版社 2017 年版，第 10 页。

别、设立时间、设立依据各异[1]，这种地方试点实践短期优势明显，各地根据本地的背景设置审判机构，确定审判范围，设定运作机制，有效解决了本地的环境纠纷，但是环境司法统一体制受到影响，存在同案不同处理的情形。有必要总结经验由最高人民法院建立一体化的环境审判机构，而不是形态各异的审判机构与审判模式。任何国家公权力以及行使公权力的机构都应该有法律的依据和来源，而不是由领导根据自己的意志自由设立和行使权力。笔者建议修改《人民法院组织法》，在《人民法院组织法》中增加基层人民法院、中级人民法院、高级人民法院到最高人民法院设置环境资源审判庭的规定，规范环境资源审判权，应该制定单行条例规范环境司法机构的设置、审批程序、审判权限，由国家编制机构确定编制和职权，真正实现公权力法治化。

2. 环境审判机制的专门化

环境审判机制的专门化是指根据环境审判工作化的要求对与环境审判工作相关的组织机构、工作人员、职权及相互关系作出专门的规定。[2] 统一现行的各地的环境司法试点的经验，应该形成统一的环境审判机制：首先，树立环境司法的理念，为了保护环境，在环境司法的过程中应该建立以预防为主，修复为辅的环境司法救济机制，因此在环境民事、行政、刑事责任承担方式上应该有所创新，如发布禁止令等防治环境损害的发生，通过发布环境整治方案，修复破坏的环境等。其次，确立多审合一的模式，环境民事、行政、刑事案件具有一定的关联性，通过多审合一，节约成本，提高效率。最后，建立环境司法联动机制，环境司法过程中涉及环境公共利益与环境私人利益，环境司法判决需要专门机构的监督与参与，建立环境司法联动机制有利于环境判决的执行。

3. 环境审判程序的专门化

环境审判程序的专门化是指根据专门的程序进行环境案件审理的过程。环境案件在证据类型、诉讼请求、抗辩理由等方面与普通案件没有差别，但是在环境诉讼中审查证据特别的困难，适用普通程序解决环境纠纷的困难较

---

[1]　张忠民："环境司法专门化发展的实证检视：环境审判机构和环境审判机制为中心"，载《中国法学》2016年第6期。

[2]　吕忠梅：《环境司法专门化：现状调查与制度重构》，法律出版社2017年版，第39页。

大，因此有必要通过环境审判程序的专门化解决举证难等问题。环境司法程序专门化主要在以下几个方面：第一，环境审判的管辖问题的特殊化，由于环境问题的产生是基于自然生态环境，有些纠纷案件不是基于行政区划而发生，因此不能根据传统的诉讼管辖，而应该基于案件发生的状况，如流域、海域、生态区划等设置环境法庭实行跨区域管辖。第二，诉前禁止令，环境诉讼为了保护环境，因此为了防止环境损害的发生，应赋权法院签发诉前禁止令。第三，环境诉讼的证据规则，由于环境诉讼中的原告的取证能力有限，需要由法官调取和保全证据。第三，环境诉讼的调解，环境诉讼涉及环境公共利益和私人利益，需要环境管理机关的参与更能够维护公共环境利益。第四，环境诉讼的并案处理，环境诉讼中涉及私人利益也涉及公共利益，因此可以一并审理，达到简化诉讼的目的，如环境民事诉讼附带行政诉讼、环境行政诉讼附带民事诉讼、环境刑事诉讼附带民事诉讼；第五，环境诉讼的责任方式，环境诉讼的目的之一是保护环境，保护环境与其他诉讼请求的责任承担方式有所不同，有所创新，如修复环境，补种林木等；第六，环境诉讼的执行，环境诉讼的执行需要环境管理机关的参与与监督以及规范修复基金的使用等，因此环境诉讼的执行环节更加复杂，需要设计特别程序达到真正维护环境利益的目的。[①]

4. 环境审判人员的专门化

环境审判人员的专门化是指环境审判队伍的专业化、技术化。环境审判人员的专门化是环境司法专门化的基础。设置了专门环境保护法庭与环境审判机制，没有专业素养的工作人员的专门化是徒具其表的专门化。环境审判人员的专门化主要致力于以下几个方面的建设：第一，环境法官选任条件应该高于其他法官的选任条件，因为环境审判适用多审合一，因此需要法官具备较高的业务能力；第二，环境法官的薪酬与晋升通道有别于其他法官，由于环境案件的复杂性等因素的限制，环境法官办案投入的精力、时间更多，但是案件数量没有办法与其他法官相比，不能用传统的标准考量环境法官；第三，建立专家陪审制度，环境案件涉及一些专业问题，环境法官非全能人

---

① 张忠民：《一元到多元——生态诉讼的实证研究》，法律出版社 2017 年版。

才，建立专家陪审库，需要审理什么类型的案件，就抽取什么类型的专家作为评审员参与到案件的审理过程中，以弥补环境法官专业的不足。

二、完善我国环境民事诉讼

民事诉讼机制是我国突发环境事件中公民权利保障的最直接和最常用的方式，尤其是近些年环境侵权纠纷量不断攀升，成为引发社会事件的主要原因之一。环境侵权纠纷的特殊性需要我国民事诉讼制度不断发展、创新，主要从制度层面和社会层面予以完善。

（一）完善环境民事诉讼的立法

1. 拓宽环境民事诉讼的原告范围

随着社会发展，公民的权利意识的增强以及公民生活品质的提高，公民的诉权范围不断扩大，公民不仅关心与自己有直接利益关系的权益，更关注虽然与自己没有直接利益关系，但有间接关系且关涉公共利益的权益，但是现行的民事诉讼法则限制了公民的这种诉权，为了适应时代的需求，应该赋予公民这种诉权，鼓励公民维护公共利益，从而也维护自身利益，培养公民意识，达至公民社会的形成。笔者建议拓宽环境侵权诉讼的原告范围，因为环境权益既具有私益性又具有公益性，环境是我们每个公民赖以生存的基本，如突发环境事件造成大气、水、土壤等环境因子的污染会影响一定区域的公民的健康，虽然没有立即产生病痛，但是对其健康有影响，在这种情形下，公民具有原告的资格。美国就规定了公民诉讼，美国1970年修正案《清洁空气法》第304条首次以成文法的形式规定了公民诉讼条款，[①] 公民担当私人检察员的角色，补充政府环境执法的不足。

为了保障环境公共利益，我国于2013年后对于环境公益诉讼在立法中作出了突破性的规定，从2013年至今环境公益诉讼的实践来看，笔者认为对环境公益诉讼的原告资格限制多，有资格想参与环境公益诉讼的组织比例并不高，我国现在的立法思路是对原告资格予以限制，笔者认为这种思路不符合中国人的思维。环境公益诉讼在中国并不是一个香饽饽，而是一件非常棘手的事，正如环境公益诉讼的倡导学者王灿发教授所言，现在的环境公益诉讼

---

① 李挚萍："美国环境法上公民的原告资格"，载《环球法律评论》2006年第1期，第93页。

有六难：起诉难、立案难、证据难、鉴定难、胜诉难、执行难。只有有担当、有责任的公民、法人或者其他组织才愿意去进行这类诉讼，我们的立法应该对此予以鼓励，而不是限制，我国的环境保护仅仅依靠政府的管理远远不够，应该依赖社会的力量通过司法程序督促企业担当起责任，而不是采取中国传统的企业污染，政府担责，最后社会埋单的模式，这种模式只能是政府越惯，环境越糟。笔者建议放宽对环境公益诉讼原告资格的限制，建立严格的公益诉讼判决执行程序，鼓励环境公益组织参与到环境公益诉讼中去，参与监督企业的环境责任。

2. 拓展环境民事诉讼的救济范围

我国目前环境民事诉讼的救济范围主要是环境污染引起的环境救济，而因为环境破坏造成的生态损害没有纳入《侵权责任法》的范围，人民法院因为没有法律依据而不予受理或者不支持公民的权利诉求。环境侵权不仅仅包括因为污染引起的纠纷也包括因为生态破坏造成的损害。学界不断呼吁应该拓展环境侵权责任的范围。民法学者张新宝教授建议在正在制定的民法典的侵权责任编中增添破坏生态侵权责任的规定。[1] 环境法学者吕忠梅教授认为环境污染和生态破坏不仅各自内部表现形态多样，而且两者不能截然分开、互为因果，经常发生转化。[2] 竺效博士认为我国的《侵权责任法》的环境侵权仅限于环境污染侵权，而不包括生态破坏侵权，应该把生态破坏侵权纳入我国环境侵权的范围中。[3] 根据我国 2014 年修改的《环境保护法》第 58 条的规定，对污染环境、破坏生态，损害社会公共利益的行为符合条件的社会组织可以提起环境公益诉讼。从这一表述可见环境基本法已经把环境侵权分为环境污染和生态破坏两种行为。从民法界到环境法学界都有共同的想法应该在民法典编纂过程中增加破坏生态侵权责任，拓宽环境侵权救济范围，避免实务中生态破坏侵权无法救济的现象。

---

① 张新宝、汪榆森："污染环境与破坏生态侵权责任的再法典化思考"，载《比较法研究》2016 年第 5 期，第 140 页。

② 吕忠梅："环境侵权的遗传与变异——论环境侵害的制度演进"，载《吉林大学社会科学学报》2010 年第 1 期。

③ 竺效："论环境侵权原因行为的立法拓展"，载《中国法学》2015 年第 2 期。

3. 建立环境侵权责任的多元化证明责任机制

我国现行《侵权责任法》虽然专章规定了环境侵权责任的内容，但由于环境侵权的复杂性，这些内容还较为单薄，只有建立多元的证明责任机制才能满足特殊的环境侵权纠纷的解决。日本公害诉讼中的举证责任理论的发展是保障公害受害人权益实现的根本，日本的环境侵权诉讼的举证责任经历了从谁主张谁举证、过错责任到忍受限度理论到盖然性理论的发展，逐渐完善了保障公害受害人的利益的举证责任体系，具有借鉴价值。完善我国的环境侵权责任机制主要涉及以下几个方面的内容：第一，新增的破坏生态侵权责任应适用无过错责任原则与因果关系举证责任倒置规则。[①] 第二，建立环境侵权的无限终身责任制，[②] 由于环境侵权的长期性与累积性的特征，企业应该承担终身无限责任，没有期限的限制，保证公民权益的实现；第三，建立侵害人与相关受益者连带责任制，一方面是共同环境、生态侵权中，建立连带责任，而非现行《侵权责任法》的按份责任，因为共同环境侵权很难划分责任，举证困难，如果能够举证的则适用按份责任，如果无法证明的则适用连带责任，有利于保障公民权利的实现，另一方面侵权人不明确的，相关受益者承担连带责任。

4. 建立鉴定意见双重审查制度与专家辅助制度

2015 年司法部与环境保护部共同发布文件《关于规范环境损害司法鉴定管理工作》以及 2016 年经最高人民法院、最高人民检察院、司法部协商，已将环境损害纳入统一登记管理范围的通知，我国的环境损害司法鉴定刚刚纳入传统的体制之内，为了加强对环境损害司法鉴定的证据效力，笔者建议建立对鉴定意见实行双重审查制度，具体是指法院在审理环境侵权纠纷时对环境损害司法鉴定的合法性、科学性两方面进行审查，保证其证据的合法性与科学性。[③] 合法性审查主要审查环境损害司法鉴定的主体与鉴定人员的资质

---

① 张新宝、汪榆森："污染环境与破坏生态侵权责任的再法典化思考"，载《比较法研究》2016 年第 5 期。

② 樊杏华："环境损害责任法律理论与实证分析研究"，人民日报出版社 2015 年版，第 142 页。

③ 王宜生："我国环境民事司法现状考察及路径探索——基于 400 份环境民事判决书"，载《人民法治》2016 年第 1 期，第 69 页。

的合法、鉴定程序的合法、鉴定材料的合法等方面。① 科学性审查主要依赖专家，因此环境侵权纠纷建立专家辅助制度，帮助法官对环境损害司法鉴定进行质证，保证环境损害司法鉴定的科学性。

5. 创新环境责任承担方式

由于环境侵权不同于传统的侵权，其在继承传统的民事责任方式的同时，也需要创新。我国现行侵权责任方式由预防性责任方式、赔偿性责任方式与恢复性责任方式形成的立体多元的责任方式构成。② 而 2015 年最高人民法院作出的《关于审理环境民事公益诉讼案件适用法律若干问题的解释》中把环境侵权责任方式分为三种类型：预防性责任方式、赔偿性责任方式和恢复性责任方式。这种责任方式的划分符合环境侵权的特色。这三种类型的环境侵权责任方式虽然是在《关于审理环境民事公益诉讼案件适用法律若干问题的解释》中规定，但是在环境公益诉讼和环境私益诉讼中都适用。

预防性责任方式主要有停止侵害、排除妨碍、消除危险，这是环境侵权优先适用的方式，防止危害发生或者扩大，在突发环境事件发生的紧急状况下，更应采取预防性责任方式，防止不可逆转的重大环境损害的发生或者扩展。在环境司法实践中，为了适应环境侵权的特殊性，贵州省人民法院适用诉前禁止令方式。张新宝教授提出环境侵权责任的强化应当设立"诉前禁令"制度。③ 法院通过发布禁止令，司法机关提前介入，防止不可逆转的环境污染和生态破坏事故的发生或危害的扩展。诉前禁止令方式是对传统预防性责任方式的创新，有利于司法机关提前防止环境污染和生态破坏的发生，真正发挥预防作用。

赔偿性责任方式主要就是赔偿，是我国现行环境侵权运用最广泛的责任承担方式，现在主要是补偿性赔偿，惩罚性赔偿较少，赔偿义务人污染的违法成本较低，在以后的环境侵权赔偿性责任方面应该加强惩罚性赔偿，达到惩罚的目的，防止赔偿义务人的多次长期的侵权行为。应加强环境侵权

---

① 朱德宏："环境损害鉴定的程序价值及其制度完善"，载《江西社会科学》2016 年第 6 期，第 168 页。

② 胡卫："侵权责任方式类型与环境侵权责任方式选择"，载《理论界》2015 年第 6 期，第 56 页。

③ 张新宝、庄超："扩张与强化：环境侵权责任的综合适用"，载《中国社会科学》第 3 期，第 135～136 页。

责任中的惩罚性赔偿，创新惩罚性赔偿机制，加强赔偿义务人的责任感。

恢复性责任方式主要有赔礼道歉与恢复原状，其他几种恢复性责任方式不适用环境侵权，如返还财产、恢复名誉、消除影响。赔礼道歉主要适用于侵害人格权益的情形。[①] 在学界和实务界对于赔礼道歉纳入环境侵权责任范围存在疑虑，2015 年最高人民法院的《关于审理环境民事公益诉讼案件适用法律若干问题的解释》把赔礼道歉纳入侵权责任范围，算是有了定论。从学理分析，赔礼道歉也应该纳入环境侵权的责任范围。根据前文环境权既包括物质性的也包括精神层面的权益，因此环境侵权不仅侵犯了公民的物质权益，也造成了社会公众享有美好生态环境的精神利益的损失。[②] 由于环境侵权的特殊性，恢复原状作为环境侵权责任承担方式不能直接适用，因为环境损害在很大程度上根本无法恢复到原有状态，而只能采用变通的方式。正如张新宝教授所言恢复原状的责任承担方式在环境侵权领域的变通方向是向生态修复责任转变。[③] 吕忠梅教授认为环境修复是生态损害的最佳救济方式[④]。生态修复追求的不仅是环境污染的清理和排除，还应包括环境功能之恢复。[⑤] 生态修复则是传统民事责任方式中的恢复原状在环境侵权领域的创新。美国、日本、欧盟这些环境污染超前环境立法也超前的国家和地区把预防和修复环境损害作为环境侵权的最主要的责任承担方式，我国应该借鉴其成功经验，创新我国传统的民事责任承担方式，契合环境侵权的基本特征，达到真正预防、减少和修复环境损害的目的。

（二）突发环境事件中的环境民事私益诉讼与环境民事公益诉讼的衔接

突发环境事件中的两种诉讼模式虽然在诉讼目的、原告资格、判决内容等方面有一定的差异性，但是它们也具有一定的关联性，它们的关联性主要

---

① 王胜明：《中华人民共和国侵权责任法释义》，法律出版社 2010 年版。

② 唐芒花："赔礼道歉在环境侵权纠纷中的适用"，载《学术论坛》2016 年第 8 期，第143 页。

③ 张新宝、庄超："扩大与强化—环境侵权责任的综合运用"，载《中国社会科学》第 3 期，第 135～136 页。

④ 吕忠梅："环境司法理性不能止于'天价'赔偿：泰州环境公益诉讼案评析"，载《中国法学》2016 年第 3 期，第 259 页。

⑤ 张新宝、庄超："扩大与强化—环境侵权责任的综合运用"，载《中国社会科学》第 3 期，第 135～136 页。

表现在以下几个方面：第一，导致公益与私益损害的缘由是相同的，都是源于人为的突发性环境事件而造成的，造成的损害结果性质不同；第二，环境民事公益诉讼和环境民事私益诉讼的被告具有同一性，二者诉讼的被告都是突发环境事件的引发者和侵害人；第三，环境民事公益诉讼与环境民事私益诉讼的因果关系的证成和举证责任是一致的，两种诉讼之一的举证责任完成，因果关系确认，其后的诉讼就无需再重复其过程。因此根据以上二者的关联性，突发环境事件中的这两种诉讼模式不能完全割裂开来，可以把这两个程序衔接起来，节约诉讼成本，解决公益与私益的冲突，使二者具有一定的协调性，可以从以下几个方面进行协调：

1. 突发环境事件中的环境民事私益诉讼与环境民事公益诉讼的受案范围的衔接

突发环境事件中的环境权益是一个非常复杂的概念，也是一个混合型的概念，既包括了人身权益和财产权益，也包括了生态权益和精神权益，这些权益内容既具有公益性质，也具有私益性质。而2015年最高人民法院《关于审理环境民事公益诉讼案件适用法律若干问题的解释》规定的环境公益诉讼的受案范围是：已经损害社会公共利益或者具有损害社会公共利益重大风险的污染环境、破坏生态的行为。无论是突发环境事件中界定的环境污染和破坏行为还是最高人民法院的司法解释中规定涉及重大社会公共利益的污染环境、破坏生态的行为的概念都很宽泛，在实践中就会涉及环境公共权益与私人权益的重合交叉的情形，如涉及私权上的环境公益权利能否提起环境公益民事诉讼？因此二者首先在受案方面应该予以协调。

2. 突发环境事件中的环境民事私益诉讼与环境民事公益诉讼的审理程序的衔接

环境民事私益诉讼与环境民事公益诉讼的审理程序在实际操作中存在两个问题：第一，环保组织提起环境民事公益诉讼后能否附带环境民事私益诉讼？第二，突发环境事件发生后，因同一突发环境事件环保组织或者公民分别提起了环境民事私益诉讼与环境民事公益诉讼，法院该如何审理？首先解决第一个问题，公益诉讼能否附带私益诉讼？我国附带诉讼理论的建立是为了体现效率、经济原则，但是司法的要义是公正与中立，因此就有了司法不告不理制度，环境民事公益诉讼是环境保护组织基于环境公共利益提起的诉讼，环保组织和人民法院都无权干涉普通公民、组织的诉权，因此笔者认为环保组织不能代替公民去进行诉讼，不赞同环境民事公益诉讼中附带环境民事私益诉讼，如果公民因为同一事由对同样的侵害者提起诉讼，需要另行起诉，由公民自身行使法律赋予其的一切救济权利。对于第二个问题，根据诉讼法的基本理论：首先第一个原则根据谁先立案就先审理，另一案件暂时中止程序，因为二者具有关联性，防止法院同时审理而作出不一样的判决，产生公权力的冲突；其二，如果两个案件无法确认立案的先后，环境公益民事诉讼先审，环境民事私益诉讼中止审理，等环境民事公益诉讼审结后，再启动环境民事私益诉讼。这样规定的原因如下：一方面遵循我国诉讼理论的传统，公权优于私权，另一方面在突发环境事件中环境保护组织的举证能力一般比公民或者其他组织的举证能力强，诉讼经费和诉讼能力等方面也具有优势。

3. 突发环境事件中的环境民事私益诉讼与环境民事公益诉讼的裁判效力的衔接

由于环境民事私益诉讼与环境民事公益诉讼是基于同样的环境污染和破坏行为而提起的，因此人民法院在审理这两类案件时在案件事实、争议焦点的认定以及法律适用上都是相同的，为了避免判决的矛盾，其在审理上就采取不同时进行，而是先后审理，因此就有后审理的案件须认同先审理认定的案件事实、争议焦点和法律适用，即前案的裁判文书对于后案有一定的法律效力，既保证了审判权的权威性，也节省了国家和当事人的诉讼成本。我国《关于审理环境民事公益诉讼案件适用法律若干问题的解释》第30条中就二者的衔接问题作出了明确的规定，环境民事私益诉讼可以直接采纳环境民事公益诉讼生效裁判认定的事实，但原告对该事实有异议并有相反证据足以推翻的除外；对于环境民事公益诉讼生效裁判就被告是否存在法律规定的不承担责任或者减轻责任的情形、行为与损害之间是否存在因果关系、被告承担责任的大小等所作的认定，环境民事私益诉讼也可以直接适用，但被告有相反证据足以推翻的除外。

4. 突发环境事件中的环境民事私益诉讼与环境民事公益诉讼的赔偿顺序的衔接

突发环境事件既造成了环境公共利益的损害，也造成了公民或组织的私人利益的损害，并且因突发环境事件所造成的损害是巨大的，侵害人无力全部予以赔偿，因此就存在一个突发环境事件中的环境民事私益诉讼与环境民事公益诉讼的赔偿顺序问题，先救济环境还是先救济公民、组织的私人利益？我国普通民事诉讼过程中赔偿不足以赔偿公民或组织损害应遵循两个基本原则，第一是财产存在担保权的具有优先权，第二个原则是比例原则，但这两个原则都不适用于突发环境事件中的权利救济。突发环境事件中的权利救济应该遵循我国宪法中的权利规定，首先保障公民的最基本的生存权，保证公民的最低生活保障与起码的有尊严的生活，其次再是环境利益等其他的利益的救济。因此基于宪法和民法的规定，当突发环境事件中的侵害人不足以赔偿因突发环境事件中的环境民事私益诉讼与环境民事公益诉讼而引起的赔偿时，应该优先环境民事私益诉讼的赔偿。我国最高人民法院的《关于审理环境民事公益诉讼案件适用法律若干问题的解释》第31条规定了环境民事私益诉讼具有优先获得赔偿的权利。

（三）破解环境民事诉讼中的实践难题

环境侵权诉讼存在的实践层面的问题非常复杂，非本节能够解决，本节只就两个浅层次的问题提出建议。

1. 减免或者缓交诉讼费用

最高人民法院2000年出台的《关于对经济确有困难的当事人予以司法救助的规定》中规定了11类司法救助的对象，这11类司法救助的对象可以实行诉讼费用的缓交、减交、免交。在环境私益诉讼中，由于受害人本身遭受了侵害，生活处在困境中，但又不属于最高人民法院规定的司法救助对象，但是他无力缴纳诉讼费用，会使其失去诉权，不能通过法律途径有尊严地维护自己的权益，笔者建议对于这类案件人民法院应该减免或者缓交诉讼费用，司法救助的对象不能够局限于长期处于病困的弱势人群，也应给予那些因为各种变故生活暂时处于困境的人提供援助，使其摆脱困境，环境侵权造成公民权益的损害则是如此。

环境公益诉讼由于涉及社会公共利益，利益面广，利益总额度较大，环境公益组织无力缴纳高额的诉讼费用以及鉴定费用，因费用问题把很多热心环境公益事业的组织排除在保护环境、捍卫公共利益的大门外，不利于我国环境保护事业的推进和公众环境意识的提高。笔者建议为了防止乱诉，节约司法资源，对于环境公益诉讼的诉讼费用不按照标的收取诉讼费用，而是确定一个一般环境公益组织能够承受的固定标准，这样保证有一定能力的环境公益组织能够积极参与到环境公益诉讼中来，消解起诉难的因素。

2. 环境管理部门加强环境裁判的执行监督

除了一部分环境侵权纠纷的裁判结果是赔偿公众一定的损失外，大部分的裁判结果是要求侵权人停止侵害、排除妨碍、消除危险或者发出禁止令，还要求侵权人采取环境修复等方式承担责任，对于这些方式的履行仅仅依靠法院还不能够发挥作用，需要主管部门的参与，监督侵权人履行其应该履行的义务，保证裁判的执行。笔者建议环境主管部门有义务协助监督环境侵权裁判的执行，保证其执行的质量。

三、完善我国环境行政诉讼

我国的环境行政诉讼制度相对于环境民事诉讼制度而言起步晚，我国公民受传统思想的影响，通过行政诉讼方式寻求权利救济的不多，无论是环境行政私益诉讼还是环境行政公益诉讼都处在初步阶段，环境行政私益诉讼和环境行政公益诉讼案件数量相较于环境民事诉讼案件数量而言可以忽略不计，但是随着社会的发展，行政机关担负着环境管理与环境保护的主要职责，如果其未管理到位给予环境的影响是极其重要的，因此加强和推进环境行政私益诉讼和环境公益诉讼是必要的。

（一）建立健全我国环境公益行政诉讼制度

我国自 2015 年进行检察院环境行政公益诉讼以来到 2016 年 12 月底，全国检察机关已经提起环境行政公益诉讼案件 51 件，审结 14 件；环境行政附带民事公益诉讼案件 1 件，审结 1 件。这些环境行政公益诉讼案件促进行政机关履行其义务，加强其职责，发挥了环境监督职能，保护了环境公共利益，同时也保护了公民的环境权益。从某个角度来看我国的环境公益诉讼的试点起到了作用。为了加强对于我国公共利益的保护，应该建立健全我国的环境行政公益诉讼制度，现在建立这一制度具有可行性：第一，美国、德国等法律发达国家都建立环境行政公益诉讼的方式监督行政机关，美国的公民诉讼主要是针对行政机关的管理职能引起的环境公益行政诉讼，私人检察长制度就是指美国的联邦总检察长可参与他认为美国的利益要求他参与以及认为美国感兴趣的行政案件；第二，现代风险社会管理的需要，环境公共事务主要以环境行政管理为主，充分发挥行政机关管理环境公共利益的专长，但是也需要对其加强监督；① 第三，环境民事公益诉讼的局限性，环境民事公益诉讼主要是针对环境侵权者的诉讼，是环境民事私益诉讼的延伸，对于承担主要维护和管理环境公共利益的行政机关没有起到监督和促进作用，是一种末端的方式，而环境行政公益诉讼加强了环境公共利益的管理者的前端监督，预防环境风险的发生；② 第四，我国监察机关试点对于环境保护等领域开展的环境行政公益诉讼的成功经验，就是由监察机关对于环境公共利益的管理者的不作为或者渎职行为进行监督，起到了预防环境风险的发生。通过建立完善环境行政公益诉讼改变过去"能诉讼的没意愿，想诉讼的没资格"的格局。

建立和完善环境行政公益诉讼制度，建议作出如下规定：第一，确立环境行政公益诉讼的范围，首先需要界定环境公共利益的范围，然后明确环境行政公益诉讼与环境行政私益诉讼的界限，最终确定环境行政公益诉讼的范围；第二，拓宽环境行政公益诉讼的原告，实践中的原告主要是检察机关与社会组织，社会组织的积极性不高，也缺乏明确的法律依据，检察机关是主要的环境行政公益诉讼的原告，但是由于我国环境管理的领域越来越广，检察机关作为原告，其能力有限，因为检察机关的主要职责是对于刑事案件的公诉，行政公益诉讼是最近赋予其的新职责，非主业，并且需遵守有限诉讼的原则，主要是对社会的引导意义，它非环境行政公益诉讼的主力军，对于公民、社会组织所不能起诉的案件应该由检察机关担当原告资格，更主要的还是应该鼓励社会组织、公民个人加强对于环境公共利益的管理者的监督，因此应该拓宽环境行政公益诉讼的原告范围，把公民、社会组织纳入环境行政公益诉讼的原告范围；第三，建立相应的前置程序，根据《人民检察院提起公益诉讼试点工作实施办法》的规定，检察机关进行环境行政公益诉讼应该先立案，后调查取证，根据证据作出以下三种决定：一是终结审查，是检

---

① 王明远："论我国环境公益诉讼的发展方向：基于行政权与司法权关系理论的分析"，载《中国法学》2016 年第 1 期，第 49 页。

② 王明远："论我国环境公益诉讼的发展方向：基于行政权与司法权关系理论的分析"，载《中国法学》2016 年第 1 期，第 67 页。

察机关在立案后发现不属于行政机关的职责范围或者是行政机关履行其职责等情形，检察机关作出终结审查的决定；二是提出检察建议，在提起行政公益诉讼之前，检察机关向行政机关提出检察建议，督促行政机关履行义务或者纠正违法的行政行为；三是提起行政公益诉讼，当检察机关向行政机关发出检察建议后仍然不履行义务或者改正违法行为，则提起行政公益诉讼，这一程序能够快速解决环境管理中的违法行为，节约司法资源，在检察院提起的公益诉讼案件中大部分的案件都通过诉前程序解决，在正式建立的环境行政公益诉讼中应该确立这一制度，提高行政效率，避免环境污染和生态破坏情况的发生。为了防止公民或者社会组织滥诉，必须规定行政公益诉讼的前置程序，这种前置程序不同于检察机关提起的行政公益诉讼的前置程序，要求有二：一是公民或者其他组织穷尽其他行政救济的手段，然后才能提起行政公益诉讼，二是仿效美国的公民诉讼制度，公民或者社会组织在提起行政公益诉讼之前，应该通知行政主体，在一定的期限内允许行政主体改正自己的行为，只有期满后行政主体仍然不改正自己的行为的，才能够提起行政公益诉讼。

（二）拓展环境行政诉讼的受案范围

把《环境影响评价法》中的规划纳入环境行政诉讼的范围是保障环境安全的基本。2003 年实施的《环境影响评价法》首次把对土地实行的综合性规划以及工业、农业、畜牧业、林业、能源、水利、交通、城市建设、旅游、自然资源开发的专项规划纳入环境影响评价的范围，实行战略环境影响评价是我国里程碑式的立法，说明土地利用综合规划以及其他专项规划对于环境的影响极其重要，提前对其评价具有前瞻与预防的作用。2009 年国务院专门出台《规划环境影响评价条例》，对规划如何进行环境影响评价作出专门的规定。条例规定了规划环境影响评价的范围、基本原则、环境影响评价的程序以及法律责任等内容，但是该条例没有规定规划环境影响评价的信息的公开、公众参与的程序等内容，环境影响评价完全在规划部门与审批部门之间单向进行，对规划的制定与环境影响评价根本无法监督，更没有把它纳入行政复议和行政诉讼的范围，这样的制度设计不符合现代行政法治理念，哪里有权力哪里就应该有监督。笔者认为我国各级政府成千上万的规划正在谋划着我国的环境、经济、社会发展的方向，并且也正在影响着公民、法人或者其他组织的各种直接、间接的利益，为了更好地保障公民的权益，无论是抽象的行政规划还是具体的行政规划，只要是《环境影响评价法》以及《规划环境影响评价条例》规定的都应该纳入行政复议和行政诉讼的范围，加强对其监督，真正使规划具有科学性，预防发生环境污染和生态破坏的情况。

（三）理顺环境公益行政诉讼与环境公益民事诉讼的关系

从 2015 年检察机关被授权做公益诉讼的原告后，全国检察机关积极推进公益诉讼的开展。在实践中检察机关启动的公益诉讼的类型主要有以下三种类型：行政公益诉讼、民事公益诉讼、行政公益附带民事诉讼。根据《人民检察院提起公益诉讼试点工作实施办法》规定，检察机关提起民事公益诉讼有三个条件：一是检察机关履行职责的过程中；二是检察机关发现污染环境、食品药品安全领域侵害众多消费者合法权益等损害社会公共利益的行为；三是没有适格主体或者适格主体不提起诉讼。实施办法规定了检察机关提起行政公益诉讼有三个条件：一是检察机关履行职责过程中；二是检察机关发现生态环境和资源保护、国有土地使用权出让等领域负有监督管理职责的行政机关违法行使职权或者不作为，造成国家和社会公共利益受到侵害；三是公民、法人和其他社会组织由于没有直接利害关系，没有也无法提起诉讼。从上述两种诉讼的条件来看二者有共同点即都是检察机关在履职过程中，都是造成一定范围的公共利益受到侵害，并且没有合适的主体进行诉讼，它们的不同点是造成公共利益被侵害的主体的差异，民事公益诉讼中是公民、法人或者其他组织造成公共利益的侵害，而行政公益诉讼则是行政主体的不作为或者违法行为侵害公共利益，其实在实践中很多公共利益受到的侵害既有行政主体的侵害也有公民、法人或者其他组织的侵害，既造成了公共利益的损害也对公民、法人或者其他组织的个人利益造成了损害。而将行政公益诉讼与民事公益诉讼合并起来则是行政附带民事诉讼，实施办法没有对行政附带民事诉讼规定条件。那么在这些复杂的情形下，检察机关该如何选择公益诉讼的类型？选择合适的诉讼类型既能监督行政主体依法行政，又能够及时制止违法的侵害行为，并且能够节约司法成本。

首先应该遵循以下两个基本原则：第一，行政优先原则，现代社会中保护公共利益的主要主体是行政主体，督促行政主体履行其职责是保护公共利益之根本，既有行政违法行为又有普通的侵害行为时，则应该行政公益诉讼优先，达到从源头监督的目的；第二，紧急性原则，如果在侵害公共利益的行为中有紧急侵害行为的发生，如果既存在行政违法行为也有普通侵害行为，此时以制止民事侵害行为优先，在前文探讨环境民事诉讼中的责任方式创新方面提出了一种新型的责任方式是禁止令，这种方式能够及时制止违法侵害行为，可以及时防治环境或者其他公共利益损害的发生或者扩大。

其次在遵循以上两原则的情形下应该遵循如下的具体规则：第一种情形，检察机关在履行职责的过程中，存在行政主体违法行政或行政不作为的情形，检察机关应选择提起行政公益诉讼；第二种情形，检察机关履行职责的过程中，仅有公民、法人或者其他组织违法侵害公共利益的行为，而相应的行政主体不明确或者不存在违法行政行为，检察机关可选择提取民事公益诉讼；第三种情形，检察机关履行职责过程中，既存在行政主体的违法行政或行政不作为，又存在公民、法人或者其他组织违法侵害公共利益的行为，且行政相对人的违法行为如果不尽快制止、纠正，将会给公共利益造成重大损害的情形时，检察机关应选择提取行政附带民事公益诉讼。①

四、完善我国环境刑事诉讼

刑罚是最严厉的制裁手段，是保护环境与保障突发环境事件中的公民权利最后的手段，这种手段只有在以上所有手段穷尽后，还无法制止环境污染行为和生态破坏行为，才考虑使用的手段。我国近些年运用环境刑罚手段达到了一定的目的，如制裁了一些特大、重大的环境突发事件中的责任人，也给予突发环境事件中的公民权利以救济，但是由于我国的环境刑事立法和实践存有一些偏差，严重影响了环境刑罚的实施效果。笔者建议在以下几个方面予以完善，更好地保障突发环境事件中的公民权益，真正体现刑法的保障法本性。

（一）完善我国环境刑事立法

1. 转变环境刑事立法的理念

德国学者叶瑟指出，当人们在制定环境法律时，不应把自己当作自然和

---

① 姜明安："检察机关提起公益诉讼应慎重选择诉讼类型"，载《检察日报》2017 年 2 月 22 日第 3 版。

环境的使用者，而应当把自己也当作环境的一部分或成员。只有如此，人类在经济与生态之间必须做出选择时，才不会偏执于自私的人类中心思想。[①] 环境刑法的目的就是保护我们人类的生存环境，打击污染和破坏环境的行为，这时的犯罪形态与惩罚目的与传统意义的刑法不同，不能以传统意义的立法理念做指导，需要更新理念，刑法的客体和保护对象已经发生变化，如果人类依然以自身为中心，征服自然，践踏自然，人类赖以生存的地球将不复存在，人类也将自取灭亡。人类应该尊重自然规律，认识人类的本质，不过地球的一员，与地球上其他自然物是相互依存关系，因此应该尊重自然，法律也应该建立在这样的理念基础上，也应该保护这些环境利益，对于伤害环境行为也应给予制裁、补偿和救济，维护环境和自然存在物的根本利益，修复环境，保持自然存在物的基本价值。因此刑法立法理念必须对大气、水源、土壤、海洋等自然生态空间予以保护，要在以人类利益为维护核心的人本主义思想和以自然生态环境为保障的非人本主义思想相结合的基础上建构现代刑法体系，既保障人类的基本生存、发展的利益，也应该保护自然本身的利益，谋求人类与自然的和谐相处，使其可持续发展。

刑法犯罪分为两种即自然犯和法定犯。自然犯是指犯罪是自人类社会以来为社会所不容，为一般人所否定，具有道德性和伦理性，无关乎法律。法定犯是指行为本身不具有社会危害性，由于法律的规定，而成为犯罪的行为。[②] 在传统的刑法理念指导下有些学者认为环境犯罪是法定犯，环境犯罪不具有社会的危害性，但是我们应该树立新的环境刑法理念尊重环境，珍视环境，把人类看作自然的一员，对环境的伤害是具有伦理性与道德性的，是一种自然的恶。[③] 过去的人类生活是人与自然的和谐生存，没有为了满足人类的需求造成对环境的伤害。其实自然犯与法定犯是随着社会发展而发展的，因为人类社会的道德关怀在不断地拓展，这也标志着人类文明的进步。陈兴良教授认为，自然犯与法定犯的区分是相对的，随着社会伦理道德演进，环

---

① ［德］叶瑟：“环境保护——一个对刑法的挑战”，《环境刑法国际学术研讨会论文辑》，台湾 1992 年版，第 27 页。

② 李永升：“刑法学的基本范畴研究”，重庆大学出版社 2000 年版，第 111 页。

③ 张光君：《环境刑法新理念》，西南政法大学 2006 届硕士论文，第 62 页。

境犯罪等法定犯演化为自然犯。[①] 这一演变有利于整个社会树立对环境的最基本的尊重，在立法中不再把环境中的环境要素予以分解，把它仅仅视同具有经济价值的物对待，环境刑法的立法体系都应该予以调整与转向，我国的环境刑法已经开始转向，从环境刑法的立法原则、环境刑法的范围、环境刑罚的方式到环境犯罪的追究都应该把环境权益作为与传统的刑法保护的法益同等对待，更新环境刑法体系，发挥刑法的威慑作用，保障公民的权益。

2. 突破现行环境刑事立法的范围

（1）建立以预防为主的环境犯罪体系。我国现行环境刑事立法从立法模式、法益保护以及罪状设计上都是一个以结果为本位、事后惩罚为导向的立法体系。[②] 这种立法体系不符合以环境为本位、尊重环境利益的新理念。因为环境污染与破坏的不可逆转性、不可复制性要求人类对于环境的保护以预防为主，而不是末端治理与惩罚，因此环境犯罪从环境犯罪的罪名到环境刑罚都体现以预防为主、综合治理的原则，环境犯罪的罪名增加危险犯，发挥刑法预防破坏，保护环境的目的，在刑罚方式上尝试采用新型如改良环境，修复环境等刑罚方式。

（2）从结果犯、情节犯到行为犯与危险犯。环境犯罪主要包括两大类型，一类是污染环境罪，另一类是自然资源破坏罪。污染环境罪是我国近些年修改力度较大的犯罪类型，但是修改后"环境污染罪"仍然属于结果犯的范畴。结果犯的规定是一种末端的惩罚制裁方式，不利于对环境的预防保护，达不到刑事制裁的目的。西方发达国家在环境刑事立法方面有值得我国借鉴的经验。它们在环境犯罪立法方面有以下特征：一是在普通法与特别法中都规定环境犯罪；二是将环境法益作为独立的法益予以保护；三是环境犯罪的领域涉及面较广，如污染水、大气，破坏森林以及滥捕、滥杀野生动物等多方面；四是环境犯罪不仅惩罚结果犯，也惩罚危险犯，达到预防环境犯罪的目的。[③] 如美国于 1984 年修改颁布的《水清洁法》中规定了对向地下水道或

---

① 甾兴良：《本体刑法学》，商务印书馆 2001 年版，第 173 页。

② 苏彩霞、邓文斌："环境风险防控理念下我国环境刑法的调适"，载《环境保护》2014 年第 10 期，第 49 页。

③ 钱小平："环境刑法立法的西方经验与中国借鉴"，载《政治与法律》2014 年第 3 期，第 133 页。

者公共污染处理站排放污染物、危险物的过失排放行为，处每天 2 500 美元以上 2.5 万美元以下罚金，并处或单处一年以下监禁；故意排放的行为，处每天 5 000 美元以上 5 万美元以下罚金，并处或单处 25 万美元以下罚金，对法人处 100 万美元以下罚金①。根据美国法的规定没有要求危害结果，只要有排放行为则构成犯罪，因为一旦行为发生，就会对环境造成一定的影响。日本于 1971 年出台了《公害犯罪处罚法》，规定公害犯罪是危险犯罪，只要实施了危险性行为，即使不对公民的健康产生危害，也直接构成犯罪。情节犯是指在刑法中规定某些犯罪需以情节严重或者情节恶劣等要素作为构成要件的犯罪，情节犯是结果犯之一种，大部分污染环境犯罪都属于结果犯，为了保护环境权益，我国应学习美国、英国等国家把污染环境犯罪规定为行为犯或者是危险犯，只要实施了危害行为，不管产生危害结果与否，都应该构成犯罪，危害结果只是定罪轻重的情节而不是构成犯罪与否的要件，其实从环境权益要件来说，只要实施了危害行为，总会对环境造成不利的影响，只是这些影响不会在短时间里爆发出来，经过积累沉淀到一定的时期就会凸显出来，因此可以通过在环境刑事立法中转变立法理念，对环境要素给予与人身、财产等权益相等同的保护，这样就可以起到威慑作用，把环境事件扼杀在摇篮中，并且这样的规定，也避免了刑事追责过程中难于证明的过程，行为犯，无需证明犯罪结果与犯罪行为之间的因果关系，而只要证明犯罪行为的存在即可。在环境犯罪中规定危险犯则体现了环境刑罚的预防性特征，回归到环境刑法是保障环境的最基本的手段这一本性。

（3）拓宽环境犯罪的范围。环境要素是多方面的、立体性的要素，不仅具有经济价值，更重要的是具有生态价值。现行立法主要保护其经济价值，而重要的是应该保护其生态价值，否则人类的发展会打破自然环境本身的平衡，严重威胁人类赖以存在的环境安全。为了保障现在人类也为了未来人类的发展，现在必须把环境的各种要素以及其整体生态平衡作为法律保护的对象，而不仅仅保护人类认为有用的环境要素。首先需拓宽环境犯罪的范围，不仅保护现在赖以生存的水、土壤、大气、森林、草原、滩头、海洋、江河

---

① 郭建安、张桂荣：《环境犯罪与环境刑法》，群众出版社 2006 年版。

等，还要保护好像与人类无关的沙漠、冰川、各种各样的生物等。尽量减少对于自然环境的干扰与开发。我国现在的环境犯罪立法主要是对基本生活相关的环境要素的刑事立法，要把其范围拓展，给予环境一种道德的关怀，因环境有如人体是一个生态系统，不是单个器官，只有保护环境中的各个要素才能真正起到保护环境的作用。

3. 创新环境刑事责任的方式

（1）调整环境刑事责任中的刑罚措施。第一，对于现行环境犯罪的自由刑的调整。环境犯罪侵犯的利益不同于传统的犯罪，不仅侵犯了人身权、财产权，还侵犯了环境法益。传统刑法把环境犯罪作为贪利性犯罪，但是没有把环境利益计算在其中，仅仅考量人身权益和财产利益，这种考量因小失大。因此为了真正保护环境，应该将环境利益纳入判处自由刑数量的范围中，加重对于环境犯罪的处罚力度，真正起到威慑作用。我国重大污染环境犯罪一般处以三年以下徒刑，这种处罚力度与我国其他类型犯罪的处罚相对而言是较轻的，应该将自由刑提至三年以上七年以下。

第二，缩小环境犯罪中的罚金制度的自由裁量权，加大对环境犯罪的罚金额度。从国际到国内，经济制裁是环境犯罪最主要的承担责任方式。如美国在《水清洁法》中，根据环境犯罪的情节，规定了环境犯罪的罚金标准。我国在现行刑法体系中无罚金标准，法官在裁判环境犯罪时所处的罚金数额从几万元到几千万元不等，形成同罪不同罚，甚至造成企业认为罚金只是一种象征性的制裁方式，而不足以构成对环境犯罪的惩罚，形成环境犯罪企业的投机心理。笔者建议在我国刑法中或者环境特别法中应该尽量缩小罚金的范围，提高罚金的额度，明确罚金适用的基本条件，而不是简单地只有"可以单处罚金或者并处罚金"这样的表述，给予法官的自由裁量权的范围太宽泛。只有有序有度有量的罚金制度才能够达到对环境犯罪的惩罚力度。

第三，增加环境犯罪的资格刑。环境犯罪的主体主要是企业，我国现行刑法的资格刑主要针对自然人，而对于单位、企业的制裁手段主要是罚金制度。对于有些环境犯罪的企业、单位通过罚金制度不足以制止其犯罪，它们多次犯罪屡教不改，我国现行刑罚体系面对这种状况，只能处以罚金，无其他制裁方式，这种制裁其实就是用微量的金钱换取污染。虽然行政制裁中有吊销企业资格的处罚，如我国《环境保护法》第 60 条规定，生产经营组织超过污染物排放标准或者超过重点污染物排放总量控制指标排放污染物的，县级以上人民政府环境保护主管部门可以责令其采取限制生产、停产整治等措施；情节严重的，报经有批准权的人民政府批准，责令停业、关闭。但这一条文行政制裁适用的条件、程序较为严格，行政资格罚需要地方政府的批准，这一制度的适用频率较低。因此笔者建议对于违反环境刑法的企业单位通过其他刑罚方式不能达到制裁的目的时，应该赋予法官剥夺企业单位生产经营资格的权力。两权相较取其轻，污染企业给社会带来的税收利益与其对环境公共利益及其他利益的损害相比较，税收利益轻，环境利益重，环境利益是不可复制，不可逆转的，而税收利益是可转移的，因此在刑法中应该增加对于企业单位的资格刑。当其触及的公共利益巨大时，应该限制或者剥夺其资格，予以最严厉的制裁。①

（2）创立环境刑事责任中的刑罚辅助措施。惩治环境犯罪的目的不仅惩戒犯罪行为主体，而且还应当保护受害人权利和保护环境权益。② 上文列举的环境刑罚制裁环境犯罪这种不同于传统的刑事犯罪有一定的局限性，无法弥补对于环境的损害，因此需要创新环境刑罚措施，这样就产生了环境刑事责任中的刑罚辅助措施。环境刑罚辅助措施是指对环境犯罪主体采取的刑罚之外的旨在恢复被犯罪行为破坏的环境，救济被犯罪行为减少的自然资源的非刑罚处置措施，是一种补充性制裁方法。③ 环境刑罚辅助措施有利于恢复被损害的环境、预防环境犯罪，我国在刑事司法实践中尝试使用刑罚辅助措施。④ 我国最早的环境刑罚辅助措施是植树补绿，这种方式得到学界与实务

---

① 傅学良：《刑事一体化视野中的环境刑法研究》，中国政法大学出版社 2015 年版，第132 ~ 151 页。

② 王世进、周志兴："论恢复性正义在环境刑事司法中的适用"，载《江西理工大学学报》2016 年第 2 期，第 25 ~ 28 页。

③ 蒋兰香："环境刑罚辅助措施研究"，载《河南政法管理干部学院学报》2008 年第 3 期，第 56 页。

④ 如我国最早用刑罚辅助措施的案例是湖南省临武县人民法院在 2002 年 12 月，对滥伐林木的犯罪人王某判处有期徒刑 3 年，缓刑 4 年，并判其在缓刑期内植树 3 024 株，成活率要求在 95% 以上。

界的认可，其他的环境刑罚辅助措施在学界还没有达成共识，[①] 因此笔者也不认为在我国环境刑事立法中应该予以规定。环境犯罪中最大的特点是对于环境的污染和破坏，因此环境刑罚辅助措施也应该围绕这一损害而开展，最主要的辅助措施则是修复生态。虽然在立法中未直接规定这一制度，但是我国刑事诉讼的司法实践中慢慢接受这一措施。如无锡市中级人民法院于2016年公布的六个经典案例中有两起刑事案件，其一是潘某、姜某甲、姜某乙犯污染环境罪刑事附带民事公益诉讼案，在这一案件中，宜兴区人民法院判处被告犯污染环境罪，并且通过附带民事诉讼的方式要求被告承担有效恢复生态环境民事义务；另一起案件是杜某甲、杜某乙、张某、李某、盛某、陆某、马某犯非法捕捞水产品罪，滨湖区人民法院要求杜某甲、杜某乙各主动退赔1万元，陆某、马某各主动退赔5 000元，严某主动退赔3 000元，用于弥补太湖水域的生态损害，法院通过刑罚制裁与辅助刑罚的方法相结合的方法促进修复环境，从而实现恢复性司法的目的。我国现在处在社会转型时期，应该着力于我国的国情，吸纳我国司法实践中的经验，把这些经验转化为立法。我国台湾地区学者叶俊荣教授认为对于生态环境的危害，采用刑罚时重点应该放在危害的预防与恢复上，不应该让社会将问题焦点转至对于违法者的制裁上，那样虽满足了社会的正义感，但是忽略了对于环境损害的补救。[②] 笔者建议把生态修复方式作为环境刑罚辅助措施最主要的补充进我国的刑罚体系中。

（二）突破我国环境刑事诉讼实践中的困境

1. 改变我国公民、司法人员的观念

我国公民比较重视本身的财产与人身权益的保护，而不重视环境权益的

[①] 马克昌教授将非刑罚处罚措施归为三类五种：一是教育性的非刑罚措施，即公开悔过；二是民事性的非刑罚措施，即责令补救和限制活动；三是行政性的非刑罚措施，即限期治理和勒令解散。蒋兰香教授则将环境刑罚辅助措施（即非刑罚措施）分为教育性辅助措施、民事性辅助措施、行政性辅助措施、没收性制裁措施四类。其中教育性措施包括公开悔过、赔礼道歉等，民事性措施包括赔偿损失、恢复原状，行政性措施包括勒令解散、限期治理，没收性措施则指刑法第64条所规定的对违法所得应当进行追缴，对违禁品和供犯罪所用的本人财物，应当予以没收的处罚措施。赵秉志教授认为我国刑法规定了三类非刑罚措施，根据环境犯罪的特点，应增设限期治理的处理方法，即责令环境犯罪人在一定的期限内，治理好其犯罪行为所损害的环境。刘晓莉教授认为环境刑罚辅助措施责令补救或回复原状以及责令停产、吊销执照等。

[②] 参见叶俊荣：《环境政策与法律》，中国政法大学出版社2003年版，第154页。

保障，司法机关在进行环境民事诉讼、环境行政诉讼、环境刑事诉讼的过程中也是重视传统权益的保障，而轻视环境权益的保障。在这样的观念指导下的公民认为污染环境不是犯罪，司法机关对环境污染犯罪则根据自己的偏好有的追诉，有的不追诉，导致环境污染越治越厉害，我国的环境污染犯罪追诉案件数量与其他案件数量相比极不相称。根本没有达到对环境犯罪惩处的刑罚目的。因此公民、法人及其他组织应转变观念，意识到污染环境同样构成犯罪，并且这种犯罪给社会带来的危害更大，影响更广，这种危害不仅及于他人，也及于社会和自己以及未来人，要加大宣传力度，增加社会对于环境污染的认识，提高环保意识，减少对于环境的污染。司法人员在执法、司法过程中对于环境犯罪行为应该一律给予同等的处置，对环境犯罪公正、公开地进行追诉才能够对社会形成威慑力。违法必究是法治的基本要义，环境犯罪与普通违法同样具有违法性，不能选择性追诉，损害司法的权威性，不利于对环境污染的惩罚，也会误导公民、法人及其他组织的行为。司法人员转变观念是重视环境犯罪的根本。

2. 加大环境刑事诉讼的投入

环境刑事案件不同于传统的刑事案件，它技术性强，科技含量高。我们的司法人员非专业人员，不能准确地把握证据，因此很多司法人员不愿意接受环境犯罪的案件。随着环境问题的凸显，环境犯罪案件数量呈上升趋势，需要引进专门人才，加强基层的司法队伍建设，解决人少案多的困境，避免选择性的追诉，而是有案必诉，立案必追，不要让污染者有违法投机心理，真正做到违法必究，有法必依。加大司法机关的科技投入，随着科技的进步，我国基层的司法机关在追求环境犯罪的追究过程中，没有专门的设施与技术，凡事必求之于外，取证非常困难，因此应该加大投入，增强司法机关内部人员的科技素养。

3. 协调环境行政执法与环境刑事执法的关系

环境行政管理过程中，行政违法的由行政机关处理，司法机关应该予以尊重；而行为人违反刑法的则应该由司法机关根据法律程序制裁，行政机关不能干涉，也不能以行代刑，否则行政机关就混淆了行政权与司法权的权限，剥夺了司法机关的权限。建立协调的环境行政执法与刑事执法的关系，使其各负其责，各司其职，是构建良好宪政秩序的根本。建立协调环境行政执法与环境刑事执法的关系应从以下几个方面加以改进：一是明确环境犯罪的标准，2016 年最高人民法院与最高人民检察院共同出台了《关于办理环境污染刑事案件适用法律若干问题的解释》，细化了污染环境罪的标准，较为明确地划定了环境行政制裁与环境刑事制裁的界限；环境保护部门、公安部、最高人民检察院共同出台了《环境行政执法与环境刑事执法衔接的规定》，具体规定各自的权力、职责，衔接的程序等具体化的内容，而非抽象指导性的文件，形成有机的衔接机制；提高和加强环境执法主体的业务素质与责任心，做到有案必查，有刑事案件必送。

第四节　完善我国突发环境事件中的公民权利自力和社会保障机制

一、我国突发环境事件中的公民权利的自力保障机制的法律规制

不同国家在不同发展阶段对于自力救济有不同的态度，纵观各国的处理方式有这样四种态度：一是默视；二是完全禁止；三是原则上禁止，法律另有规定者除外；四是承认其客观存在，以自力救济作为公力救济的补充。① 我国在先秦时期鼓励私力救济，而到唐以后则是禁止，到明清则是原则禁止，禁止暴力型私力救济。② 近代以降，法治逐渐推进，法治领域不断拓宽。尤其是 20 世纪改革开放以来，法制建设不断完善，自力救济在《刑法》《民法总则》中规范了正当防卫与紧急避险，但自力救济的其他方式则不予承认，为了防止引发二次型环境污染和环境破坏，笔者建议逐步规制自力救济，推进其法治化，破解我国突发事件中的公民权利自力保障机制的难题。

（一）完善我国正当防卫与紧急避险行为的立法

突发环境事件具有突发性、紧急性以及不可逆转性，在行政机关不能及时采取措施或者不作为的情况下，法律应赋予公民在突发事件中具有正当防

---

① 徐昕："通过法律实现私力救济的社会控制"，载《法学》2003 年第 11 期。

② 徐昕："认真对待私力救济"，http://www.148com.com/html/709/7432.html。浏览日期：2017 年 5 月 23 日。

卫权和紧急避险权。现行的《突发事件应对法》中没有规定公民自力救济的内容，只规定了公权力机关应急处置的权力，在突发事件发生时容易出现两种情形：一是公民不进行自力救济造成无法挽救的损失，二是公民乘着突发事件实施暴力自力救济，这都不利于保障公民权利，维护环境公共利益。因此笔者建议在《突发事件应对法》中规定公民正当防卫与紧急避险的条件，赋予公民在突发事件中有序有效的自我救济权，预防或者减少突发事件对公民自身以及公共利益的损害。有学者认为环境污染事件中不适用正当防卫这种自力救济方式，其主要理由是正当防卫以非法侵害为前提。[①] 引发突发环境事件的原因有多种，既有合法行为也有非法行为，对于因非法行为引发的突发环境事件，公民具有正当防卫权，而对于合法行为或者自然要素引发的突发环境事件则无实施正当防卫的条件。紧急避险行为是突发事件中应该赋予公民的一种最主要的自力救济的权利，其适用的条件如下：第一，紧急避险损害的是第三方的利益；第二，紧急避险适用的前提是迫不得已，情况非常紧急。完善正当防卫与紧急避险行为的立法，在《突发事件应对法》中规定其适用条件，有利于保障公民在特殊情形下的权利。

（二）把自助行为、磋商行为纳入我国公民权利救济的法律体系

自助行为是突发事件发生后公民自我救助的行为，我国在法律中没有规定，只在《自然灾害救助条例》第6条规定，提高公民的防灾避险意识和自救互救能力。其实自有人类社会以来，自助行为就是面对危险的最主要的救济方式，是公民的一种本能式的救济方式。随着公权力的扩张，公民自助救济功能在弱化与无序化。由于科技发展，社会风险增加，公权力抗御风险的能力下降，公民自助救济越来越重要。为了提高自助行为的效率，避免和克服自助行为的天生无序、无目的以及公民的自利性，应该将其纳入法律的轨道，使其规范化。明确规定自助救济与磋商机制的适用条件与程序，让其规范有序。

突发环境事件中的自助行为的适用条件如下：第一，自助行为适用的目的是保护公民自身的权利；第二，自助行为适用的前提是公民在突发环境事件发生后，自己的权益受到威胁并且不能及时请求国家公权力机关帮助。主

---

① 吴国刚："环保自力救济研究"，载《科技与法律》2004年第2期。

要有两种情形，一种是客观情况，公权力机关无法短时间赶到现场予以救济；二是公权力机关不作为。第三，对于自助行为因为公民的不同权利受到不同的影响救助方式也有所不同，如逃离现场，对一定的财产采取措施，防治危害的扩大，或者及时制止违法行为的发生，防治环境污染或者环境破坏等；第四，环境自助行为的限度，突发环境事件中实施环境自助行为应该适当，不应该超过必要的限度，根据比例原则权衡突发环境事件带来的后果，对于财产或者人身实施相应的自助措施。由于自助救济只是在情况紧急时公民救济自己权利的暂时方式，可能这种紧急状况会扩大，因此后续还需要继续寻求公力的救济，从而达到维护环境公共利益与个人利益的目的。①

　　协商谈判是民间最主要的自助行为，它也是我国目前公民在突发环境事件发生后自助救济的主要方式之一，主要是突发环境事件中的受害人与污染者、各级政府协商谈判，但是由于协商谈判非规范化，效果不佳，往往谈判无果，导致突发环境事件中的受害公民与污染企业、政府产生冲突，矛盾升级。为了提高协商谈判的效力，笔者建议把这种方式规范化，首先由环境保护部制定规章《环境磋商谈判程序规定》，明确磋商谈判的目的、原则、主体，磋商谈判的条件、程序，将通过磋商谈判解决突发环境事件中公民权利保障作为常规机制，而非临时性的自助机制，从而排除暴力型私力救济。突发环境事件中协商谈判的目的是为了以最快速、最直接的方式化解矛盾，减少或者预防损失。协商谈判的基本原则是自愿、平等、诚信的原则，自愿原则是基础，突发环境事件中的侵害者、受害者在自愿的基础上进行协商谈判，而非一方把意愿强加于另一方。平等原则是协商谈判的关键，只有建立在平等的基础上，其协商谈判的结果才会公平，才能够持续实现。诚实原则是协商谈判的保证，如果突发环境事件中的侵害者与受害公民相互没有诚意，协商谈判很难有结果，只会耽搁时间，影响其他救济的进行。协商谈判的内容不能够违背法律：一是突发环境事件引发的环境犯罪行为不能使用协商谈判的方式解决，环境刑事犯罪需要公力救济，自力救济越过了界限；二是复杂、专业性、技术性较强的突发环境事件中侵害者与受害者无能力通过协商谈判

---

　　① 刘亮：《环境侵权自力救济研究》，山东师范大学2014年硕士论文，第36~37页。

解决问题，借助公权力的力量才能够有效解决纠纷；[①] 三是造成的损害面积大，侵害公民数量多，后果严重，利益分歧大的突发环境事件中不宜使用协商谈判的自力救济方式，只有突发环境事件中侵害较小的，才适用协商谈判方式。

二、我国突发环境事件中的公民权利社会保障机制完善

（一）制定《社会救济法》

1. 确立《社会救济法》的立法目的

美国为了保障突发环境事件的受害者的权益，创设了较为完备的社会救济体系，值得我国借鉴，具有代表性的是 1972 年出台的《超级基金法》，建立环境修复基金，保证环境修复的资金需求及受害人的权益保障。《超级基金法》设立了两项基金，一项是危险物质反应信托基金，后更名为"危险物质超级基金"，其设立的目的是为已有的被遗弃的危险废物设施的治理和应对其他一些紧急状况提供资助；另一项基金为"关闭后责任信托基金"，由于这一基金实施困难，后面没有得以实施。危险物质超级基金一直有效运行，其基金来源如下：一是石油、化工等企业的专门税；二是对于一定的企业征收的环境税；三是联邦政府的一般行政拨款。其基金的用途主要是以下几个方面：第一，政府采取清除、救助等行动所需要的费用；第二，任何其他个人为实施国家应急计划所支付的必要费用；第三，受害人无法通过其他行政和诉讼方式从责任方处得到救济的、对因危险物质排放所造成的自然资源损害进行补偿的费用；第四，对危险物质造成的损害进行评估，开展相应调查研究项目，公众申请调查泄漏情况，对地方政府进行补偿以及进行奖励等一系列活动所需要的费用；第五，对公众参与技术性支持的资助；第六，对大都市地区中污染最为严重的土壤进行试验性的恢复或清除行动所需要的费用。前文分析了社会救济有别于社会救助，我国建立了较为完善的社会救助体系，但是主要是针对社会的病、贫、困等特殊公民的救助。随着社会福利提高，社会风险增加，公民不仅满足于基本生存，还需要不断发展，政府无力给予社会普遍公民一种更高福利的关怀，因此需要社会组织补偿这些福利。社会

---

① 刘超：《问题与逻辑：环境侵权救济机制的实证研究》，法律出版社 2012 年版，第 255 页。

救济的目的是帮助那些暂时处于困难，生活质量下降等状况的公民。因此社会救济法的立法目的是弥补社会救助的不足。《社会救济法》的目的是鼓励社会组织积极参与社会公共利益的建设和维护，规范社会救济行为，保护社会救济主体、被社会救济的公民的合法权益，促进公益事业的发展。我国的社会救助主要是生存型救助，[①] 而社会救济主要是面向发展型救济。

2. 确立《社会救济法》的基本原则

（1）自愿原则。社会救济遵循自愿原则，从社会救济主体到被救济主体到救济范围都遵循自愿的原则。这是《社会救济法》与《社会救助法》的根本区别。社会救助是国家机关的根本义务，而社会救济则是激发社会活力，增强社会互助性的表现。

（2）公益性原则。社会组织进行社会救济的目的是维护公共利益，而不是营利，同时也不能对被社会救济的公民附加义务。

（3）社会救济权力不能滥用原则。社会救济行为应当遵守法律、法规及规章的规定，不得违背社会公德，不得损害公共利益和其他公民的合法权益。

3.《社会救济法》的主要内容

（1）社会救济的组织主体资格。社会救济的组织主体是指为了公共利益的目的而设立的专门致力于环境、教育、医疗等公益事业的社会组织。《社会救济法》规定了社会组织设立的目的，设立、变更、终止的条件，设立的程序。

（2）社会救济的范围。社会救济虽然遵循自愿的原则，但是由于社会救济具有公益性，因此社会救济应该在法律允许的范围内开展，在有些领域应该由国家公权力予以保障，而不能由社会组织代替。社会救济是社会救助的补充，但是不能替代社会救助。我国目前社会救济的范围主要是：环境、教育、诉讼等领域。随着社会组织力量的增强，社会救济范围可以拓宽至医疗、培训、住房等方面。

（3）社会救济的资金来源、使用方向与管理。社会救济不仅依凭社会组织主体的热情，更重要的是要有足够、合法的资金来源。首先要保证社会救

---

① 谢勇才、丁建定："从生存型救助到发展型救助：我国社会救助制度的发展困境与完善路径"，载《中国软科学》2015 年第 11 期。

济资金来源的合法性，其次要规定社会救济资金使用的正当性，最后是确定社会救济资金管理的有序性。

（4）社会救济的监督管理。社会救济虽然是社会组织出于公共利益的需要给公民提供的权利保障，属于社会公共管理的范畴，但是有些组织背离公共利益的目的，行使诈骗等手段达到募集资金的目的，行个人之实。为了防止社会救济的不法行为，主管部门应加强对社会救济的监督管理。

（5）社会救济的法律责任。有法不依是我国目前法治中的最痛处。法律责任是实现法律权利与义务的保障。社会救济中涉及社会组织以及主要成员是否遵循社会救济的目的、原则、程序进行社会救济，如果违反则需要承担民事、刑事责任。社会救济的主管机关需履行其职责，履行职责不到位的应承担责任。

（二）建立以社会组织为主体的社会救济模式

为了充分展现社会组织的能力与社会的活力，分散风险，增加社会抵御风险的能力，应建立以社会组织为主导的社会救济模式。这种模式克服以政府为主导的社会救助的不足，弥补了政府主导的资金不足的缺陷，减轻了企业的负担，同时加强了政府、社会组织、公民个人之间的沟通，提升了社会救济的效果。① 建立以社会组织为主体的社会救济模式应从以下几个方面予以转变：

第一，转变观念，简政放权于社会，政府的归政府，社会的归社会。现代科技社会不同于传统的农耕社会，国家社会结构发生了转变，从二元制走向了三元制或者多元制，公权力的分布也不同于孟德斯鸠的那个时代的划分，应把一部分公权力还归于社会，如社会纠纷处理权、社会救济权等方面。

第二，放宽社会组织设立的条件。1998 年国务院出台的《社会团体登记管理条例》规定了社会团体的定义、设立的条件、程序。社会团体是指中国公民自愿组成，为实现会员共同意愿，按照其章程开展活动的非营利性社会组织。设立社会团体需要符合以下条件：有 50 个以上的个人会员或者 30 个以上的单位会员；个人会员、单位会员混合组成的，会员总数不得少于 50

---

① 蒋悟真："我国社会救助立法理念及其维度——兼评社会救助法（征求意见稿）的完善"，载《法学家》2013 年第 6 期，第 35 页。

个；有规范的名称和相应的组织机构；有固定的住所；有与其业务活动相适应的专职工作人员；有合法的资产和经费来源，全国性的社会团体有 10 万元以上活动资金，地方性的社会团体和跨行政区域的社会团体有 3 万元以上活动资金；有独立承担民事责任的能力。为了激活社会组织的活力，应放宽社会组织的设立条件。根据现行条件应从两个方面予以放宽：首先是会员人数，笔者不认为会员人数是社会组织成立的必要条件，如果需要会员，也无需 30 个、50 个以上的规模，主要看会员资质，而不是会员数量，因此具有一定经济基础的 10 来个会员或者志同道合的会员就可以；其次是对社会团体资金的要求，应该放松，主要是社会组织有能力组织公益活动就行，对活动资金不应做强制性的规定。

第三，通过法律、法规的授权鼓励和赋予社会组织一定范围的社会救济权力。为了正确引导社会组织实施社会救济，应在法律、法规中先确立一些社会救济的范围，如环境责任保险、环境基金等，使社会救济不是凭一时的热情而为，而是依循法律、法规的鼓励与授权进行，使社会救济具有规范性、权威性和成就性，从而能够持续开展。

（三）开辟多渠道的社会救济资金来源

开辟多渠道的社会救济资金来源是完善我国突发环境事件中的公民权利社会保障的经济基础。开辟如下渠道：第一，政府出资，社会救济应该以社会其他资源为主要资金来源，政府出资是次要来源，社会救济是行政救济的必要补充，因此政府在社会救济中的出资不是主要的，政府主要是起着指导、鼓励作用，主要从环境税费及罚款中提取；第二，生产经营主体出资，可能引发突发环境事件的生产经营主体本着谁污染谁担责的原则，通过保险、保证金等方式缴纳一定的费用，既担当了责任也分散了风险；第三，向社会募集资金，这是最主要的资金来源，可以向社会的公民、法人或者其他组织募集，形成较为稳定、集中的救济资金来源；第四，发行环保福利彩票，是稳定的社会募集资金来源之一。资金来源充足是保证我国突发环境事件中的公民权利社会保障的经济基础，是救济生态环境的资金的有益补充。

（四）建立参差互补的社会救济保障体系

1. 建立多元化社会救济保障方式之间互通互补的机制

首先是建立全国环境责任保险制度，环境保险是最基础的社会救济，应全覆盖，不管什么行业、什么地域的生产经营主体都应缴纳，这是现代社会承担风险的最基本方式，尤其是环境责任保险不能缺，国家应制定全国性的法律推行全国的强制环境保险制度。其次是在某些特殊领域推行财产保证制度与环境公共补偿制度，这两个制度主要是用于有些特殊的领域，对于破坏环境的修复有特殊的要求，需要行政机关出面监督实施，因此需要建立特殊的社会救济机制保障环境的修复。最后是大力鼓励环境基金制度以及其他新兴的社会救济方式在突发环境事件中的作用，环境基金从资金来源与资金的用途完全是民间的，这是社会救济的有益补充，多多益善，随着社会权力的下放，公民社会的形成，社会活力被激发，这种社会资金会越来越庞大，这是将来我国社会救济资金的最主要来源，也是我国社会救济最有前景的救济方式。保证三种基本社会救济方式的有机衔接是发展我国突发环境事件应急预案的公民社会保障机制必不可少的内容。

2. 完善多元化的社会救济保障方式立法

（1）完善环境基金制度。环境基金是最具活力与潜力的环境社会救济方式，如何激发其活力是我国环境基金制度的发展根本。对环境基金制度完善如下：第一，国家改变对环境非政府组织在社会运行中的态度，真正还权于社会，国家机关仅仅行使宪法赋予的权力，只管必须管的，把可管可不管的还给社会组织，激发其活力；第二，公民改变观念，社会职能不仅国家机关能够承担，社会组织一样能够承担，并且能够更加尽心尽力，让公民对环境公共组织产生信任感；第三，规范环境基金的设立、运行的规则。制定统一的基本规则，树立环境基金制度的权威性；第四，建立环境基金资金使用的公开平台，让环境基金的捐赠者与受益者了解资金的来龙去脉，使每一份资金都发挥作用。

（2）完善环境责任保险制度。环境责任保险是现代风险社会所不可缺少的分散社会风险的最有效的手段。为了加强抵抗环境风险的能力，需从以下几方面加以完善：第一，必须建立强制环境责任保险，环境风险无处不在，是现代社会主要的风险之一，因此必须把环境责任保险作为一种强制保险，增加环境责任风险的资金来源，分散风险能力；第二，除了规定环境强制责任险外，还应该根据不同行业、不同地区等因素设计其他类型的环境保险，增加环境社会保险的种类，细化环境风险责任，增强生产经营主体的责任意识，减少环境风险的发生；第三，优化环境责任保险赔付机制，环境责任保险补充社会救济的不足，由于其他救济机制程序复杂，不能及时救济，很造成二次伤害，而社会救济尤其是环境责任保险是民间性的救济方式，应该体现其优势，优化环境责任保险的理赔机制，缩短理赔环节，简化手续，实现及时救济；第四，加强公司的服务意识，环境责任保险公司与生产经营主体都要有担当意识，不能推诿责任，当灾难来临时，让公民、社会都有一种安全感，而不是陷入绝望的境地，这样才能够改变社会对于环境保险的认识，不能只收取保险费用而不承担风险责任，尤其是环境保险公司要有险必赔，有险必保，加强服务意识。

（3）完善环境财产保证制度。第一，不断拓宽环境财产保证的适用范围，我国环境财产保证的适用范围主要是煤矿的开采与船舶油污方面，我国有色金属储量丰富，开采业也发达，如紫金矿业已经发生多起突发环境事件，因此立法应该把环境财产保证制度及于其他有色金属的开采，保证我国的青山绿水；第二，细化我国现行的环境财产保证制度，建立全国统一的环境财产保证的保证金收取的标准，适用的范围，退还的标准以及治理的标准；第三，与环境财产保证制度配套的其他制度，如企业经营不善无法缴纳环境财产保证基金，规定缓交条件，国家机关暂停暂缓缴纳环境财产保证基金的制度、权限等。

（4）完善环境公共补偿制度。由于突发环境事件的发生使部分公民权益通过其他途径无法实现，政府应该给予权利的救济补充其无法实现的权益，建立环境侵权补偿制度很有必要：第一，国外有成功的经验可资借鉴，如日本建立了公害健康医疗补偿制度，弥补了因环境侵权无法弥补的受害人的损失；第二，我国突发环境事件频发，部分突发环境事件中的受害人通过其他途径无法救济其权益；第三，基于环境正义的需要给予每个环境受害人权利保障。环境侵权补偿制度主要从以下方面予以保障公民权益：第一，确立环境侵权补充原则，环境侵权补偿原则上是补充侵权人赔偿不足部分，而非主要承担突发环境事件中的责任。第二，环境侵权补偿的性质具有次序上的后位性、功能上的填补性，因此突发环境事件发生后，受害人首先应考虑是否得到侵权人的赔偿，然后是环境责任保险的赔付和社会救助金的补偿，最后才是环境侵权补偿。① 第三，确立环境侵权补偿的范围，主要是健康医疗方面的补偿。第四，政府补偿受害人的损失后保留其追偿权。

生态补偿制度从以下几方面加以完善：第一，建立突发环境事件中的生态补偿机制，拓宽现行生态补偿的范围；第二，提高生态补偿的数额，增加生态补偿的资金渠道，真正体现生态的价值，不是停留在象征性的补偿上，使全社会认识到环境利益和生态的价值；第三，建立多样化的生态补偿方式，建立横向与纵向相结合、政府与市场相配合的多样化的生态补偿机制，有利于资金的筹措。贯彻谁受益谁负担的原则，保证生态修复的费用。

① 王莉："以环境正义为逻辑基点的环境侵权救济制度完善框架"，载《郑州大学学报（哲学社会科学版）》2017 年第 3 期，第 31 页。

主要参考文献

一、中文译著类

1. ［德］乌尔里希·贝克（Ulrich Beck）：《风险社会》，何博闻译，译林出版社2004年版。

2. ［美］史蒂芬·布雷耶：《打破恶性循环——政府如何有效规制风险》，宋华琳译，法律出版社2009年版。

3. ［德］乌尔里希·贝克（Ulrich Beck）：《世界风险社会》，吴英姿、孙淑敏译，南京大学出版社2004年版。

4. ［英］马克.史密斯、皮亚·庞萨帕：《环境与公民权：整合正义、责任与公民参与》，侯艳芳、杨晓燕译，山东大学出版社2015年版。

5. ［日］大森义夫：《危机管理途上国日本》，东京：PHP研究所，2000年6月。

6. ［日］原田尚彦：《环境法》，于敏译，马骧聪审校，法律出版社。

7. ［日］宫本宪一：《"公害"的同时代史》，平凡社1981年版。

8. ［日］大须贺明：《生存权论》，林浩译，吴新平审校，法律出版社2001年版。

9. ［英］A. J. M. 米尔恩：《人的权利与人的多样性》，夏勇、张志铭译，中国大百科全书出版社。

10. ［美］卡尔·威尔曼：《真正的权利》，商务出版社2015年版。

11. ［英］蒂姆·海沃德：《宪法环境权》，周尚君、杨天江译，法律出版社2015年版。

12. ［美］爱帝丝·布朗·魏伊丝：《公平地对待未来人类：国际法、共同遗产与世代间平衡》，汪劲、于芳、王鑫海译，林峰、胡国辉审校，法律出版社2000年版。

13. ［英］布莱恩·巴利：《社会正义论》，曹海军译，江苏人民出版社 2008 年版。

14. ［英］马克·史密斯、皮亚·庞萨帕：《环境与公民权：整合正义、责任与公民参与》，侯艳芳、杨晓燕译，山东大学出版社 2015 年版。

15. ［古希腊］柏拉图：《理想国》，吴献书译，益群点注，中国致公出版社 2009 年版。

16. ［美］约翰·罗尔斯：《正义论》，何怀宏、何包钢、廖申白译，中国社会科学出版社，1988 年版。

17. ［日］大须贺明：《生存权论》，林浩译，吴新平审校，法律出版社 2001 年版。

18. ［德］卡尔·拉伦茨：《法学方法论》，陈爱娥译，商务印书馆 2004 年版。

19. ［德］马克思、恩格斯：《马克思恩格斯选集》第 3 卷，人民出版社 1956 年版。

20. ［德］马克思、恩格斯，马克思恩格斯全集（第 1 卷）人民出版社，1956 年。

21. ［德］马克思、恩格斯，马克思恩格斯全集（第 19 卷）人民出版社，1956 年。

22. ［日］美浓部达吉：《公法与私法》，黄冯明译，周旋勘校，中国政法大学出版社。

23. ［英］边沁：《道德与立法原理导论》，时殷弘译，商务印书馆 2000 年版。

24. ［法］利奥塔：《后现代状况——关于知识的报告》，岛子译，湖南美术出版社 1996 年版。

25. ［美］伯纳德·施瓦茨：《美国法律史》，王军等译，中国政法大学出版社 1990 年版。

26. ［日］棚濑孝雄：《纠纷的解决与审判制度》，王亚新译，中国政法大学出版社 2004 年版。

27. ［日］室井力主编：《日本现代行政法》，吴薇译，中国政法大学出版社 1995 年版。

28. ［日］南博方：《日本行政法》，杨建顺、周作彩译，中国人民大学出版社 1988 年版。

29. ［法］卢梭：《社会契约论》，何兆武译，商务印书馆 2003 年版。

30. ［美］汉密尔顿、杰伊、麦迪逊：《联邦党人文集》，程逢如等译，商务印书馆 1980 年版。

31. ［日］高见泽磨：《现代中国的纠纷与法》，何勤华、李秀清等译，法律出版社 2003 年版。

32. ［日］阿部照哉、池田政章、初宿正典、卢松秀典：《宪法（上）》，许志雄教授审订，周宗宪译，中国政法大学出版社 2006 年版。

33. ［日］庄司光、宫本宪一：《可怕的公害》，张乙、曲圣文等译，中国环境科学出版社 1987 年版，第 6 页。

34. ［日］大塚直：《环境法》，有斐阁 2002 年版，第 542 页。

35. ［日］永井进、寺西俊一、除本理史：《环境再生》，有斐阁 2002 年版。

36. ［美］理查德·拉萨路斯、奥利弗．哈克主编：《环境法故事》，曹明德、李兆玉、赵鑫鑫、王琬璐译，中国人民大学出版社 2013 年版，第 8 - 34 页。

37. ［美］杰拉尔德．斯特恩：《正义永不决堤——水牛湾惨案》，许身健译，法律出版社 2015 年版。

38. ［美］肯尼斯．R. 范伯格：《补偿的正义——美国如何应对灾难》，孙伟、许捷、郭超、武文棣译，法律出版社 2013 年版。

39. ［日］交高尚史、臼处知史、前田阳一、黑川哲志：《日本环境法概论》，田林、丁倩雯译，中国法制出版社 2014 年版。

40. ［英］弗里德里希．冯．哈耶克：《自由秩序原理》，邓正来译，生活·读书·新知三联出版社 1997 年版。

41. ［美］罗斯科·庞德：《通过法律的社会控制——法律的任务》，商务印书馆 1984 年版。

42. ［美］彼得·S. 温茨：《环境正义论》，朱丹琼、宋玉波译，上海：上海人民出版社，2007 年。

二、中文原作类

1. 陈慈阳：《环境法总论》，中国政法大学出版社 2003 年版。

2. 吕忠梅：《环境损害赔偿法的理论与实践》，中国政法大学出版社 2013 年版。

3. 吕忠梅：《环境司法专门化：现状调查与制度重构》，法律出版社 2017 年版。

4. 王坤：《紧急不避法治政府如何应对突发事件》，法律出版社 2009 年版。

5. 马怀德主编：《应急反应的法学思考——"非典"法律问题研究》，中国政法大学出版社 2004 年版。

6. 韩大元、莫于川：《应急法制论——突发事件应对法律问题研究》，法律出版社 2005 年版。

7. 郭建安、张桂荣：《环境犯罪与环境刑法》，群众出版社 2006 年版。

8. 傅学良：《刑事一体化视野中的环境刑法研究》，中国政法大学出版社 2015 年版。

9. 刘超：《问题与逻辑：环境侵权救济机制的实证研究》，法律出版社 2012 年版。

10. 周训芳：《环境权论》，法律出版社 2003 年版。

11. 叶俊荣：《环境政策与法律》，中国政法大学出版社 2003 年版。

12. 李卫海：《紧急状态下的人权克减研究》，中国法制出版社 2007 年版。

13. 翁岳生：《行政法（上册）》，中国法制出版社 2002 年版。

14. 杨福忠：《立法不作为问题研究》，知识产权出版社 2008 年版。

15. 滕宏庆：《危机中的国家紧急权与人权——紧急状态法制研究》，群众出版社 2008 年版。

16. 王灿发：《环境纠纷处理的理论与实践》，中国政法大学出版社 2002 年版。

17. 竺效：《生态损害综合预防机制和救济法律机制研究》，法律出版社 2016 年版。

18. 樊杏华：《环境损害责任法律理论与实证分析研究》，人民日报出版社 2015 年版。

19. 张忠民：《一元到多元——生态诉讼的实证研究》，法律出版社 2017 年版。

20. 王子强、杨朝飞：《1990 年中国环境年鉴》，中国环境科学出版社。

21. 徐昕：《论私力救济》，中国政法大学出版社 2005 年版。

22. 王灿发：《污染受害与救济》，中国人民大学出版社 2010 年版。

23. 王明远：《环境侵权救济法律制度》，中国法制出版社 2001 年版。

24. 公丕祥：《权利现象的逻辑》，山东人民出版社 2002 年版。

25. 夏勇：《中国民权哲学》，生活·读书·新知三联出版社 2004 年版。

26. 夏勇：《人权概念起源》，中国政法大学出版社 1992 年版。

27. 程燎原、王人博：《权利论》，广西师范大学出版社 2014 年版。

28. 胡平仁：《法理学》，中国民主法制出版社 2014 年版。

29. 李步云：《人权法学》，高等教育出版社 2005 年版。

30. 杨成铭：《人权法学》，中国方正出版社 2004 年版。

31. 孟庆涛：《环境权及其诉讼救济》，法律出版社。

32. 向佐群：《政府信息公开制度研究》，知识产权出版社 2007 年版。

33. 王文革：《环境知情权保护立法研究》，中国法制出版社 2012 年版。

34. 林喆：《公民基本人权法律制度研究》，北京大学出版社 2006 年版。

35. 林来梵：《从宪法规范到规范宪法——规范宪法学的一种前台》，法律出版社 2001 年版。

36. 贾爱玲：《环境侵权损害赔偿的社会化制度研究》，知识产权出版社 2011 年版。

37. 薛波主编：《元照英美法词典》，法律出版社 2003 年版。

38. 陈新民：《德国公法学基础理论》，山东人民出版社 2001 年版。

39. 陈焱光：《公民权利救济论》，中国社会科学出版社 2007 年版。

40. 贺海仁：《谁是纠纷的最终裁判者——权利救济原理导论》，社会科学文献出版社 2005 年版。

41. 赵震江：《法律社会学》，北京大学出版社 1998 年版。

42. 黄建辉：《法律漏洞·类推适用》，蔚理法律出版社 1988 年版。

43. 姜明安主编：《行政法与行政诉讼法》，北京大学出版社、高等教育出版社 2014 年版。

44. 王胜明：《中华人民共和国侵权责任法释义》，法律出版社 2010 年版。

45. 李永升：《刑法学的基本范畴研究》，重庆大学出版社 2000 年版。

46. 陈兴良：《本体刑法学》，商务印书馆 2001 年版。

三、论文类

1. 蔡守秋：《环境正义与环境安全———二论环境资源法学的基本理念》，载河海大学学报（哲学社会科学版）2005 年第 6 期。

2. 吕忠梅：《论生态文明建设的综合决策法律机制》，载中国法学 2014 年第 3 期。

3. 刘相梅、张志敏：《突发环境事件事后管理探析》，载《环境经济》2010 年第 6 期。

4. 王德迅：《日本危机管理研究》，载《世界经济与政治》2004 年第 3 期。

5. 赵举海：《突发事件及其对策》，载《河北法学》1990 年第 5 期。

6. 朱力：《突发事件的概念、要素与类型》，载《南京社会科学》2007 年第 11 期。

7. 包茂红：《日本环境史研究》，载《全球史评论》2011 年第 1 期，第 54 页。

8. 李艳岩：《环境突发事件立法研究》，载《黑龙社会科学》2004 年第 4 期，第 122 页。

9. 常纪文：《我国突发环保事件应急立法存在的问题及其对策》，载《宁波职业技术学院学报》2004 年第 4 期。

10. 张润昊、毕书广：《论突发环境事件的几个理论》，载《郑州航空工业管理学院学报（社会科学版）》2006 年第 1 期，第 81 页。

11. 郑贤君：《论生命权的新概念》，载《首都师范大学学报（社会科学版）》2006 年第 5 期。

12. 方永军：《论权利的本质与价值》，载《社会科学战线》2004 年第 4 期。

13. 王小钢：《揭开环境权的面纱：环境权的复合性》，载《东南学术》2007年第3期。

14. 付淑娥：《论环境人格权》，2015年吉林大学博士论文。

15. 邓联繁：《基本权利学理分类的意义与方法研究》，载《武汉大学学报（哲学社会科学版）》，2008年第4期。

16. 肖金明、冯威：《公民财产权的制度化路径——一个人权和宪政的视角》，载《法学论坛》2003年第2期。

17. 何平：《社会救助权研究》，2010年湖南大学博士学位论文。

18. 左权：《社会救助权的法理论析及其保障路径》，载《社会保障研究》2011年第10期。

19. 吴卫星：《我国环境权理论研究三十年之回顾、反思与前瞻》，载《法学评论》2014年第5期。

20. 郑贤君：《论生命权的新概念》，载《首都师范大学学报（社会科学版）》2006年第5期。

21. 陈开琦：《公民环境参与权论》，载《云南师范大学学报（哲学社会科学版）》2010年第9期。

22. 熊文钊：《试论行政补偿》，载《行政法学研究》，2005年第2期。

23. 张维：《权利的救济和获得救济的权利——救济权的法理阐释》，载《法律科学（西北政法大学学报）》2008年第3期。

25. 欧阳英：《关于正义的不同认识》，载《哲学动态》2006年第5期。

26. 张维：《权利的救济和获得救济的权利——救济权的法理阐释》，载《法律科学（西北政法大学学报）》2008年第3期。

27. 魏治勋：《"中国梦"与中国的社会正义论》，载《法学论坛》2013年第7期。

28. 朱力、龙永红：《中国环境正义问题的凸显与调控》，载《南京大学学报（哲学，社会科学，人文科学）》2012年第1期。

29. 刘旭：《印度历史学者拉姆昌德拉·古哈的环境史研究述评》，载辽宁大学学报（哲学社会科学版）2014年第7期。

30. 王小文：《美国环境正义研究》，2007年南京林业大学博士论文。

31. 汪太贤：《权利的代价——权利限制的根据、方式、宗旨和原则》，载《学习与探索》2004年第4期。

32. 周伟：《论禁止歧视》，载《现代法学》2006 年第 5 期。

33. 王曼倩：《禁止歧视的正当性》，2014 年中共中央党校博士论文。

34. 杨思斌：《社会救助权的法律定位及其实现》，载《社会科学辑刊》2008 年第 1 期。

35. 左卫：《环境行政裁决制度》，2008 年兰州大学硕士学位论文。

36. 朱谦：《环境知情权的缺失与补救——从开县井喷事故切入》，载《法学》2005 年第 6 期。

37. 陈开琦：《公民环境参与权论》，载《云南师范大学学报（哲学社会科学版)》2010 年第 5 期。

38. 刘长兴：《论环境人格权》，载《环境资源法论丛》2004 年。

39. 付淑娥：《论环境人格权》，2015 年吉林大学博士论文。

40. 滕宏庆：《论行政应急权的合宪性控制》，载《法律科学》2011 年第 6 期。

41. 侯晓蕾：《行政应急权研究》，2010 年吉林大学博士论文。

42. 薛澜、钟开斌：《突发公共事件分类、分级与分期：应急体制的管理基础》，载《中国行政管理》2005 年第 2 期。

43. 朱谦：《论环境知情权的制度建构》，载《环境资源论丛》第 6 卷。

44. 张卉林：《论公共利益对私权的限制》，2013 年吉林大学博士论文。

44. 杨建顺：《土地征收中的利益均衡论》，载《浙江社会科学》2013 年第 9 期。

45. 刘雪梅：《实体、程序并重——公共利益的双维度界定》，2014 年扬州大学硕士论文。

46. 贺海仁：《自我救济的权利》，载《法学研究》2005 年第 4 期。

47. 韩大元：《宪法文本中"公共利益"的规范分析》，载《法学论坛》2005 年第 1 期。

48. 胡棉光、王楷：《论我国宪法中"公共利益"的界定》，载《中国法学》2005 年第 1 期。

49. 张景斌：《论公共利益之界定——一个公法学基石性范畴的法理学分析》，载《法制与社会发展》2005 年第 1 期。

50. 张翔：《公共利益限制基本权利的逻辑》，载《法学论坛》2005 年第 5 期。

51. 任杰：《公共利益判断的程序研究——以公益实现的形式正义为目标》，2008 年西南政法大学硕士论文。

52. 黄辉明：《利益法学的源流及其意义》，载《云南社会科学》2007 年第 6 期。

53. 马平川、赵树坤：《利益衡量的主导取向与方法论特征》，载《法律方法（第 17 卷）》。

54. 王彬辉、唐宇红：《美国环境侵权民事司法中利益衡量的适用及对我国的启示》，载《环球法律评论》，2009 年第 4 期。

55. 余净植：《宪法中的法益衡量：一种可能的重构——以阿列克西的理论为思路》，载《浙江社会科学》2008 年第 2 期。

56. 王书成：《论比例原则中的利益衡量》，载《甘肃政法学院学报》2008 年第 3 期。

57. 张新宝：《侵权责任法立法的利益衡量》，载《中国法学》2009 年第 4 期。

58. 叶俊荣：《论比例原则与行政裁量》，载《宪政时代》1986 年第 3 期。

59. 王名扬、冯俊波：《论比例原则》，载《时代法学》2005 年第 4 期。

60. 蒋传光、郑小兵：《法律在应有权利向实有权利转化中的作用》，载《江苏警官学院学报》2006 年第 4 期。

61. 李以庄：《论紧急状态下公民基本权利救济机制的完善》，载《重庆工商大学学报（社会科学版）》2008 年第 25 期。

62. 杜键勋：《环境利益的社会分层：结构、演变与原因》，载《经济法论坛》2013 年第 2 期。

63. 黄学贤：《行政法中的比例原则研究》，载《法律科学》2001 年第 1 期。

64. 史玉成：《环境利益、环境权利与环境权力的分层建构——基于法益分析方法的思考》，载《法商研究》2013 年第 5 期。

65. 刘会齐：《环境利益论——从政治经济学视角分析》，2009 年复旦大学博士毕业论文。

66. 陈茂云：《论公民环境权》，载《政法论坛》1990 年第 6 期。

67. 韩卫平、黄锡生：《论"环境"的法律内涵为环境利益》，载《重庆理工大学学报（社会科学）》2012 年第 12 期。

68. 杜健勋：《环境利益：一个规范性的法律解释》，载《中国人口·资源与环境》2013 年第 2 期。

69. 徐祥民、朱雯：《论环境利益的本质特征》，载《法学论坛》2014 年第 6 期。

70. 汪劲：《伦理观念的嬗变对现代法律及其实践的影响——以从人类中心到生态中心的环境法律观为中心》，载《现代法学》2002 年 2 期。

71. 宋宇文：《论生态文明建设中环境利益的类型与法律保护机制——基于庞德利益理论的视角》，载《南京师范大学学报》2016 年第 1 期。

72. 余慧娟：《生态性损害研究》，载《环境资源法学论丛》第 9 卷。

73. 刘志刚：《立法缺位状态下的基本权利》，载《法学评论》2011 年第 6 期。

74. 谢立斌：《论基本权利的立法保障水平》，载《比较法研究》2014 年第 4 期。

75. 刘志刚：《立法缺位状态下的基本权利》，载《法学评论》2011 年第 6 期。

76. 林莉红：《行政救济的基本理论研究》，载《中国法学》1999 年第 2 期。

77. 陈永革、肖伟：《行政调解：内涵界定、法理基础和应然价值》，载《甘肃行政学院学报》2011 年第 3 期。

78. 杨解君：《法律漏洞略论》，载《法律科学（西北政法大学学报）》1997 年第 3 期。

79. 刘士国：《法律漏洞及其补充方法》，载《人大法学评论》2010 年卷。

80. 文邦正、温泽彬：《宪政视野下的行政赔偿与行政补偿问题探讨》，修宪之后的中国行政法——中国法学会行政法学研究会 2004 年年会论文集。

82. 陆平辉：《论现阶段我国社会利益冲突的法律控制》，载《政治与法律》2003 年第 2 期。

83. 刘军、谢伟：《浅论环境民事诉讼的概念》，载《社会科学家》2005 年第 10 期增刊。

84. 吕忠梅：《环境司法理性不能止于"天价"赔偿：泰州环境公益诉讼案评析》，载《中国法学》2016 年第 3 期。

85. 王灿发、程多威：《新环境保护法下环境公益诉讼面临的困境及其破解》，载《法律适用》2014 年第 8 期。

86. 李超：《环境修复审视下我国环境法律责任形式之利弊检讨——基于条文解析与判例研读》，载《中国地质大学学报（社会科学版）》2016 年第 3 期。

87. 景汉朝、卢子娟：《"执行难"及其对策》，载《法学研究》2000 年第 5 期。

88. 汤伟建：《执行体制的统一化构建——以解决民事"执行难"为出发点》，载《现代法学》2004 年第 10 期。

89. 张扩振：《论行政诉讼原告资格发展之历程与理念转换》，载《政治与法律》2015 年第 8 期。

90. 刘超：《疏漏与补足：环境侵权解纷中进退失据的环境行政调解制度》，载《河南省政法管理干部学院学报》2011 年第 3 期。

91. 张建伟：《论环境行政裁决》，载《河南社会科学》2004 年版第 9 期。

92. 左亮：《环境行政裁决制度研究》，2008 年兰州大学硕士论文。

93. 应星：《作为特殊行政救济的信访救济》，载《法学研究》2004 年第 3 期。

94. 郭庆珠：《行政规划的法律性质研究——与王青斌先生商榷》，载《现代法学》2008 年第 8 期。

95. 王勇：《环境犯罪立法：理念转换与趋势前瞻》，载《当代法学》2014 年第 3 期。

96. 姚万勤：《刑法应如何应对环境保护的"焦虑"——以风险刑法理念为视角》，载《浙江社会科学》2015 年第 7 期。

97. 周志兴、李琼：《论环境刑事责任承担方式的完善》，2014 年《环境保护法》的实施问题研究——2015 年全国环境资源法学研讨会（2015.7.17～20·上海）论文集。

98. 赵旭光：《环境犯罪选择性追诉及其抗辩——兼谈刑事诉讼程序性审查

机制的建立和完善》，载《首都师范大学学报（社会科学版）》2017 年第 1 期。

99. 杨勇：《环境污染案件行刑衔接问题研究》，2015 年上海交通大学法律硕士学位论文。

100. 范愉：《私力救济考》，载《江苏社会科学》2007 年第 6 期。

101. 徐昕：《私力救济的性质》，载《河北法学》2007 年第 7 期。

102. 沃耕：《民事私力救济的边界及其制度重建》，载《中国法学》2013 年第 5 期。

103. 郑少华：《环保自力救济：台湾民众参与环保运动的途径》，载《宁夏社会科学》1994 年第 4 期。

104. 钱水苗：《论环保自力救济》，载《浙江大学学报（人文社会科学版）》2001 年第 5 期。

105. 周林彬、王烨：《私力救济的经济分析》，载《中山大学法学评论》2001 年出版。

106. 童志锋、黄家亮：《通过法律的环境治理："双重困境"与"双管齐下"》，载《湖南社会科学》2008 年第 3 期。

107. 肖海军：《论环境侵权之公共赔偿救济制度的构建》，载《法学论坛》2004 年第 3 期。

108. 陈冬梅、段白鸽：《环境责任保险风险评估与定价方法研究评述》，载《保险研究》2014 年第 1 期。

109. 石剑荣：《试论环境安全与环境风险责任保险在我国的实施》，1998 年 12 月中国 21 世纪安全减灾与可持续发展战略高级研讨会论文集。

110. ［日］南方哲也：《环境污染和保险者的风险》，载《华侨大学学报（哲社版）》1999 年增刊。

111. 安树民、曹静：《试论环境污染责任保险》，载《中国环境管理》2000 年第 3 期。

112. 王干、鄢斌：《论环境责任保险》，载《华中科技大学学报（社会科学版）》2001 年第 3 期。

113. 王明远：《环境侵权损害赔偿中的财务保证与责任保险制度研究》，2001 年 5 月第二届环境保护市场化暨资本运营与环保产业发展高级研讨会论文汇编。

114. 佘少锋：《环境侵权损害赔偿中的财务保证制度研究》，载《时代法学》2006 年第 6 期。

115. 周珂、杨子蛟：《论环境侵权损害填补综合协调机制》，载《法学评论》2003 年第 6 期。

116. 汪劲：《中国生态补偿制度建设历程及展望》，载《环境保护》2017 年第 1 期。

117. 王晓辉：《日本公害补偿制度评析与借鉴》，载《环境保护》2011 年第 16 期。

118. 陈冬梅、段白鸽：《环境责任保险风险评估与定价方法研究评述》，载《保险研究》2014 年第 1 期。

119. 康复：《战后日本公害法的形成与发展》，载《国外法学》1981 年第 5 期。

120. ［日］金泽良雄：《日本施行公害对策基本法的十二年——法的完备与今后的课题》，康复译，摘译自《法理学家》增刊，1979 年 7 月 15 日出版。

121. 康树华：《日本的〈公害对策基本法〉》，载《法学研究》1982 年第 2 期。

122. 王明远：《日本环境公害民事赔偿法研究》，载《北大法律评论》2001 年第 4 卷第 1 辑。

123. ［日］宫本宪一：《日本公害的历史教训》，曹瑞林译，载《财经问题研究》2015 年第 8 期。

124. 罗丽：《日本公害健康被害行政救济制度的启示》，载《环境保护》2009 年第 20 期。

125. 李云峰：《日本公害治理及赔偿的历程、经验及对中国的启示》，载《环境与发展》2014 年第 26 期。

126. 董立延：《迈向"国际环境首都"——日本北九州市公害对策与环境建设》，载《学术评论》2014 年第 6 期。

127. 梅泠、付黎旭：《日本环境法的新发展——〈环境法的新展开〉译评》，载《环境资源法论丛》第 2 卷。

128. 杜刚建：《日本的环境权理论和制度》，载《中国法学》1994 年第 6 期。

129. 许华：《日本的公害行政诉讼》，载《中国环境管理》第 6 期。

130. 曲阳：《日本的公害刑法与环境刑法》，载《华东政法大学学报》2005 年第 3 期。

131. 尹志军：《美国环境法史研究》，2005 年中国政法大学博士论文。

132. 李挚萍：《美国环境法上公民的原告资格》，载《环球法律评论》2006 年第 1 期。

133. 王树义、刘静：《美国自然资源损害赔偿制度探析》，载《法学评论》2009 年第 1 期。

134. 王曦、胡苑：《美国的污染治理超级基金制度》，载《环境保护》2007 年第 10 期。

135. 王小钢：《中美海洋污染损害赔偿制度及渤海湾溢油损害赔偿》，载《环境保护》2011 年第 15 期。

136. 刘玲：《美国石油污染损害赔偿制度对我国的启示——以海洋石油开发为视角》，载《河北法学》，2013 年第 7 期。

137. 侯佳儒：《环境公益诉讼的美国蓝本与中国借鉴》，载《交大法学》2016 年第 4 期。

138. 王曦：《美国清洁空气法中的公民执行规定》，载《上海环境科学》1991 年第 5 期。

139. 张辉：《美国公民诉讼之"私人检察总长理论"解析》，载《环球法律评论》2014 年第 1 期。

140. 朱谦：《美国环境法上的公民诉讼制度及启示》，载《世界环境》1999 年第 3 期。

141. 崔华平：《美国环境公益诉讼制度研究》，载《环境保护》2008 年第 12B 期。

142. 张福德：《美国环境犯罪严格刑事责任的演化与评析》，载《北方法学》2013 年第 2 期。

143. 刘晓倩、阳相翼：《美国环境犯罪刑事政策及启示》，载《江西理工大学学报》2013 年第 12 期。

144. 曾立新：《美国环境污染责任保险发展的法律背景》，载《世界环境》2011 年第 4 期。

145. 陈冬梅、夏座蓉：《析美国环境保护立法、司法及环境责任保险市场的发展》，载《东岳论丛》2012 年第 2 期。

146. 周叶中、李德龙：《论公民权利保障与限制的对立统一》，载《华东政法大学学报》2003 年第 1 期。

147. 周伟：《论禁止歧视》，载《现代法学》2006 年第 5 期。

148. 王曼倩：《禁止歧视的正当性依据及争论》，载《福建行政学院学报》2016 年第 3 期。

149. 李家广：《论我国弱势群体中最低限度人权的法律保障》，2012 年烟台大学硕士论文。

150. 杨立雄：《从人道到人权：穷人权利的演变——兼论最低生活保障制度实施过程中存在的问题》，湖南师范大学社会科学学报 2003 年第 5 期。

151. 欧爱民：《法律明确性原则宪法适用的技术方案》，载《法制与社会发展》2008 年第 1 期。

152. 饶龙飞、叶国平：《论法律明确性原则：依据、标准和地位——基于违宪审查角度的解读》，载《贵州警官职业学院学报》2016 年第 9 期。

153. 周佑勇、甘乐：《论行政救助制度的发展与完善》，载《中南民族大学学报（人文社会科学版）》2010 年第 5 期。

154. 杨涛：《试论立法不作为表现、危害及其规制》，载《法治论坛》第七辑。

155. 于立深：《行政立法不作为研究》，载《法制与社会发展》2011 年第 2 期。

156. 金国坤：《从监督到救济：行政法功能的转换——兼论以人权保障为核心重构行政救济机制》，中国行政法之回顾与展望——"中国行政法二十年"博鳌论坛暨中国法学会行政法学研究会 2005 年年会论文集。

157. 沈福俊：《论"穷尽行政救济原则"在我国之适用——我国提起行政诉讼的前置条件分析》，载《政治与法律》2004 年第 2 期。

158. 吴俊：《论司法最终解决原则》，2011 年西南政法大学硕士论文。

159. 王雪梅：《司法最终原则——从行政最终裁决谈起》，载《行政法学研究》2001 年第 4 期。

160. 封丽霞：《中国人为什么"偏好"上访？一个法文化视角的观察》，载《理论与改革》2013 年第 4 期。

161. 庄士成：《我国信访"困境"的制度成因一个制度经济学的分析视角》，载《政治与法律》2011 年第 8 期。

162. 刘湘溶、张斌：《环境正义的三重属性》，载《天津社会科学》2008 年第 2 期。

163. 张宝：《环境司法专门化的建构路径》，载《郑州大学学报》（哲学社会科学版）2014 年第 6 期。

164. 张忠民：《环境司法专门化发展的实证检视：环境审判机构和环境审判机制为中心》，载《中国法学》2016 年第 6 期。

165. 张新宝、汪榆森：《污染环境与破坏生态侵权责任的再法典化思考》，载《比较法研究》2016 年第 5 期。

166. 吕忠梅：《环境侵权的遗传与变异——论环境侵害的制度演进》，载《吉林大学社会科学学报》2010 年第 1 期。

167. 竺效：《论环境侵权原因行为的立法拓展》，载《中国法学》2015 年第 2 期。

168. 王宜生：《我国环境民事司法现状考察及路径探索——基于 400 份环境民事判决书》，载《人民法治》2016 年第 1 期。

169. 朱德宏：《环境损害鉴定的程序价值及其制度完善》，载《江西社会科学》2016 年第 6 期。

170. 胡卫：《侵权责任方式类型与环境侵权责任方式选择》，载《理论界》2015 年第 6 期。

171. 张新宝、庄超：《扩张与强化：环境侵权责任的综合适用》，载《中国社会科学》第 3 期。

172. 唐芒花：《赔礼道歉在环境侵权纠纷中的适用》，载《学术论坛》2016 年第 8 期。

173. 吕忠梅：《环境司法理性不能止于"天价"赔偿：泰州环境公益诉讼案评析》，载《中国法学》2016 年第 3 期。

174. 王明远：《论我国环境公益诉讼的发展方向：基于行政权与司法权关系理论的分析》，载《中国法学》2016 年第 1 期。

175. 姜明安：《检察机关提起公益诉讼应慎重选择诉讼类型》，载《检察日报》2017 年 2 月 22 日第 3 版。

176. ［德］叶瑟：《环境保护——一个对刑法的挑战》，《环境刑法国际学术研讨会论文辑》，台湾 1992 年版。

177. 张光君：《环境刑法新理念》，2006 届西南政法大学硕士论文。

178. 苏彩霞、邓文斌：《环境风险防控理念下我国环境刑法的调适》，载《环境保护》2014 年第 10 期。

179. 钱小平：《环境刑法立法的西方经验与中国借鉴》，载《政治与法律》2014 年第 3 期。

180. 王世进、周志兴：《论恢复性正义在环境刑事司法中的适用》，载《江西理工大学学报》2016 年第 2 期。

181. 蒋兰香：《环境刑罚辅助措施研究》，载《河南政法管理干部学院学报》2008 年第 3 期。

182. 徐昕：《通过法律实现私力救济的社会控制》，载《法学》2003 年第 11 期。

183. 吴国刚：《环保自力救济研究》，载《科技与法律》2004 年第 2 期。

184. 刘亮：《环境侵权自力救济研究》，2014 年山东师范大学硕士论文。

185. 谢勇才、丁建定：《从生存型救助到发展型救助：我国社会救助制度的发展困境与完善路径》，载《中国软科学》2015 年第 11 期。

186. 蒋悟真：《我国社会救助立法理念及其维度——兼评社会救助法（征求意见稿）的完善》，载《法学家》2013 年第 6 期。

187. 王莉：《以环境正义为逻辑基点的环境侵权救济制度完善框架》，载《郑州大学学报（哲学社会科学版）》2017 年第 3 期。

188. ［美］乔·范伯格：《权利的本质与价值》，安恒捷译，载《朝阳法律评论》2015 年版第 1 期。

189. 滨野翔平（Hamano Shohei）：《日本政府治理公害研究——以 20 世纪 60～70 年代三重县四日市公害为例》，2016 年华东师范大学硕士论文。